厚德博學
經濟匡時

国时 工商管理系列

进出口贸易实务

张炳达　顾　涛　编著

上海财经大学出版社

图书在版编目(CIP)数据

进出口贸易实务 / 张炳达，顾涛编著. 一上海：上海财经大学出版社，2021. 3
(匡时・工商管理系列)
ISBN 978-7-5642-3710-3/F・3710

Ⅰ. ①进… Ⅱ. ①张…②顾… Ⅲ. ①进出口贸易-贸易实务-高等学校-教材 Ⅳ. ①F740. 4

中国版本图书馆 CIP 数据核字(2021)第 009698 号

责任编辑：温　涌
封面设计：张克瑶
版式设计：朱静怡

进出口贸易实务

著 作 者：张炳达　顾　涛　编著
出版发行：上海财经大学出版社有限公司
地　　址：上海市中山北一路 369 号(邮编 200083)
网　　址：http://www. sufep. com
经　　销：全国新华书店
印刷装订：上海景条印刷有限公司
开　　本：787mm×1092mm　1/16
印　　张：20. 75
字　　数：405 千字
版　　次：2021 年 3 月第 1 版
印　　次：2021 年 3 月第 1 次印刷
印　　数：0 001—3 000
定　　价：56. 00 元

前　言

2020年注定是不平凡的一年，2019年贸易战的乌云尚未消散，一场席卷全球的新冠病毒疫情使世界经济雪上加霜，成为制约全球化发展的又一枷锁，它阻碍交流、销蚀活力、压抑人心、引发矛盾。据WTO预计，2020年全球商品贸易额预计将下降13%～32%，经济回暖和贸易复苏的速度在很大程度上将取决于疫情持续时间和各国抗疫政策的有效性。从短期来看，我们确实面临着不小的挑战，但从长远来看，我们依然保持乐观。如果把整个逻辑脉络梳理一下，其中原因并不复杂。

其一，从经济学基本原理出发，各国资源禀赋优势的客观差异决定了只有通过国际贸易和全球产业的分工协作，才能大幅度降低生产成本和交易成本，这是长期驱动全球化发展最重要的动力所在，是不以任何人的意志为转移的大势。目前的全球化进程虽有可能暂缓，甚至阶段性地遭遇波折，但是真要回到各个国家自给自足的封闭式经济状态已绝无可能。全球化是一个历史性的过程，整个人类从工业社会到现代化就是一个全球不断一体化的过程，全球化是投入产出、资源配置、规模效应、成本约束等市场规则引导和推动下逐渐形成的一种新生态。我国有全球最齐全的制造产业链集群，在全球产业链中处于中间环节，位于全球生产分工体系中的关键位置，国内劳动者技术素质平均水平较高，综合优势在全球各国中十分明显。当今世界有30%的工业品和30%的贸易量来自中国，中国在产业结构等各个方面与世界各国都已经形成了你中有我、我中有你的关系。

其二，展望未来的国际关系，在人员流动和产业链高度国际化的今天，没有哪个国家可以独善其身，人类也从来没有像现在这样深刻感受到人类命运共同体的现实意义。从长期发展来看，伴随着科技进步、生产力水平提高以及政治力量的重构，更可能的一种情景是，目前全球化体系的弊病在获得一定程度修正以后，国际经济合作将会以更高水平的形式涅槃重生。沿着历史的长河来看，当前一定程度上存在的逆全球化思潮和现象，充其量只能算是全球化波浪式前进过程中的一小部分，而更高水平、更深层次的新型全球化或许是当前逆全球化表象中所隐藏的真正趋势。

其三，当代历史上，2003年SARS疫情和2008年美国次贷危机爆发事件均没有对我国的国际贸易造成长期衰退式影响。其中，SARS疫情消退后，进出口增速很快便企稳回升。当前，从贸易战到新冠疫情，唯一能穿越至暗时刻的是我们对那份初心的坚守！中国建设现代化经济体系，要推动形成全面开放新格局。开放带来进步，封闭必然落后。中国开放的大门不会关闭，只会越开越大。当前的中国已经成为国际经济贸易大国，但是在深化开放过程中，我国必须要从贸易大国转变为贸易强国。

阳光总在风雨后。无论是贸易战还是疫情，最困难的时刻总会过去，让我们翘首以待春天的到来！

2020年的新冠疫情正在极大地重塑世界政经格局。值得称颂的是，无论是在中国还是在世界的其他地方，在疫情面前，我们都能看到那么多不顾个人安危、勇于救人的医护工作者闪烁着最灿烂的人性光辉。身为高校经管类专业教师，我们虽然不能奔赴抗疫最前线治病救人，但总觉得应该加倍努力，多做一些力所能及的工作。于是萌发动力，要新编一本国际贸易实务教程，因为知识和科学永远是人类克服困难、告别偏见、携手共创未来的有力武器。

国际贸易实务课程是高等院校经管类专业的核心课程之一，从内容体系特点来看，本课程属于实践性较强的课程，无论是教师讲授还是学生学习，都需要做到理论与实践相结合，才能达到较好的教学效果。同时，作为教学要素中不可或缺的要素之一的教材的建设，也应当尽可能做到与时俱进、深入浅出。

笔者长期从事国际商务、国际贸易教学和科研工作，已编著十余本相关教材，2020年新冠疫情期间的宅家工作，让笔者有更充裕的时间对原有的国际贸易实务教材内容与体例进行深度思考和修订完善。本教材新修订的内容主要包括：第一，增加了《2020年国际贸易术语解释通则》、跨境电子商务、出口信用保险、国际贸易结算票据的变式汇票分类等相关内容；第二，根据贸易环境的新变化，对之前版本教材中的商品品质约定表达、集装箱运输部分和国际铁路（中欧班列）运输部分等多处章节内容进行了必要的增删，并对部分章节案例分析题进行了更新。新版教材不仅对知识体系的具体内容进行了一定的修订，而且引入了不少行业内的新规定和新业务种类，并辅以具体案例以增强教材的易懂性，降低了自学的难度。

本教材在编写过程中，得到了上海海圳广天保险代理有限公司王梦女士、海莫国际物流（上海）有限公司姚晨飞先生等企业人士的大力支持，并参考了国内同行学者的优秀著作，同时也得到了上海财经大学出版社的鼎力相助，在此一并表示衷心感谢！

囿于作者的知识水平有限，书中难免有表述不准确、不严谨之处，希望读者能够不吝指正。

张炳达　顾　涛

2020年12月

目 录

第一篇

进出口贸易的标的物

【导读】所谓标的(Subject Matter),是指法人主体行为所要达到的目的,如交付财产、提供服务等。标的是合同成立的必要条件,是一切合同的必备条款。标的的种类总体上包括财产和行为。其中,财产包括物和财产权利,具体表现为动产、不动产、债权、物权等;行为包括作为、不作为等。国际货物买卖合同中的货物在这里一般是指标的物,属于物权范畴。

在国际贸易中,货物是国际货物买卖合同的标的。货物贸易往往是一定数量的商品买卖,交易的每种商品都有其具体的名称,并表现为一定的品质,每笔交易都离不开一定的数量,而交易的大多数商品需要一定的包装。因此,在描述国际货物买卖合同的标的时,往往离不开其品名、品质、数量及包装。买卖双方在洽商交易时,必须就商品的品名、品质、数量及包装这些主要交易条件达成协议,并在合同中具体订明。

本篇将全面阐述国际货物买卖合同标的的内容,并介绍合同相关条款的订立方法及注意事项。

第一章　商品的品名和品质

在进出口贸易中，买卖双方商订合同时，必须列明商品名称。品名条款是进出口贸易合同中不可缺少的一项交易条件。

第一节　进出口贸易中的商品品名

商品的品名在一定程度上体现了商品的自然属性、用途以及主要的性能特征。一般从产业链的角度来看，加工程度较低的初级产品（如农产品、矿产品），其名称侧重反映该商品的自然属性；加工程度较高的商品（如家用电器等），其名称则较多地体现出该商品的性能特征。

一、品名条款的基本内容

品名条款的规定取决于成交商品的品种和特点。就一般商品来说，有时只要列明商品的名称即可，但有的商品往往存在不同的品种、等级和型号。因此，为了明确起见，需要把有关具体品种、等级或型号的概括性描述包括在内，作为进一步的限定。此外，有的甚至把商品的品质规格也包括在内，这实际上是把品名条款与品质条款合并在一起。

合同中的品名条款举例如下：

1. 品名：电焊条。

Name of Commodity：Welding Rod.

2. 品名：中国桐油。

Name of Commodity：Chinese Tung Oil.

二、确定品名条款的注意事项

在我国企业的实际业务中，商品中文品名的确定通常并不是工作难点，而商品外文品名的确定有时是需要慎重考虑的，因为在当今的国际贸易中，很多地方会出现品名。具体出现品名(尤其是外文品名)的地方有：

1. 贸易合同上的品名条款；

2. 外贸单证(如原产地证书、装箱单、海关发票等)上显示的品名；

3. 商品包装上显示的品名；

4. 目的国市场的宣传广告上显示的品名(通常由进口商或代理商等负责确定)；

5. 电子商务网站上显示的品名。

为此，企业在确定商品的中文或外文品名的时候，主要需考虑三个方面：一是避免贸易纠纷；二是便于宣传推广；三是便于在出口国、过境国和进口国顺利通关。落实到具体工作中，需要出口企业注意以下几点：

(一)品名条款的内容尽量明确、具体

合同中的品名条款应当做到内容明确、具体，文字表达应能确切反映标的物的特点，避免空泛、笼统的规定，以免给履行合同造成不应有的困难，从而埋下贸易纠纷的隐患。例如，品名条款只简单规定为"品名：果品(外文)"，这是指干果还是鲜果呢？这样的品名条款不具体、不明确，将会造成履约困难，并极易产生贸易纠纷。

(二)要考虑到有些品名的外文含义会有歧义

国际贸易的合同和外贸单证按照一般惯例是英文内容，但确定品名有时并不是简单地翻一下汉英词典就能了事。有时外商发来的订单上商品外文名称所指货物，与我方翻译后认定的实际货物相去甚远，若等到发货后才得以澄清事实，则退货的损失会很大，例如，英语中一些名词存在一词多义(仅 pump 一词就有打气筒、水泵和女鞋等多种含义)等。所以，有时候先将商品照片发过去，就可以避免这种误会。如果条件允许，在合同品名条款上附加产品图片或产品的详细文字说明，也是一种可行的办法。

(三)外文翻译的规范化工作不能松懈

在翻译品名时，尽量不要用英语中的俚语等不规则词汇来表述品名，品名的中外文表述应当规范化和严谨化，避免出现歧义。但有些情况下，我国部分出口企业并未考虑英语国家的语言习惯，望文生"译"的事件屡见不鲜。例如，某食品出口企业在其儿童营养肉松的销售包装上印有"Child Shredded Meat"字样，部分欧美零售商在该肉松上架前注意到了这一点，便没有立即上架；但也有部分销售网点将该肉松上架，之后被个别消费者拍摄炒作，造成当地民众对我国产生极端负面的误解，算作宣传事故亦不为过。

有些产品有学名、商品名和俗称等不同称谓，在合同中要正确使用。为了避免误解，应尽可能使用国际上通用的称谓。若使用地方性的名称，交易双方应事先就其含义取得共识；对于某些新商品的定名及其译名，应力求准确、易懂，并符合国际上的习惯称谓。一般来说，合同会用中英文对照打印，在翻译商品名时，要查阅海关税则、商品分类标准、译名手册等资料[如《商品名称及编码协调制度》(HS)、《商检机构实施检验的进出口商品种类表》、《中华人民共和国海关统计商品目录》等],切不可望文生"译",要尽量使用国际通行的名称。应注意译名易懂且与销售地风俗习惯不悖,例如,垂直升降式电梯在美国译为Elevator,在英国则译为Lift。

有些商品(如中国土特产、高新电子产品等)的品名要准确翻译成外文会有较大难度,必要时应咨询专家或多查阅几本专业工具书。当然,征询外商的品名翻译建议是首要的。在当代,还有一种比较便捷的方式是在一些跨境电商的网站上进行查询,并参考同行产品外文品名通常是如何表述的。

(四)品名的确定既要考虑营销和宣传,也要实事求是

外销工作中,出口公司的网页上也会出现日常经营商品项目的品名,要重点注意网页上的品名语种和表述的"易搜性",因为境外进口商(采购)通过从互联网上搜寻品名来寻找供应商也是重要的营销信息渠道之一。如果目的国属于小语种国家,那么我国企业正确翻译的难度会更大,很多情况下由进口商来协助解决这个问题就没有什么难度。

当然,尽管目的国市场的营销和广告多属于进口商的事情,但出口企业也要避免为了营销而在品名上夸大其词的倾向。品名条款的内容必须做到实事求是,切实反映商品的实际情况。品名条款中规定的品名,必须是卖方确定能够供应给买方的商品,凡做不到或不必要的描述词句,都不应列入,以利于合同的履行,更重要的是避免被目的国市场监管部门处罚。例如,最好不要将疗效列入品名条款,更不宜加入一些不确定性因素较大的内容,否则就有虚假之嫌。再如,某种非处方药的品名为"×癣一次净",但有些患者使用后并未一次痊愈,这种包含绝对化表述的品名不宜在国际贸易中出现。

(五)品名的确定应考虑通关的便利和运输成本因素

譬如国际上为保护某些动植物,限制或禁止使用这些动植物的产品作为商品原料,而我国的有些传统产品早期采用天然动植物产品原料(如安宫牛黄丸早期使用天然麝香,麝香虎骨膏早期包含少量虎骨成分),在当代已改用人工合成药剂有效成分替代之。如果这些产品的单证显示品名与包装品名中仍含有敏感词字样,货物被查验的概率会明显增加,有可能被进口国海关没收或退运,造成贸易的损失。

目前通行的班轮运费除了适用包箱费率外,还有不少是按商品等级来规定收费标准的,但由于商品名称并不统一,存在着同一商品因名称不同而所收取费率迥异的现象。有的商品名称中冠以贵重原料(如白金坩埚),在运输(特别是海上运输)时,就可能会为此付出较高运费,从而加大商品的物流成本。冠以这种品名的商品运抵进口国后,可能还会被当地海关课以较高的进口关税。

总之，商品品名在国际贸易实务中牵涉到中外文的对照，如果掉以轻心，可能会导致贸易纠纷、被政府部门处罚等各种不利事件的发生。

第二节　商品的品质和表示方法

国际贸易中的商品种类繁多，品质各种各样。明确商品的品质，对于避免以后可能产生的关于品质的贸易纠纷，具有特别重要的意义。在国际货物买卖中，货物的品质不仅是主要交易条件，而且是买卖双方进行交易磋商的首要条件（Primary Condition）。

一、品质条款的意义

国际贸易中，许多纠纷的发生往往是由货物的品质问题引起的，而关于品质问题的纠纷常常又起因于合同的品质条款订得不够清楚明白。因此，买卖双方应高度重视合同中的品质条款。

商品的品质(Quality of Goods)是指货物的外观形态和内在质量的综合。货物的外观形态包括尺寸、造型、色泽、硬度和光洁度等外在属性，内在质量包括化学成分、物理和机械性能、生物特征和技术指标等。在国际市场上，货物的外观形态和内在质量都是十分重要的。

日常生活中，我们常提到的商品“品质”好坏是一个相对狭义的概念，比如某商品品质不够上乘等。但在国际贸易中，品质是一个相对广义的概念，如商品的颜色和大小，乃至额定电压等指标虽不能用“好坏”来衡量，却是品质内容不可或缺的要素。

(一)品质条件是买卖双方交接货物的依据

合同中的品质条件是构成商品说明的重要组成部分，是买卖双方交接货物的依据。英国《货物买卖法》把品质条件作为合同的要件(Condition)。《联合国国际货物销售合同公约》规定，卖方所交货物必须符合约定的质量，如卖方所交货物与约定的品质条件不符，买方有权要求损害赔偿，也可要求修理或交付替代货物，甚至拒收货物和撤销合同。由于国际贸易的商品种类繁多，即使是同一种商品，在品质方面也可能因自然条件、技术和工艺水平以及原材料的使用等因素的影响而存在种种差别。这就要求买卖双方在商订合同时，首先就品质条件作出明确规定。

(二)品质条件关系到商品的价格条件

商品品质的优劣直接影响商品的使用价值和价值，它是决定商品使用效能和影响商品价格的重要因素。商品质量好，可能是选用优质原材料精工细作的结果；也有可能是在大量的同类产品中精心挑选的结果；还有可能是该商品的品牌比较著名，消费者认定其质量较高。不管是哪一种情况，优质商品凝结了人类更多的劳动，“按质论价”也是价值规律的体现。商品的品质与价格之间的内在联系，决定了商品品质的优劣直接影响商品的价格。因此，合同中的品质条款非常重要，它是商讨合同价格条款的前提条件。

品质内容表示的实际意义示例

某企业生产8号干电池出口，在eBay上发布产品信息。

1. 由于主要面对海外客户，所以品名和品质都要用外语表示，该企业职员在翻译时参考了其他电池厂商的表述方法，力求规范化。例如，“8号干电池”是我国大陆地区的俗称，国际上对此类型号的电池则称为“LR1型”。为了让外商能够一目了然，网上还应配备电池外观图片。

2. 对于合同上关于电池的型号、尺寸、电压、寿命和工作环境等一系列指标的规定，即合同品质条款，我方企业应当仔细审核(尤其是外文版条款内容)。

3. 出口成交后，该企业制作单证时，对于电池型号、规格的描述应适当具体化(前提是符合合同和信用证的要求)，以便进口方在境外海关报关及海关征税时，不至于发生差错和误会。

二、表示品质的方法

不同种类的货物，有不同的表示质量的方法。在国际贸易中，表示货物质量的方法有多种，归纳起来可分为用文字说明表示和用实物表示两大类。

(一)用文字说明表示商品的品质

在国际贸易中，大多数货物可用文字说明来表示质量。买卖双方凭文字说明磋商交易和订立合同，交货品质以合同中的文字说明为依据，称作“凭说明买卖”(Sale by Description)。用文字说明表示的方法，具体可细分为如下几种。

1. 凭规格买卖

规格(Specifications)是指用来反映货物质量的一些主要指标，如成分、含量、大小、长短、功率等。由于各个商品特性不一样，规格的内容也不同，在国际贸易中，买卖双方洽谈交易时，对适宜规格买卖的商品，应提供具体规格来说明商品的基本品质状况，并在合同中订明。由于凭规格买卖(Sale by Specifications)明确、具体、简单易行，故在国际贸易中被广泛运用。

2. 凭等级买卖

等级(Grade)是指同一类的货物,按其品质差异、重量、成分、外观或效能等的不同,用文字、数码或符号分为品质各不相同的若干等级,如甲、乙、丙……,一级、二级、三级……,等等。凭等级买卖(Sale by Grade)时,由于不同等级的商品具有不同的规格,为了便于履行合同和避免争议,在品质条款列明等级的同时,最好一并规定每一等级的具体规格。用等级表示商品的品质可以简化交易过程,有利于按质论价、安排生产以及加工整理工作的进行。

3. 凭标准买卖

标准(Standard)是指将商品的规格和等级予以标准化。商品的标准,有的由国家或有关政府主管部门规定,也有的由同业公会、交易所或国际性的工商组织规定。有些商品习惯于凭标准买卖(Sale by Standard),人们往往使用某种标准作为说明和评定商品品质的依据。商品标准的常见分类如下:

(1)国家标准。它是由国家自主通过确立法规、规章等制定的标准,如中国国家标准(GB)、美国国家标准(ANSI)等。

(2)区域标准。它是区域集团经过磋商制定的标准,如欧洲经济委员会(ECE)等机构针对车辆制定的欧洲排放标准等。

(3)国际化标准。它是由国际性机构制定的标准,其中最有代表性的是国际标准化组织(ISO)所制定的标准。

(4)团体标准。它是由商业团体或学会制定的标准,如美国材料试验学会(ASTM)标准。

(5)企业标准。通常是指在企业范围内需要协调、统一的技术要求、管理要求和工作要求所制定的标准,是企业组织生产、经营活动的依据。我国鼓励企业自行制定严于国家标准或者行业标准的企业标准。但企业标准由于在国际贸易中难以形成双方共同认可,所以使用得并不多。

在凭标准买卖时,应明确规定引用标准的版本年份,因为不同年份的版本,其品质标准内容往往不尽相同。

在国际贸易中,对于某些品质变化较大而难以规定统一标准的农副产品,往往采用两种常见的标准,即"良好平均品质"(Fair Average Quality,简称 FAQ 标准)和"上好可销品质"(Good Merchantable Quality,简称 GMQ 标准)。按照一些国家的解释,"良好平均品质"是指一定时期内某地出口货物的平均品质水平,一般是指中等货。目前,我国出口某些农副产品中也有使用 FAQ 标准来表示品质的,实际上是指"大路货",其品质标准一般是以我国产区当年生产该项农副产品的平均品质为依据来确定的。FAQ 标准只适用于对买卖货物的品质有习惯认识的老客户之间,但这种简化品质条款的做法容易引起争议，在正常情况下应避免使用。必须注意的是，如果引用FAQ标准表示商品的品质，仍应列明具体规格指标，否则容易引起品质纠纷。GMQ标准是指卖方必须保证其交付的货物品质良好，适合商品销售，而在成交时无须以其他方式去说明商品的具体品质。在国际贸易中，这种方法适用于木材以及冷冻鱼虾等水产品的买卖。GMQ标准含义笼统，很容易引起争议，因此，我国基本上不采用。

4. 凭品牌或商标买卖

品牌(Brand Name)是指工商企业为其生产或销售的产品所注册的名称，以便与其他企业的同类产品区别开来。一个品牌可用于一种产品，也可用于一个企业的所有产品。

商标(Trade Mark)是指生产商品或销售商品的企业用来识别其商品的标志，一般是由具有特色、含义的单词、字母、数字、图形等组成。企业商品的商标一旦经注册成为注册商标后，就成为一种工业产权，受到法律保护。

各种不同商标的商品都具有不同的特色，一些在国际上久负盛名的名牌产品，因其品质优良稳定，具有一定的特色并能显示消费者的社会地位，故售价远远高出其他同类产品。这种现象在消费水平较高、对品质要求严格的所谓“精致市场”(Sophisticated Market)显得尤为突出，而一些名牌产品的制造者为了维护商标的声誉，对产品规定了严格的品质控制，以保证其产品品质达到一定的标准，因此，商标或品牌自身实际上是一种品质象征。在国际市场上信誉良好、品质稳定并为买方所熟悉的货物，可凭品牌或商标对外销售，而不必对品质再作详细说明，如派克笔、华为手机、红双喜乒乓球等。但在凭品牌或商标买卖(Sale by Brand，Trade Mark)时，应注意以下几个问题：

(1)货物的品质是品牌和商标的物质基础，一定的品牌或商标代表一定货物的品质。所以，在凭品牌或商标的买卖中，即使在合同中不具体规定品质要求，卖方在交货时仍必须按该品牌或商标通常具有的品质规格交付货物；否则，不仅构成违约，而且毁了“品牌信誉”。

(2)如果一种品牌的商品同时有许多种不同型号或规格，为了明确起见，就必须在规定品牌的同时，明确规定型号或规格。

(3)商标和品牌持有者应注意保护自己的商标和品牌，并在进口国进行登记注册，以维护商标专用权；同时，应避免其商标和品牌触犯进口国的有关法律、法规或宗教民俗习惯。

马德里国际商标注册

我国的注册商标持有企业所注册的商标起初都是在中国国内注册，但在默认状态下并不会自动延伸注册到各个境外国家，所以数年前类似我国北京的“同仁堂”在日本被抢注的案例时有发生。假如一个知名商标在境外被抢注成功，我国企业只有三种选择：花巨额资金向抢注人购买商标使用权；放弃在该地区的商品销售；在该国“另起炉灶”注册并使用一个新的商标，这样会严重影响该品牌的国际化发展。

申请人到国外申请注册商标有两种途径：一种是逐一国家注册，即分别向各国商标主管机关申请注册；另一种是马德里商标国际注册，即根据《商标国际注册马德里协定》（以下简称《马德里协定》）或《商标国际注册马德里协定有关议定书》（以下简称《马德里议定书》）的规定，在马德里联盟成员国之间进行商标注册。

马德里联盟是指由《马德里协定》和《马德里议定书》所适用的国家或政府间组织组成的商标国际注册特别联盟。截至 2015 年 6 月 5 日，马德里联盟已有 90 多个缔约国或地区。

5. 凭产地名称买卖

在国际货物买卖中，有些商品，尤其是农副土特类初级产品，受产地自然条件和传统加工工艺等因素的影响较大，其品质具有其他地区不能比拟的独特风格、风味和特色。例如，四川涪陵榨菜、西湖龙井、龙口粉丝、金华火腿、波尔多葡萄酒等，这些货物冠以产地名称（Name of Origin），与工业品采用牌号和商标一样，也可起到一定的表示货物质量的作用。卖方凭产地名称销售（Sale by Origin）某种农副土特产品，就必须交付具有为国内外消费者所周知的特定质量的产品；否则，买方可拒收货物并提出索赔。不过，根据国际惯例，许多国家和地区禁止使用地理名称作为商标，因为地理名称难以区别不同的商品生产者和经营者。

国家地理标志保护产品

国家地理标志保护产品，是指产自特定地域，所具有的质量、声誉或其他特性本质上取决于该产地的自然因素和人文因素，经审核批准以地理名称进行命名的产品。

地理标志产品包括：①来自本地区的种植、养殖产品；②原材料全部来自本地区或部分来自其他地区，并在本地区按照特定工艺生产和加工的产品。典型的地理标志产品包括阳澄湖大闸蟹、东阿阿胶、云南白药、宜兴紫砂陶等。

我国目前主管全国地理标志产品保护工作的政府部门是国家市场监督管理总局。

6. 凭说明书和图样买卖

对机械、电器和仪表等技术密集型产品，因其结构性能复杂、型号繁多，难以用几项简单的指标来表明其品质全貌，在销售这类货物时，通常以说明书和图样（Descriptions and Illustrations）来表示商品的质量。在合同条款中，可以用"品质和技术数据必须与卖方所提供的产品说明书严格相符"（Quality and technical data to be strictly in conformity with the description submitted by the seller）来表示。

凭说明书和图样买卖（Sales by Descriptions and Illustrations），卖方所交货物必须符合说明书和图样的要求，但由于对这类产品的技术要求较高。有时同说明书和图样相符的产品，在使用时不一定能发挥设计所要求的性能，买方为了维护自身的利益，往往要求在买卖合同中加订卖方品质保证条款和技术服务条款。

值得一提的是，上述各项表示品质的方法一般是单独使用，但并不是彼此排斥的；相反，往往可以形成不同的组合，共同说明商品多方面的品质。但要注意，尽量不要同时以几种方法来表示商品某一方面的品质，否则可能使卖方陷于被动地位。

用文字说明表示商品品质示例

方　法	示　例
等级和规格的共同表示	Fresh Hen Eggs, Grade AA: 60～65 gm per egg. 鲜鸡蛋，特级：每枚蛋净重 60～65 克。
标准和规格的共同表示	Burglary-resisting door, conforms with GB17565－2007 of China, 950×1950 mm. 防盗门，符合中国国家标准 GB17565－2007 号，950 毫米宽、1 950 毫米高。

（二）用实物表示商品的品质

用实物表示商品的品质包括看货买卖（Sale by Actual Quality）和凭样品买卖（Sale by Sample）两种方法。

1. 看货买卖

看货买卖是指买卖双方根据成交商品的实际品质进行交易。通常先由买方或其代理人在卖方所在地验看货物，达成交易后，卖方即应按验看过的商品交货。只要卖方交付的是验看过的商品，买方就不得对品质提出异议。

在国际贸易中，由于交易双方相距甚远，交易洽谈多依靠电子邮件、实时通信软件(如 Skype 等)方式进行，买方到卖方所在地验看货物存在诸多不便，即使卖方有现货在手，买方也是由代理人代为验看货物，而且遇货物数量较多时，看货时也难以逐件查验，所以采用看货成交的情形有限。这种做法多用于数量较少的大中件商品(如 1～3 台机械设备)交易，也可用于寄售、拍卖和展卖业务。

2. 凭样品买卖

样品(Sample)通常是指从一批商品中抽取出来或由生产和使用部门设计加工出来的能够代表整批商品品质的少量实物。在国际贸易中，交易双方以样品作为买卖和交货品质的依据，称为凭样品买卖。该项样品称作成交样品，又称标准样品。凭样品买卖，一般限于难以完全使用科学方法和文字数据来全面表示品质的一些商品采用，比如鞋帽、服装、部分土特产品及工艺品等。不少工业产品企业的外销员则认同，凡能够大批量同质化生产的产品，如自动铅笔、滚珠轴承、饮料杯等，均适合用样品来表示品质。

凡合同中订明按成交样品交货，如“质量以买方(或卖方)样品为准”等条款，该项成交样品就作为贸易合同中不可分割的部分，成为品质检验的依据。卖方所交的全部货物，其外观和质量应与成交样品相符，否则买方有权提出索赔或退货。在国际贸易中，按样品提供者的不同，可分为以下几种：

(1)凭卖方样品买卖(Sale by Seller's Sample)

凭卖方样品买卖是指卖方向买方提供样品，经买方确认，就以卖方提供的样品作为交付货物品质的最终依据的方式。在此情况下，在买卖合同中应订明：“品质以卖方样品为准”(Quality as per Seller's Sample)。日后，卖方所交货物的品质必须与提供的样品相同。

凭卖方样品买卖时，应注意以下几个问题：

①卖方在提供给买方确认的样品时，应选择有代表性的样品。如果提供的货物样品品质过高，大批量生产可能达不到样品的品质标准，容易造成争议和承担违约责任；反之，如果提供的货物样品品质太低，则双方不容易成交，或是在成交时卖方会遭受价格损失。

②卖方在提供样品给买方确认时，应保留一个或几个同样的样品。这些留存的样品称为复样(Duplicate Sample)或留样(Keep Sample)。复样除了由出口企业自存一份外，对于需经我国海关或检验公司等机构检验的商品，一般还应另备一份送该机构备查，这有利于加强货物生产过程中的品质管理，并在产生货物品质纠纷时可作为处理纠纷的第三方品质依据。

③注意区分标准样品和参考样品。标准样品(Type Sample,Standard Sample)是指交易双方经磋商后确定的成交样品,它是卖方交货、买方验货的品质依据。参考样品(Reference Sample,Sample for Reference)是指卖方供买方选择的样品,或是卖方为扩大宣传而主动寄送给国外潜在客户的样品。参考样品仅供对方参考,而不能作为交货时商品的品质依据。因此在对外贸易活动中,买卖双方在互寄样品时,若目的仅在于宣传介绍商品,而不作为交货品质的依据,最好注明“参考样品”字样,以免与标准样品混淆。

(2)凭买方样品买卖(Sale by Buyer's Sample)

凭买方样品买卖是指买方为了使其订购的商品符合自身要求,有时提供样品交由卖方依样承制。在这种场合,买卖合同中应订明:“品质以买方样品为准”(Quality as per Buyer's Sample)。日后,卖方所交正货的品质必须与买方样品相符。

凭买方样品买卖时,应注意以下几个问题:

①卖方在对买方样品确认前,要充分分析样品的品质要求,以确定自己是否具备按样品的品质要求生产交付货物所需要的生产技术、设备和时间等方面的条件。如果不具备条件,除非经与买方磋商,对方同意降低品质要求,否则不宜与买方订立合同。

②当卖方对买方样品无法确定是否存在工业产权等第三方权利问题时,应该在合同中明确规定:“如果由买方样品引起工业产权等第三方权利的纠纷,与卖方无关,概由买方承担一切责任。”

③卖方应尽力争取凭对等样品成交(Sales by Counter Sample)。在国际贸易中,谨慎的卖方往往不愿意承接凭买方样品交货的交易,以免因交货品质与买方样品不符而招致买方索赔甚至退货的危险,或为防止买方对交货质量故意挑剔。在此情况下,卖方可先不急于和买方成交,而是根据买方提供的样品加工复制出若干样品交由买方确认,此样品称为样品的回样(Return Sample)或对等样品(Counter Sample)。如果买方对回样确认,则该回样就作为以后买卖双方交付货物的品质依据,卖方所交货物的品质就以对等样品为准。“凭买方样品买卖”于是就转变成了“凭卖方样品买卖”。

④如果买方所提供的样品侵犯了进口国其他企业已注册的专利权,作为卖方是难以察觉和核实的,所以合同中可以用文字订明如“发生侵权的责任和损失由提供样品的买方承担”的内容。

采用凭样品买卖时的注意事项

1. 无论凭买方样品还是凭卖方样品买卖，均要求卖方承担交货时货物的品质与样品一致的责任。买方应有合理的机会对卖方交付的货物与样品进行比较，卖方所交货物不应存在合理检查时不易发现的不合销售的缺陷。买方对与样品不符的货物，可以拒收或提出赔偿要求。

2. 凭样品买卖容易在履约过程中产生品质方面的争议。凡能用客观的指标表示商品质量时，就不宜采用此法。如在造型上有特殊要求或具有色、香、味等方面特征的商品以及其他难以用客观的指标表示质量的商品，则采用凭样品买卖。在国际贸易中，单纯凭样品成交的情况不多，而是以样品来表示商品的某个或某几个方面的质量指标。例如，在纺织品和服装交易中，为了表示商品的色泽质量，则采用“色样”(Color Sample)；为了表示商品的造型，则采用“款式样”(Pattern Sample)；而对于这些商品其他方面的质量，则采用其他的方法来表示。

3. 凭样品买卖一般限于部分农副土特产品、某些工艺品、服装、可成批量制造的工业零件等交易时使用。凡属“货”与“样”不能做到完全一致的商品，一般来说都不适宜凭样品买卖。若由于某些原因必须采用这种方式成交时，一般应在合同条款中相应作出灵活的规定。例如，可在买卖合同中订明：“品质与样品大致相同”(Quality shall be about equal to the sample)或“品质与样品近似”(Quality is nearly the same as the sample)。为了避免因交货品质与样品略有差异而导致买方拒收货物，也可在买卖合同中订明：“若交货品质稍次于样品，买方仍须收领货物，但价格应由双方协商相应减低。”

4. 对于难以长期按原样保存的样品，必须在签约前考虑采用摄像拍照等方式另行补充留存样品资料。

5. 某些国家和地区的少数诚意欠佳的厂商或个人经常会以大订单为饵，要求我国出口企业免费提供各种型号的样品各一件先快递过去，但最后往往是泥牛入海。所以通常只有存在长期合作关系的客户，才适宜向其寄送免费的样品，多数情况下，原则上针对新的潜在客户，如果样品价值较高，前期也可以考虑采用产品高清视频演示等方式替代实体产品的邮寄。

第三节　合同中涉及的具体品质条款

本节将具体阐述合同中所涉及的品质条款应当注意的具体问题，主要侧重于贸易纠纷的避免和买卖双方合法利益的维护。

一、品质条款的基本内容

合同中的品质条款通常应列明商品的名称、规格或等级、标准、牌名等。品质条款的具体内容及其简繁应视商品特性而定。在凭样品买卖时，一般应列明样品的编号或寄送日期，并规定交货品质与样品相同；凭标准买卖时，应列明所引用的标准及其版本年份。对于某些商品的交易，条款中还需订明交货的品质公差（Quality Tolerance）或品质机动幅度（Quality Latitude）。

二、品质机动幅度和品质公差

为了避免交货品质与买卖合同不符，在出口业务中，可以在合同的品质条款中作一些变通规定。常见做法是规定品质机动幅度和品质公差。

（一）品质机动幅度

品质机动幅度允许卖方所交商品的品质指标在一定幅度内机动掌握，尤其是适用于一些农副土特等初级产品。规定品质机动幅度的方法有以下三种：

1. 规定范围。它是指对某项商品的主要质量指标规定允许有一定的机动范围。

例：色织条格布：宽度 41～42 英寸。

纱管重量：每只 33～35 克。

2. 规定极限。它是指对某些商品的质量规格，规定上下限。常用词包括最大、最高、最多（Maximum，Max），最小、最低、最少（Minimum，Min）。

例：活鳝鱼：每条 75 克以上。

中国花生仁：水分（最高）13%，不完整粒（最高）5%，含油量（最低）44%。

3. 规定上下差异。它是指在规定某一具体质量指标的同时，规定必要的上下变化幅度。

例：灰鸭毛：含绒量 18%，允许增减 1%。

中国东北大豆：含油量 18%，水分 14%，杂质 2%，均可增减 1%。

（二）品质公差

品质公差是指有些工业制成品，在生产过程中由于受科学技术水平以及成本的限制，不可能做到很精确，在这种情况下，可根据国际惯例或经买卖双方同意，对合同的品质指标订有合理的“公差”，如手表走时的合理误差、棉纱支数的确定等。品质公差的允许值可以是国际上同行业所公认的允许值，也可以是由买卖双方商定的允许值。交货质量（误差）在此范围内即可认为与合同相符。品质公差表示的方法有三种：①规定一个范围；②规定一个极限；③规定一个标准。

如果国际同行业对特定指标暂无公认的“品质公差”，或者买卖双方对品质公差理解不一致，或者当相同产品由于应用场合不同，对公差允许值的要求也不同时，可在合同中具体规定品质公差的内容，即合同约定买卖双方共同认可的允许误差范围。

按照惯例，卖方交货品质若在品质机动幅度或品质公差允许的范围内，一般均按合同所约定的单价计价，（除另有约定）不再按品质高低另作调整。

三、订立品质条款时应注意的问题

（一）订立的品质条件要有科学性和合理性

1. 要从产销实际出发，防止品质条件订得过高或过低。在确定出口商品的品质条件时，既要考虑国外市场的实际需要，又要考虑国内生产供货的可能性。凡外商对品质要求过高，而实际做不到的条件，不应接受。对于品质条件符合国外市场需要的商品，合同中的品质规格不应低于实际商品，以免影响成交价格和出口商品信誉。但也不宜为了追求高价而盲目提高品质，以致浪费原材料和无意义延长加工时间，给生产部门带来困难，甚至影响交货。

在确定进口商品的品质条件时，应从实际需要出发。例如，质量过高，价格也必将随之提高，造成浪费，使销路受影响；质量偏低，或漏订一些主要质量指标，将影响使用，还会破坏企业自身声誉。

2. 要适当选择规定品质的指标。在品质条款中，应有侧重点地规定各项质量指标。凡影响品质的重要指标，不能出现遗漏；对于次要指标，可以少订；对于一些与品质无关的指标，不宜订入，以免条款过于烦琐。

3. 要注意各质量指标之间的内在联系和相互关系。各项质量指标是从各个不同的角度来说明品质的，各项指标之间是有内在联系的。在确定品质条件时，要全盘考虑，注意它们之间的一致性，以免由于某一质量指标过高或过低而影响其他指标的合理性。例如，在大豆品质条款中规定：“水分不超过 17%，不完善粒不超过 9%，杂质不超过 3%，矿物质不超过 0.15%。”显然，此项规定不合理，因为，对矿物质的要求过高，这与其他指标的规定不相称。为了使矿物质符合约定的指标，需反复加工，其结果又必然会大大增加杂质和不完善粒的含量，从而造成不必要的经济损失。

4. 品质条件应明确、具体。为了便于检验和明确责任，规定品质条件时，应力求明确、具体，诸如“大约”“左右”“合理误差”等笼统含糊之词应避免使用，以免在交货时引起争议。

（二）正确运用各种表示品质的方法

1. 根据商品特性确定表示品质的方法。品质条款的内容必然涉及表示品质的方法，采用何种表示品质的方法，应视商品特性而定。一般认为，凡能用科学的指标说明商品品质的，适用于凭规格、等级或标准买卖；一些难以量化表示规格的商品，如瓷器的外形、纺织品的花样、玩具的造型等，适用于凭样品买卖；某些品质好并为买方所熟悉的名优商品，适用于凭品牌或商标买卖；某些性能和技术复杂的商品，适用于凭说明书和图样买卖；而具有地方特色和风味的特产商品，则适宜凭产地名称买卖。上述这些表示品质的方法，不能随意滥用，而应当合理选择。凡可用一种方式表示的，就不要采用两种或两种以上的方法，表示方法过于烦琐只会增加生产和交货的困难。

2. 凭样品与凭规格两种方法的使用。轻纺工业产品贸易中，往往既要求用文字说明商品品质，又要求提供实物样品。凡既凭样品又凭规格的买卖，卖方所交货物必须既与样品一致，又要符合规格的要求；否则，买方有权拒收货物并提出赔偿损失的要求，这往往会给卖方交货带来困难。

（三）重视品质机动幅度和品质公差在表示品质方面的作用

凡能采用和应该采用品质机动幅度和品质公差表示的商品，一般都要订明具体的机动幅度或公差的允许值，以免日后产生争议。必要时跟随品质机动幅度和品质公差条款，还可订立品质增减价条款。

常见的品质增减价条款的制定方法有以下两种：

1. 对品质机动幅度内的品质差异，以交货的实际品质为基础，按比例增价或减价。

例：中国芝麻，含油量（湿态，乙醚浸出物）最低 48%，实际装运货物的含油量以52%为基础，高于或低于 1%，价格相应增减 1%，不足整数部分，按比例计算。

2. 对品质低于合同规定者扣价。在品质机动幅度范围内，交货品质低于合同规定者扣价，而高于合同规定者却不增加价格。为了更有效地约束卖方按规定的品质交货，还可规定不同的扣价方法。例如，在机动幅度范围内，交货品质如低于合同规定1%，扣价 1%；低于合同规定 1%以上者，则加大扣价比例。

（四）品质条款应尽可能符合国家或相关国际组织的有关标准，以提高产品的出口竞争能力

我国当前出口的很多电器产品性能指标、安全指标（如防辐射、阻燃性等），有的需通过美国 UL 认证，有的需通过欧盟 CE 认证，还有不少出口到日本的小家电做成了自适应 110V～240V 电压的产品。如果未能通过这些认证，产品将难以合法进入这些

目标国家市场。

练习题

一、单项选择题

1. 按 FAQ 进行买卖的商品通常是________。

(A)农产品　　　　　　　　(B)矿产品

(C)机械设备

2. 在凭样品进行贸易时,样品________。

(A)只能由卖方提供

(B)只能由买方提供

(C)签约前既可由卖方提供,也可由买方提供

二、思考题

1. 什么是对等样品?为什么要使用对等样品?

2. 以下商品表示品质的方式各有何不妥?请写出理由。

(1)天然玉石手镯(出口量 500 只)用样品表示品质;

(2)出口生姜既用样品又用规格说明表示品质;

(3)进口啤酒凭产地名称买卖。

三、案例分析题

1. 我国某企业出口一批长毛绒玩具熊猫,发货后,企业寄给对方的发票和装箱单上写的品名是“Panda”,提单上也是该品名。进口国海关审看单据时,认为货物极有可能是活体动物熊猫,遂不敢大意,开箱查验后才发现是玩具,进口企业因此被处以一定数额罚款,运输物流的时间也被耽误了几天。请问:我国出口企业制单有无责任?为什么?

2. 20 世纪我国 A 制药企业出口中成药(主治风寒咳嗽)至东南亚某国,单证上的品名由于栏目窄小,加之代理出口的 B 企业新任的制单人员图省事,就打印“Drug”了事。进口国海关审单的时候,认为货物有可能涉毒(单词 Drug 除了“药物”含义之外,还有“毒品”的意思),遂开箱并提取多箱货样化验。后虽证明清白,但进口铺货时间被耽误了一周,不少零售包装因抽样被启封破坏无法零售,并且导致进口国企业找 A 企业交涉此事。请问:此案例的主要责任方是谁?原因是什么?

3. 我方与泰国某客商凭样品达成一笔出口镰刀的交易。合同中规定复验有效期

为货物到达目的港后30天。货物到达目的港经泰商复验后，泰商未提出任何异议。但事隔半年后，泰商来电称：镰刀全部生锈，只能降价出售，并要求我方按成交价的30%赔偿其损失。我方收到电子邮件后立即查看我方留存的复样，也发现类似情况。请问：我方是否应同意对方的要求？为什么？

4.20世纪我国烟台某果品进出口公司向日本出口一批苹果。合同规定是三级品，但到发货时才发现三级品苹果库存告急，于是该公司以二级品交货，并在发票上加注："二级苹果仍按三级计价"。请问：烟台该公司这种以好顶次的做法是否妥当(即使不考虑烟台该公司在该案例上的价格损失)？

5. 我国某企业出口女士腰带给某国的X公司，并在合同中商定使用卖方提供的腰带样品作为品质依据。合同签署当天，买卖双方各执一条卖方提供的腰带在双方见证下放入档案袋并加贴封条，封条上双方盖章并拍照，然后双方分别保留。后贸易起纠纷，买方X公司声称档案袋中买方留存样品的腰带扣是黄铜镀镍的，但我国企业实际发货的腰带扣都是塑料质地的。我方企业声称当时签约提供的两条样品腰带都是塑料扣的，除非有人将买方留存的样品调包才会冒出"黄铜镀镍"扣的腰带来。请问：当时买卖双方签约时应该增加一道什么工作环节，就能够避免事后的纠纷？

第二章　商品的数量

商品的数量(Quantity)是以一定的度量衡指标来表示商品的重量、个数、长度、面积和容积等单位的量化指标,它是构成一项货物买卖合同必须具备的条件。这里的"数量"是一个广义概念,不同于人们日常所指的"个数"含义。

第一节　数量条款的意义

数量条款是合同中的主要条款之一,它约定了买卖双方所交易的商品数量。数量条款一经合同签订,买卖双方就必须按约履行。

一、数量条款的含义

买卖合同中的数量条款主要包括成交商品的数量和与数量相匹配的计量单位,按重量成交的商品还需订明计算重量的方法。数量条款的内容及其繁简,应视商品的特性而定。

根据《联合国国际货物销售合同公约》第52条规定,卖方应承担按约定的数量交付货物的责任。如果卖方交货的数量大于合同约定的数量,买方可以拒收多交部分,也可以收下多交部分中的一部分或全部,但同时应对其按合同价格付款。如果卖方交货数量少于合同的约定数量,卖方应在规定的交货期届满前补交;但即使如此,买方在因此而遭受不合理的不便或承担不合理的开支的情况下,也有向卖方要求损害赔偿的权利。此外,还有一些国家的法律或惯例规定,只要卖方交货数量与合同规定不符,买方就有拒收(全部)货物的权利。因此,为了避免争议的发生,买卖双方在实际业务中应慎重确定成交数量,并认真订好数量条款。

二、国际上常见的计量单位

(一)计量制度

由于各国度量衡制度不同,所使用的计量单位也各异。因此,了解和熟悉相互之间的折算方法是很重要的。目前，国际贸易中通常使用的有米制(Metric System，又称公制)、英制(British System)和美制(U. S. System)三种。此外，还有在米制基础上发展起来的国际单位制(International System of Units，SI)。其中，公制广泛使用于欧洲大陆、亚洲和非洲的大多数国家，美制主要在北美洲国家和地区使用，英制则主要在原历史上的英联邦国家使用。虽然不少历史上的英联邦国家政府从1970年起开始改用公制，但度量衡制度的改变是十分困难的，需要经过相当长的一段时间，因此，至今英联邦的许多地区还在使用英制计量单位。

我国自1959年至1984年一直以公制作为度量衡制度。1984年2月27日，国务院颁布命令，在全国范围内执行新的《法定计量单位制》，要求从1991年1月1日起，除个别特殊领域外，不得再使用非法定计量单位。根据《中华人民共和国计量法》第3条规定："国家采用国际单位制。国际单位制计量单位和国家选定的其他计量单位，为国家法定计量单位。"我国的法定计量单位以国际单位制为基础，但除国际单位制的9个基本单位外，又增加了几个非国际单位制的计量单位，如表示重量的"吨"(Ton)、表示航行速度的"节"(Knot)，以及表示时间的"分""时""天"等。目前，在我国的进出口业务中，出口商品除照顾对方国家贸易习惯而在合同中约定采用英制或美制单位外，都应使用我国法定计量单位。一般不进口非法定计量单位的仪器设备，如有特殊需要，必须经有关省、市、自治区以上的计量管理机构批准。

(二)计量单位

根据商品的性质，需要在特定的度量衡制度下选择不同的计量单位来表示商品的数量。目前，国际货物贸易中常用的计量单位可概括为以下几种：

1. 长度单位(Length)

长度单位主要包括以下几种：

(1)公制：公里(Kilometer)、米(Meter)等。

(2)英制和美制：码(Yard)、英尺(Foot)、英寸(Inch)等。

这些计量单位之间的换算关系为：

1公里＝1 000米

1米＝1.094码＝3.280 8英尺＝39.37英寸

在金属绳索、电缆、布匹等类商品的交易中，一般要使用长度单位说明商品的数量。

2. 重量单位(Weight)

重量单位主要包括以下几种：

(1)公制：公吨(Metric Ton)、公斤(即千克，Kilogram)、克(Gram)等。

(2)英制和美制：长吨(Long Ton，即英吨)、短吨(Short Ton，即美吨)、磅(Pound)、盎

司(Ounce)等。

这些计量单位之间的换算关系为:

1 公吨=0.984 2 长吨=1.102 3 短吨

1 千克=2.204 6 磅=35.273 6 盎司

1 磅=16 盎司

国际贸易中为什么要写“公吨”?

有人问:“既然我们所称的 1 吨是 1 000 千克,和‘公吨’概念一致,为什么国际贸易的单证、合同中还要写明 Metric Ton 呢? 何不直接写 Ton(吨)?”

原来,国际贸易单证通常是用英文打印的,如果直接打 Ton 字样,则在英、美国家会产生歧义理解(是英吨、美吨还是公吨?),这样容易造成贸易纠纷。所以,考虑到别国对于“吨”的不同理解,我们有必要在国际贸易中特别注明“公吨”来表示 1 000 千克的概念。

在矿砂、钢铁、粮食及油类等初级产品的交易中,经常要使用重量单位进行计量。此外,黄金、白银等贵重商品的数量一般要用“克”和“盎司”计量;而钻石等价值超高的小体积单位商品数量则常用“克拉”(Carat)来计量。

3. 面积单位(Area)

面积单位主要包括以下几种:

(1)公制:平方米(Square Meter)等。

(2)英制和美制:平方码(Square Yard)、平方英尺(Square Foot)、平方英寸(Square Inch)等。

这些计量单位之间的换算关系为:

1 平方米=1.195 99 平方码=10.763 9 平方英尺=1 550 平方英寸

这些表示面积的计量单位一般出现在皮革、玻璃、地毯等商品的交易中。

4. 容积单位(Capacity)

容积单位主要包括以下几种:

(1)公制:公升(Litter)等。

(2)英制和美制:加仑(Imperial Gallon 为英制,U. S. Gallon 为美制)、蒲式耳(Bushel)等。

这些表示容积的计量单位一般适用于小麦、玉米、汽油、煤油等商品的交易。

5. 体积单位(Volume)

体积单位主要包括以下几种:

(1)公制:立方米(Cubic Meter)等。

(2)英制和美制:立方码(Cubic Yard)、立方英尺(Cubic Foot)、立方英寸(Cubic Inch)等。

这些表示体积的计量单位一般适用于木材、天然气、化学气体等商品的交易。

6. 个数单位(Number)

个数单位主要包括以下几种:

罗(Gross)、打(Dozen)、件(Piece)、套(Set)、双(Pair)、卷(Roll)、包(Bale)、令(Ream)等。

这些计量单位之间的换算关系为:

1 罗=12 打=144 件

1 令=516 张(以前一般用来表示印刷纸的张数,现不常用)

个数单位广泛地应用于许多工业制成品,特别是日用消费品、机械产品及轻工业品的交易中。

三、重量的计量方法

在国际贸易中,有很多货物是按重量计算的,其计算方法主要有以下几种:

(一)按毛重计算

毛重(Gross Weight,GW)是指商品本身的重量与内、外包装重量之和。在国际贸易中,它更多的是作为运输部门按重量吨计收运费的依据。

一般很少用毛重作为计算货物总价值的基础,但在一些单位价值较低的商品(如粮食、饲料等农副产品)的交易中,因其包装价值同商品价值相差不大,有时也以毛重作为计算商品总价的基础。通常将此种方法称为“以毛作净”(Gross for Net)。

例:东北红小豆 100 公吨,单层新麻袋装,以毛作净。

(二)按净重计算

净重(Net Weight,NW)是指货物本身的实际重量。在国际货物贸易中,由于净重可以反映成交商品的真实数量,所以凡是按重量成交的商品,绝大多数按净重计价。如果在合同中没有明确规定交货的数量是按毛重还是按净重计算,习惯上也是按净重计算。净重与毛重之间存在如下关系:

净重=毛重-皮重

这里所说的皮重(Tare),就是商品内、外包装的重量之和。在实际业务中,根据毛重和皮重就可以计算出商品的净重。视具体情况的不同,皮重可以通过下面四种方法求得:

1. 按实际皮重(Actual Tare)计算。实际皮重是指包装物的实际重量,它是对包装物逐件衡量后所得到的重量总和。按这种方法计算，计算结果准确，但比较费时，工作量和费用也较大。

2. 按平均皮重(Average Tare)计算。有的商品，包装材料和规格比较统一，衡量其重量时可先抽取若干件包装过秤，随后加以平均，以平均数作为每件包装的重量。这种方法比较省时省费。

3. 按习惯皮重(Customary Tare)计算。较规格化的包装，其重量已被市场公认，因而不必每次都重复衡量，按习惯上公认的皮重乘以总件数即可计算。譬如装运粮食的机织麻袋，公认重量为2.5磅。

4. 按约定皮重(Computed Tare)计算。即不需经过实际衡量，而以买卖双方事先约定协商的包装重量作为计算的基础。

(三)按公量计算

公量(Conditioned Weight，CW)，即用科学方法测量商品所含的实际水分，再按标准含水量计算所求得的重量。适用于水分含量不稳定而经济价值又较高的商品，如生丝、羊毛等商品。其计算公式如下：

公量＝实际重量×(1＋标准回潮率)/(1＋实际回潮率)

＝商品干净重×(1＋标准回潮率)

例：某公司出口羊毛一批，双方约定标准回潮率为11%，现有羊毛105公吨，经过测定，回潮率为9%。试计算符合双方约定的重量。

105×(1＋0.11)÷(1＋0.09)＝105×1.11÷1.09＝106.93(公吨)

(四)按理论重量计算

理论重量(Theoretical Weight，TW)是指对于那些固定尺寸与规格的商品，只要其规格一致，每件商品的重量基本相同，不用逐一过秤，只需按其件数来推算出总的重量即可。例如，钢管等有固定尺寸和规格的商品，均可适用此法。

(五)按法定重量和净净重计算

有些国家的海关法规定，在征收从量税时，商品的重量是按法定重量计算的。法定重量(Legal Weight，LW)是指商品重量加上直接接触商品的包装物料(如销售包装)的重量。而除去这部分包装重量所表示的纯商品重量则有时习惯称为净净重(Net Net Weight，NNW)。

根据《联合国国际货物销售合同公约》第56条规定，如果合同中货物是按照重量计量和计价，但没有明确规定采用何种方法作为重量计算方式的，默认应当按净重计量和计价。

第二节 合同中数量条款的约定

买卖合同中的数量条款主要包括成交商品的数量和计量单位，有的合同还需规定确定数量的方法。数量条款的内容及其繁简，应视商品的特性而定。规定数量条款时，需要注意下列事项：

一、数量条款明确、具体

为了便于履行合同和避免引起争议，进出口合同中的数量条款应当明确、具体。例如，在规定成交商品数量时，应一并规定该商品的计量单位，对按重量计算的商品，还应规定计算重量的具体方法，如“中国射阳大米100公吨，塑料编织袋装，以毛作净”。某些商品，如需要规定数量机动幅度时，则数量机动幅度是多少、由谁来掌握这一机动幅度，以及溢短装部分如何作价，都应在条款中具体订明。

在商业贸易中，成交不同数量的货物，单价往往也不会完全一样。一般来说，单笔贸易成交数量越大，则单价越优惠，所以货物的数量和货物的单价在这里也是存在联系的。

二、合理运用数量机动幅度条款

数量条款的基本内容是交货的数量和计量单位。按重量计量的商品，还包括计算重量的方法，如毛重、净重等。在磋商交易和签订合同时，一般都规定确定的、不得增减的数量。但有些难以精确计量数量的商品，如粮食、矿砂、化肥和食糖等大宗商品的交易，由于商品特性、货源变化、船舱容量、装载技术和包装误差等因素的影响，很难在签订合同时准确确定成交量。为了使交货数量具有一定范围内的灵活性和便于履行合同，买卖双方可以在合同中合理规定数量机动幅度(Quantity Allowance)。只要卖方交货数量在约定的增减幅度范围内，就不构成违约。规定数量机动幅度的方法通常有以下两种：

（一）溢短装条款

所谓溢短装条款(More or Less Clause)，是指在合同中明确规定在实际交货时可以多交或少交合同数量的百分之几，溢短装数量在此幅度范围内不视为违约。

例：中国大米100公吨，卖方可溢交或短交2%。

Chinese Rice 100 MT with 2% More or Less, at seller's option.

合同中规定有溢短装条款，具体伸缩量一般明确由卖方决定(at seller's option)，但在买方派船装运等情况下，也可规定由买方决定。少数情况下如果是租船运输，为考虑充分利用船舱空间，也可授权船方决定溢短装幅度。

数量机动幅度的正确理解

数量机动幅度的规定并不意味着把货物的总价同时限定住。例如，合同约定货物成交50吨，并约定数量允许有2%的增减幅度，假设在此增减幅度范围内交货不论多少，买方都要给卖方10万元货款，那么卖方势必会按最少允许交货量亦即49吨交货，且几乎不可能溢装。显然，制度不可能这样规定。

溢短装条款在这种情况下通常会规定每吨的单价。如果卖方交货51吨，则买方不得拒收这超过合同约定数量的1吨货物，且需支付51吨货物的货款；如果卖方交货49吨，买方需支付49吨货物的货款；如果卖方交货40吨且表示不属于分批装运，则因为其超过了短装幅度范围，视为卖方违反合同约定。

需要注意的是，卖方制作的商业发票、装箱单等外贸单证上的数量应当按照实际发货商品数量填制。如果实际发货51吨，但卖方的装箱单上打印的还是合同上的50吨，那么一则卖方收到的货款将会是50吨的货款，二则还会给买方的报关带来潜在麻烦。

不是所有商品都适合使用这种数量机动幅度，例如成交800套机器人玩具，卖方便不能根据自身需要或集装箱的大小发793套玩具或806套玩具。原因在于，如果是以包装单位或个数计数（只、件、台等）的商品交易，卖方交货的数量必须与合同规定的数量完全一致。在此，玩具并不是难以准确计量数量的散装大宗商品。

溢短装部分的作价办法，如果合同中没作相反的规定，一般按合同价格计算。但是，也有一些合同规定按装船日或卸货日的市场价格计算，其目的是防止有权选择溢短装的一方为获取额外利益而有意多交或少交货物。这是因为，数量上的溢短装在一定条件下关系到买卖双方的利益。如果是在按合同价计价的条件下，交货时市价下跌，多装就对卖方有利（这种情形较多见）；但如市价上升，多装对买方有利。为了防止有权决定多装或少装的当事人利用行情的变化，有意多装或少装以获取额外的好处，所以才在合同中作这样的约定。

（二）"约"量的规定

在合同数量前加"约""近似"（Approximately，About，Circa）等字样，也可使具体交货数量作适当机动，即可多交或少交一定百分比的数量。但国际上对"约"字的含义解释不一，有的解释为5%，有的则为10%。鉴于"约"数在国际上解释不一，为防止纠纷，使用时双方应先取得一致的理解，并最好达成书面协议。

《跟单信用证统一惯例》(国际商会第600号出版物，UCP600)关于数量的规定

第30条　信用证金额、数量与单价的伸缩度

(1)“约”或“大约”用于信用证金额或信用证规定的数量或单价时，应解释为允许有关金额或数量或单价有不超过10%的增减幅度。

(2)在信用证未以包装单位件数或货物自身件数的方式规定货物数量时，货物数量允许有5%的增减幅度，只要总支取金额不超过信用证金额。

(3)如果信用证规定了货物数量，而该数量已全部发运，以及如果信用证规定了单价，而该单价又未降低，或当第30条第(2)款不适用时，则即使不允许部分装运，也允许支取的金额有5%的减幅。若信用证规定有特定的增减幅度或使用第30条第(1)款提到的用语限定数量，则该减幅不适用。

三、注意数量的计量地点的规定条款

实践中，商品的实际收发货数量多是以由买方或卖方指定或聘请的第三方公证检验机构出具的重量/数量证书为准，那么到底是以在出口方装船前计量的“离岸数量”为准，还是以在进口方处计量的“到岸数量”为准？最好在合同中加以明确规定。通常，如规定以“离岸数量为准”对于卖方较为有利，以免在途中因发生失窃、散落、水分蒸发、动物消瘦等不可控事件而使卖方陷于被动。

练习题

一、单项选择题

1. 我国现行的法定计量单位是________。

(A)公制　　(B)国际单位制

(C)市制　　(D)美制

2. 根据《跟单信用证统一惯例》规定，合同中使用“大约”等约量词汇，可以解释为交货数量的增减幅度为________。

(A)不超过5%　　(B)不超过10%

(C)不超过15%　　(D)由卖方自行决定

二、案例分析题

1. 某公司与国外某农产品贸易有限公司达成一笔出口小麦的交易，国外开来的信用证规定："数量为1 000公吨，散装货，不准分批装运，单价为250美元/公吨CIF悉尼，信用证金额为25万美元……"但未表明可否溢短装。卖方在依信用证的规定装货时，多装了15公吨。请问：

(1)银行是否会以单证不符而拒付？为什么？

(2)《联合国国际货物销售合同公约》对交货数量是如何规定的？

2. 20世纪90年代我国内地一家食品企业向日本出口真空包装的驴肉，合同约定为成交驴肉总净重3吨。在发货前，该食品企业管理层认为该日本客户"比较好说话，应当拉拢成为以后长期客户"，所以就多发了300千克驴肉，但发票、装箱单上打印的还是3吨数量，意为白送300千克给客户。后日方企业在到货后没细看提单内容，直接按照装箱单上的数量向日本海关报关，结果海关查验发现日方企业有"少报多进"逃税嫌疑，遂课以处罚。请问：我国这家食品企业的过错责任在什么地方？

3. 某公司从澳大利亚进口羊毛10公吨，合同的数量订明"10公吨"。结果，澳方所交的羊毛实际回潮率竟高达33.3%，使我方吃亏不少。请问：造成这一结果的主要原因是什么？

第三章　商品的包装

包装条款是主要贸易条件之一，是国际货物买卖合同的重要内容，买卖双方应在合同中作出明确、具体的规定。因此，我国的出口企业必须高度重视商品的包装工作，努力使我国出口商品的包装达到“合法、经济、牢固、美观、适销”的要求。

第一节　商品包装概述

国际贸易中的实体商品，按其有无包装可以分为散装货、裸装货和包装货。散装货（Bulk Cargo）是指不必包装就可装入运输工具的液态或固态颗粒状货物，如粮食、矿砂、原油等不便包装或不值得包装的货物。裸装货是指形态上自成件数，自身有一定的强度和韧性，无须包装或略加捆扎即可成件的货物，如钢材、轮胎、车辆等。除此之外，多数商品需要一定程度的包装。

一、国际贸易中商品包装需注意的问题

（一）商品包装内容应当合法、合规

商品包装上一般都会印有一些文字或图案，在国际贸易纠纷案例的统计上我们不难发现，很多有问题的包装是在进口国家或地区被发现的。例如，我国海关总署 2002 年 8 月发布通知，进出口货物及其包装上如带有违反“一个中国”原则内容的，不得进出口。

不少阿拉伯国家进口货物包装禁用六角星图案，因为六角星与以色列国旗中的图案相似。出口到日本的货物包装上禁止使用荷花和菊花图案，因为荷花在日本属于葬礼用花，而菊花属于皇室标志图案。类似案例还有，出口到德国的货物包装上禁止出现纳粹的标志（卐）图案（包括其镜像图案）和鹰徽图案等。

各国都有与其动植物检疫要求相关的法律法规。木质包装（包括原木制作的托盘、支架等）由于存在藏有害虫、幼虫等风险，所以各国一般都要求进口货物如使用木质包装的，木质包装应当经过熏蒸等除害处理并加施 IPPC 处理标志。美国等国家原

则上不允许进口货物使用稻草等检疫高风险物质作为衬垫缓冲材料使用。

商品包装(尤其是销售包装)还需要注意,是否有侵犯进口国他人企业已注册的商标专用权、专利权的问题。

(二)包装应当足够牢固、可靠

我国海关对于部分法定检验出口货物运输包装要求实施纸箱耐破指数等指标的检验,以免太薄的纸箱在集装箱内堆垒时造成下层货物被压坏、堆垛倾倒等事件。我国对于危险品运输包装则有着更严格的包装质量要求和包装规范使用检查要求。

危险品泄露导致飞机机舱被腐蚀

2000年1月,中国化工建设大连公司(以下简称大连化建)购买了80桶8-羟基喹啉(据当时称),准备出售给印度一家公司,委托马来西亚航空公司(以下简称马航)办理运输。飞机抵达马来西亚机场准备中转印度时,工作人员意外发现,经过颠簸运输,有两个铁桶发生泄漏,散发出一种刺鼻气体,使人根本无法靠近卸货。泄漏的物质经多次化验证实根本不是8-羟基喹啉,而是属于危险货物的强酸性腐蚀化学物品草酰氯。经专家鉴定,结果为推定飞机全损。为此,马航及5家保险公司将大连化建等6家与此事故有关的公司告上法庭,要求赔偿损失,折合人民币高达6亿多元。

——“新浪新闻频道”2006年9月讯

(三)包装上的语言文字问题

包装上的语言文字应当尽可能合乎进口国/消费国(地区)的语言文字要求。其中,销售包装的语言文字由于内容更多、更细,还会牵涉到进口国的一些法规条款。例如,加拿大政府规定进口商品零售包装必须有英、法文对照等,不妨可交给以此为母语的进口商来翻译和处理。

二、包装的选用及其与运输的配合

(一)包装的设计制作原则

1. 科学经济。科学经济的设计制作可以缩小包装体积,减少包装费用,降低货物成本。

2. 牢固便利。牢固的设计制作有利于保持货物的完好无损,便利的包装有利于各环节人员的操作。例如,冰箱的外包装纸箱两侧有便于搬运人员插入手的孔洞等。

3. 美观适销。美观的设计制作可以吸引顾客的注意力,满足消费者的需求。

（二）选用包装应当注意的问题

1. 选择包装材料及填充物要注意各国的有关规定。

2. 包装的装潢、颜色和文字说明图示等要适应境外消费者的风俗习惯和爱好。

3. 包装的选用要适应不同商品的特性及所采用的运输方式。例如，遇到单件货物较沉重的，不适宜用瓦楞纸箱，而应当改用木箱来包装。

4. 销售包装的制作要设置物品条码。

（三）包装体积的核算及与运输的配合

每一种包装方式的采用都需要考虑与运输载体相配合的问题。在国际货物运输中，由于采用纸箱包装的货物占很大比重，因此，纸箱包装设计制作及其与运输载体的配合较为常见，纸箱包装的设计和纸箱体积的确定一般要顾及与运输载体相匹配。例如，每个纸箱长、宽、高的整数倍数最好略小于集装箱长、宽、高数据，以尽量减少集装箱内空间浪费，等等，这称为物流的模数问题。

第二节　包装的种类及其作用

包装按其在流通领域中所起作用的不同可分为两大类，即运输包装（Transport Packing）和销售包装（Selling Packing）。

一、运输包装

（一）运输包装的含义及种类

1. 运输包装的含义。运输包装又称外包装（Outer Packing），是指将一件或数件货物装入特定包装容器，或用特定方式包扎成件或成箱的包装。运输包装的主要作用在于保护货物，便于装卸、储存、运输、清点等。

根据使用惯例，海运集装箱、航空集装器（板）等由于通常不伴随货物一起出售给进口方，故划归运输设备类而非包装类范畴。

2. 根据包装方式的不同，常见的运输包装主要有：

（1）箱类。具有一定价值且不能紧压的货物通常用箱类包装。箱子按材料不同分类，有木箱（Wooden Case）、纸箱（Carton）、板条箱（Crate）等。

（2）桶类。桶有木桶、铁桶、纸板桶与塑料桶之分。注意：木制桶按其体积从大到小依次称为 Butt>Barrel>Cask>Keg；铁制桶则是 Drum>Can>Tin。

（3）袋类。袋有牛皮纸袋、麻袋和塑料编织袋等，一般用来包装粉状、颗粒状或块状的货物。农副产品等常用袋装。例如，水泥用牛皮纸袋装，大米用塑料编织袋装。

(4)捆包类。凡可紧压且品质不受损坏的商品,可以打包以尽量缩小物流单元体积。用包来包装时,一般用打包设备将货物压实,再用麻布、棉布等包裹,包外用条带扎紧;一般可应用于棉花、棉纱、羽绒、羊毛、布匹、茧丝、纤维等货物。

(二)选择商品运输包装的注意事项

国际贸易中的商品,大多需要通过长途运输。为了保证货物能安全到达,就需要有合理的运输包装。国际贸易商品的运输包装相比国内贸易商品的运输包装,一般来说质量要求会更高一些。因此,在确定商品的运输包装时,应注意以下五个方面的问题:

1. 包装必须适应不同商品的不同特性。每种商品都有自己的特性,例如,食品怕潮湿、玻璃制品容易破碎、流体货物容易渗漏和流失等。这就要求运输包装侧重于具有防潮、防震、防漏、防锈和防毒等良好的性能。

2. 包装必须适应各种不同运输方式的要求。不同运输方式对运输包装的要求也不同。例如,海运包装要求牢固,并具有防止挤压和碰撞的功能,航空运输包装要求轻便而且体积不宜过大。

3. 包装必须考虑有关国家的法律规定和客户的特殊要求。各国法律对运输包装会有一些不同的规定。例如,美国政府宣布,从 1998 年 12 月 17 日起,凡未经处理的中国木制包装箱和木制托架,一律不准入境,以免因带进松材线虫或天牛等而危害美国森林。有些国家对包装标志和每件包装的重量都有特殊的规定和要求。此外,如客户就运输包装提出某些具体、特定的要求时,卖方在条件允许的情况下可设法予以满足。还要注意和了解进口地对销售包装图案、色彩的喜好和禁忌。

4. 包装应便于运输和识别。运输包装在流通过程中需要经过装卸、搬运、储存、保管、清点和查验,为了便于这些环节的有关人员进行操作,包装的设计要合理,包装上的各种标示要符合规范,应努力实现商品运输包装的标准化。

5. 包装应考虑尽量节省包装费用。运输包装成本的高低和运输包装重量与体积的大小,都直接关系到费用开支和企业的经济效益。因此,在选用包装材料、进行包装设计和打包时,在保证包装牢固的前提下,应注重合理和节约。

二、销售包装

销售包装又称内包装(Inner Packing)、小包装(Small Packing)或直接包装(Immediate Packing),它除了保护商品外,还具有美化商品、宣传品牌形象、便于销售和使用等作用。由于国际市场上竞争激烈以及自选超市的发展,出口货物的销售包装显得日益重要,它的好坏直接关系到售价和销路。此外,衬垫物(Filling and Lining Materials)也是包装的重要组成部分,不容忽视,它的作用是防震、防碎、防潮和防锈等。有些商品，如电冰箱、洗衣机等大件货物的运输包装即为销售包装。

销售包装应注意做好包装的装潢工作。商品包装装潢是指按商品的不同属性、形态、数量和销售意图，设计合理的销售包装的造型、画面和文字说明。商品包装装潢的造型应力求美观大方、科学合理；画面要突出商品的特点；文字说明主要包括商标、牌名、品名、产地、数量、规格、成分、用途及使用说明等内容。

外销商品销售包装操作要点

很多情况下，外销商品（日常消费品）的销售包装是由境外进口商确定的，而不是出口商自行设计制作的。这一点与外包装不同，主要是因为，小包装直接在销售点面对境外消费者，其色彩是否显眼、外观是否新潮等因素直接影响商品的市场销路；更重要的是，小包装上的外文说明（如食品、化妆品、宠物饲料等的参数说明）与图案要考虑当地风俗习惯、法律法规等。对此，出口商往往不如进口商把握得更准确。

因此，通常是境外进口商将包装设计的CAD电子文档信息传送给我国出口方，出口方将电子信息（勿忘条码信息）提交印刷厂付印，成为销售包装。有些国际名牌电子产品因为“打假防伪”需要，其零售小包装是委托某家大型印刷企业统一印刷的，以求得国际统一的外观、色彩等。如果是某国际知名品牌公司委托我方OEM代工，然后产品出口，则一般是外商将大量包装盒先托运给我方，我方生产并装盒装箱后再出口到进口国市场。

我国商品在中国超市里销售，包装上条形码通常使用的是国际物品编码委员会的EAN码（已启用的有“690、691、692、693、694、695”数字开头），但美国、加拿大组织的统一编码委员会的条形码规则是12位或8位的UPC码（Universal Product Code），因此在这些国家上架零售的商品的条形码可能需要“入乡随俗”另行注册，这也是这些国家的进口商更改销售包装时要注意的。

第三节　运输包装上的标志

运输包装上的标志作用包括方便货物的交接、防止错发、方便货物的安全运输和储存等。根据其用途的不同，主要有运输标志、指示性标志和警告性标志三种。

一、运输标志

运输标志(Shipping Mark)又称"唛头",早期的唛头通常由一个简单的几何图形和一些字母、数字及简单的文字形成,通常加贴于每一件运输包装侧面的显眼位置。按照国际标准化组织的建议,标准唛头的内容应包括以下四项基本内容:

1. 收货人名称的英文缩写或代号。
2. 参考文件号码,如买卖合同号、发票号等。
3. 目的地或目的港名称。
4. 件数号信息。

以下为某标准唛头示例:

FOCUS →收货人简称
KAT201856 →合同号
SHANGHAI →目的港
C/NO. 03/129 →总共 129 个纸箱,此为第 3 箱

值得注意的是,由于商业发票和提单等单证上也会出现唛头,为了便于制单和报关申报的信息录入,国际标准化组织推荐的运输标志并不使用几何图形或其他图形。

唛头的实际作用举例

物流公司搬运人员和仓管人员在处理和分拨货物的时候,将货物"发错目的地"是一种很容易犯的但又较为严重的工作失误。以搬运工人为例,他们搬运的时候不可能都去看运单等单据,但如果每个纸箱上都标明目的地城市名,那么这种错误出现的概率就要小得多。

早期的唛头大多包含一些各有特色的几何图形标志,主要考虑到多数物流一线搬运人员文化素质有限,通过看图案来区分归并货物比较直观。纸箱上的唛头标明收货人公司名称,有助于物流企业在货物中转环节提高分拨效率,也有助于海关查验和进口方提货时认领货物。

二、指示性标志

指示性标志(Indicative Mark)是一种旨在保护包装内货物的操作标志,是指按商品的特性,对容易破碎、残损和变质的商品,附有用文字说明和通用易懂图形作出的标志,以便指示有关人员在装卸、搬运和储存过程中引起注意。例如,"小心轻放"(Handle with Care)、“易碎品小心轻放”(Fragile)、“请勿倒置”(This Side up)、“防湿”(Keep Dry)等标志如图 3—1 所示。

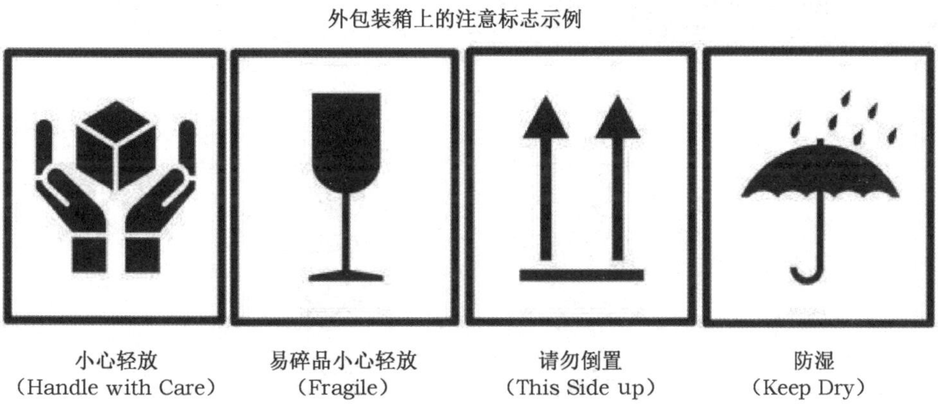

图 3—1　指示性标志示例

三、警告性标志

警告性标志(Warning Mark)又称危险品标志，是一种旨在保护物流操作人员安全、保护环境和保护一同运输的其他货物及交通工具安全的操作标志，主要是指在易燃品(Inflammable)、爆炸品(Explosive)及有毒品(Poison)等危险品的运输包装上附有表明危险品性质的文字说明和图形标志。它能使装卸、运输和保管等环节的有关人员按照商品的特点采用相关防护措施，以保障安全。可以说，加施这种标志带有强制性。我国已颁布了《危险货物包装标志》，此外，联合国政府间海事协商组织也规定了一套《国际海运危险品标志》，这套规定在国际上已有许多国家采用。有的国家进口危险品时，要求在运输包装上附有该组织规定的危险品标志，否则不准靠岸卸货。我国在出口危险货物的运输包装上，原则上要求附有分别由我国和联合国政府间海事协商组织规定的两套危险品标志。

为了避免由于各国文字不同而造成一线人员识别文字标志的困难，在国际贸易的长期实践过程中，形成了一套各国普遍采用的指示和警告符号，即用简单、醒目和易懂的图样来弥补文字标志信息的不足。警告性标志如图 3—2 所示。

图 3—2 警告性标志

制造业企业纸箱订制实务

多数情况下,制造业企业不是自己制作出口货物纸箱的,在委托纸箱厂制作纸箱时,应当确定好纸箱长、宽、高的尺寸(纸箱设计尺寸应同时考虑到内装小包装的尺寸、商品个数和集装箱的尺寸,以及便于搬运和节省瓦楞纸板等问题),并确定纸箱的材质、坚固程度(应考虑出口商品货物包装法定检验、内装货物是否耐挤压、堆垛最大层数限制以及包装成本控制等问题)。一般情况下,纸箱厂也负责印刷纸箱外表的文字及图案内容,这也是要由制造业企业提供给纸箱厂的。但针对这些文字(一般是进口国使用的外文,通常不用中文)及图案信息,出口方应当先征求境外进口方的意见,以免在进口国理货分流和通关查验等环节遇阻。

对于指示性标志和警告性标志(如果有的话),可以通知纸箱厂事先印在纸箱上,因为这是由内装商品的性质所决定的。但唛头由于具有针对合同的特殊性,甚至每个纸箱上的唛头都不同,所以,唛头一般不直接印在纸箱上,而是出口企业在发货前用纸贴在每个纸箱上。

第四节　合同中的包装条款

按照一些国家的法律解释，如果卖方违反了所约定的包装条件，买方或运输方有权提出索赔或拒绝托运，甚至可以拒收货物。可见，包装条款是买卖合同中的重要交易条件。

一、包装条款的基本内容

包装条款应涉及的主要内容有包装方式、包装用料和包装规格、包装标志，有时还包括包装费用。例如：

1. 纸箱装，每箱 25 千克。

In cartons of 25 kg each.

2. 麻袋装，每袋净重 60 千克。

In gunny bags of 60 kg net each.

二、订立包装条款的注意事项

（一）包装条款应明确、具体

除非买卖双方对包装方式的具体内容经事先充分交换意见或由于长时期的业务交往已取得一致认识，否则在合同中一般不宜采用“适合海运包装”（Sea Worthy Packing）、“习惯包装”（Customary Packing）之类的术语，因为此类术语缺乏统一的解释，容易引起争议和纠纷。有时为了更加明确，在规定包装材料和方式时，可订明每件的重量或数量。

（二）关于运输标志（唛头），应写清楚是由卖方提供还是由买方自行设计

按国际贸易习惯，唛头一般由卖方决定，习惯称“卖方唛头”（Seller's Mark），并无须在合同中作的具体规定。如买方要求，也可在合同中作出具体规定，习惯称“买方唛头”（Buyer's Mark）。但如买方要求由其指定唛头，则应在合同中明确规定唛头的具体式样和内容，或规定买方提交唛头式样和内容的时限，并订明若到时尚未收到买方有关唛头的通知，则卖方可自行决定，以免延误卖方交货。如在合同中作规定：“唛头由买方提供，买方提供的唛头必须在装运前×天交到卖方；否则，卖方可以刷制自行设计的唛头。”

（三）明确包装由谁供应和包装费用由何方负担

包装费用一般包括在货价之中，不另计收。但若买方对包装有特殊要求，除非事

先明确包装费用包含在货价内，其超出的包装费用原则上应由买方负担，并应在合同中具体规定负担的费用和支付办法。如商定全部或部分包装材料由买方负责提供，合同中应同时规定包装材料最迟到达卖方的时限和逾期到达的责任，该项时限应与合同的交货期限相适应。另外，即使由买方承担包装费用，如果卖方包装技术达不到要求，也不宜轻易接受，以免引起纠纷。选择包装方式时，应考虑商品的特性和使用的运输方式，尽量有利于降低包装成本和节省运输费用。

(四)考虑进口国对包装的有关法令规定和风俗习惯

各国政府对包装有时会有一些特殊的要求，如在包装材料方面，有的国家(基于回收降解考虑)不允许使用玻璃和陶瓷制作包装材料，有的国家(如美国、日本、加拿大、新西兰)禁止用稻草、报纸做包装衬垫。同时，包装还应顾及各国的风俗习惯，例如，非洲国家人民大多不喜欢狗的图案；东南亚国家人民大多喜欢大象；法国人大多视孔雀为恶鸟，忌讳仙鹤、乌龟等。包装方案图片如果先发给进口国买方企业审看认可后，再大批量印制包装，就可以有效应对这个问题。

三、定牌、无牌和中性包装

采用定牌生产(Specific Brand Packages)、无牌生产和中性包装(Neutral Packing)，是国际贸易中的通常做法。

(一)定牌生产

定牌是指买方要求卖方在出口商品或包装上使用买方指定的商标或牌名的做法。采用定牌，是为了利用买主(包括生产厂家、大百货公司、超级市场和专业商店)的经营能力和他们的企业商誉或名牌商誉，以提高商品售价和扩大销售数量。因此，在我国的出口贸易中，如外商订货数量较大，需求比较稳定，我们也可同意使用定牌生产。但应注意，有的国外客户利用向我国订购定牌商品的做法来排挤我国自己品牌的同类商品的销售，影响了我国同类商品的销售数量和国际市场名誉。还要提防少数国外客户并非该定牌商标的合法使用人的情形(外商企图利用我方制造冒牌商品)。因此，对是否同意接受定牌生产，我方应视具体情况而定。

海关:国内企业为外商定牌生产应避免侵权风险

据上海海关统计,自 2010 年 10 月“打击侵犯知识产权和制售假冒伪劣商品专项行动”开展以来,截至 2011 年 2 月底,上海海关共查获 225 起侵犯知识产权案件,涉案商品 213 万余件,案值 1 500 余万元人民币,其中相当一部分侵权商品为外商委托国内企业定牌加工生产。

据海关专家分析,由于国内众多企业拥有强大的生产制造能力,加之劳动力价格较为廉价,国际加工贸易产业在向中国转移的过程中,个别不法外商打起了利用中国企业生产侵权商品的“歪主意”。目前,相当一部分定牌加工企业存在对知识产权责任承担约定不明的情况,部分企业不了解商标转让、许可使用与定牌加工中商标使用的区别,仅凭订单或传真件就开始为委托方加工产品,不签订书面加工合同,即使签订合同也仅注重加工商品的数量、款式、质量、价格、交货日期、结款方式,而未明确双方商标使用责任,导致商标侵权隐患发生。有的企业甚至因害怕失去订单而放松了对侵权风险的约定。

海关专家指出,国内企业为外商定牌生产,赚取的只是微薄的加工费用。一旦侵权产品被查处,国内企业将承担制假和违约的双重责任,后果严重,应当引起重视并加以避免,切实增强知识产权保护和自身利益保护意识。

上海海关建议,国内企业在承接加工贸易订单前,应要求国外委托方出具知识产权授权书,并查询加工中涉及的知识产权是否在工商总局(现国家市场监督管理总局)注册、注册人与授权方是否一致、是否在海关总署备案等情况。企业还可以联系在海关总署备案的权利人,进一步鉴别授权书的真实性,避免落入侵权陷阱,遭受不必要的损失。企业在签订合同时还应加入担保条款,约定知识产权责任由委托方承担,为自身权益加上一重“保护伞”。

(二)无牌生产

无牌是指买方要求卖方在出口商品或包装上免除任何商标或牌名,主要是为了避免浪费、节省广告费用、降低销售成本,从而达到薄利多销的目的。无牌生产主要用于半制成品、低值易耗的日用消费品等。

需要指出的是,我国的出口商品一般均注明“中华人民共和国制造”或“中国制造”字样,即出口商品无论是定牌还是无牌,在货物或包装上通常均注明生产国别或地区。但有时在国外买方要求下,也会用中性包装。

(三)中性包装

中性包装是指在商品和内外包装上既不注明生产国别、地名和厂名,也不注明原有商标和牌号的商品包装。采用中性包装,有时是为了适应国外市场的特殊需要(如转口贸易等),有时是为了打破某些国家和地区人为设置的关税和非关税壁垒对商品的限制等,它是出口厂商扩大出口的一种手段(而且往往是进口商提出这样的要求,因为这对进口商也有利)。中性包装又有定牌中性和无牌中性之分。

1. 定牌中性包装是指卖方按买方的要求,在其出售的商品或包装上使用买方指定的商标或牌号,但不注明生产国别的包装。其目的主要是便于树立该商标或牌号在当地市场的声誉,或利用其名牌声誉以便销售。

2. 无牌中性包装是指商品和包装上均不使用任何商标牌名,也不注明生产国别的包装。这种包装主要用于一些尚待进一步加工的半制成品,如缝制服装用的成匹棉布、绸缎等,买方要求出口人在装运出口时不使用任何商标或牌号。其目的主要是避免浪费,降低成本。

企业的产品要出口,就必须按照外贸合同的规定去执行。如果外贸合同规定为"无牌中性包装",那么就必须严格注意,在商品上和内外包装上都不应有中文字样,也不宜用国内报纸和其他宣传资料作商品的包装物、填充物和衬垫物。如果外贸合同规定为"定牌中性包装",那么就应该在商品或包装上附上买方指定的商标和牌号,但不能注明生产国别。

须注意的是,我国对于某些出口商品(如纺织品等)规定不得使用中性包装,更不得虚标生产国/地区名。例如,我国原产的出口服装禁止虚标成"MADE IN KORE-A"。在遇到合同包装条款有中性包装要求时,最好先查询有关政策。中性包装虽是国际贸易的常用做法,但近年来受到种种限制,因此在出口商品上或包装上采用中性包装应谨慎从事。

练习题

一、单项选择题

1. 运输包装上的"EXPLOSIVE"醒目字样属于________。

(A)警告性标志　　(B)指示性标志

(C)运输标志　　(D)以上选项均不对

2. 我国某中成药制药企业生产"××白凤丸"(妇女用药)拟出口秘鲁,由于秘鲁官方语言是西班牙语,进口商希望该中成药能有西班牙语的零售包装。对此,我国制药企业的较合理方案是________。

(A)委托社会上的翻译公司或相关高校的外语教师将包装原中文内容翻译为西班牙语,然后委托国内印刷厂印制西班牙语的销售包装,最后装盒出口

(B)将该中成药成品裸装(有基本卫生包装层保护)药丸运至秘鲁,由秘鲁企业自行印制零售包装,然后装盒上市

(C)在合同包装条款上要求秘鲁进口方自行确定包装盒六个面的印制内容电子版,外加药品说明书的西班牙语版,我方找西语专业人才核对其翻译内容的准确性后,找印刷厂印制西语版包装盒,然后装盒出口

(D)按我国内销相同包装发过去,然后让秘鲁进口方自行更换零售包装盒或自行加贴西语版不干胶标签

二、案例分析题

1. 20 世纪 90 年代,阿根廷某公司与上海自行车厂洽谈业务,打算采购上海自行车厂生产的自行车 3 000 辆,但要求我方改用"鹰"牌商标,并在包装上不得注明"Made in China"字样。请问:对此,我方是否可以接受?在处理此项业务时,应注意什么问题?

2. 我国广东某企业生产抽水马桶并出口到美国,为了防止碰损破碎,按照国内贸易习惯,采用稻草作为衬垫材料。此举由于违反了美国《联邦植物病虫害法》等有关法律,所有稻草材料在美国农业官员的监督下予以焚烧。因此,美国进口企业被耽误大量时间,并承担了不少额外仓储和处理费用以及罚金,导致其找广东该企业交涉,要求赔偿相关损失。请问:该案例带给我国出口企业的教训是什么?

3. 20 世纪上海某日用化学品厂生产"芳芳"牌小儿爽身粉,在国内销路很好,但在国际市场上却销路不佳。后经过咨询,经销商发现,商品零售包装上的商标显示的是拼音字母"Fang Fang",这在英语中是"狗牙、毒蛇牙齿"的意思,英语国家的消费者当然对此望而生畏。请问:该案例带给我国出口企业的教训是什么?

第二篇

进出口贸易术语和商品价格

【导读】买卖双方洽谈交易时，商品的价格往往是交易磋商中的核心内容。因为价格关系到贸易利益在买卖双方之间的分配，并且与其他交易条件有着密切的关系。买卖双方在其他交易条件上的利益与得失，一般都会反映到商品价格上来。在贸易实践中，国际贸易术语往往被用来确定买卖双方的基本义务和责任。在国际贸易实务中，结合其他各种交易条件和国际贸易术语，合理运用价格制定方法，选用有利的计价货币，适当采用与价格有关的佣金和折扣，正确制定进出口商品价格和订好合同中的价格条款，对搞好进出口贸易、提高经济效益具有十分重要的意义。

第四章 国际贸易术语

国际贸易术语起源的通俗解释

在国际货物一般贸易中，买卖双方的基本义务分别是：卖方提交合格的货物和单据，买方收领货物并支付相应货款。但是实际中，一笔贸易的完成仅仅明确这些基本义务是不够的，例如货物需要有人去找运输方托运、出口和进口分别需要有人去报关、需要办理运输保险时应当有人去办理保险，等等。这些事务的责任以及费用的承担，不是由卖方负责，就是由买方来负责。承担责任较多的那一方因为相当于在经济上多支出了成本，所以就需要在买卖双方的成交价上进行相应的调整，以弥补因其承担义务较多而产生的经济损失。

买卖双方势必需要把诸如在哪里交货、风险划分转移的分界点在哪里等义务上的划分和具体安排写入合同。但是由于事项内容较多、较杂，合同中用于写明这些事宜的文字篇幅会比较长，而且假如牵涉到合同条款内容翻译的歧义理解或不规范表述，还可能会引发纠纷。对国际贸易而言，这显然不是长久之计。

后来人们发现，关于具体贸易当中的买卖双方各自应负担的责任、承担的费用和风险划分等内容，其实可以归纳成几种比较常见的固定模式。这样完全可以用一个简短的概念或英文缩写作为这种模式的代号，来说明商品的价格构成和买卖双方的有关手续、费用、风险及责任的划分界限等问题，从而简化了交易磋商的内容。例如，Free on Board 或者 3 个缩写字母 FOB，即代表了“装运港船上交货”这一交易模式，这里的 FOB 就是比较常用的一种贸易术语。

仅仅缩短合同的文字篇幅还不够，这种模式的代号还需要有国际权威机构或行业协会等进行公布和统一解释，才能为绝大多数国家或地区的企业、司法机构、银行等所接受。这是因为，只有卖方和买方针对同一个贸易术语的含义有共同的一致理解，这样的术语写在合同上才会有实际意义，也才不会频繁出现无端的贸易纠纷。

1812年，世界上第一个贸易术语FOB诞生在英国的利物浦，即今天的“装运港船上交货”。不过当时所谓的FOB是指“买方事先在装运港口租订一条船，并要求卖方将其售出的货物交到买方租好的船上，买方自始至终在船上监督交货的情况，并对货物进行检查，如果他认为货物与他先前看到的样品相符，就在当时当地偿付货款”。这就是现代FOB的雏形。

第一节 国际贸易术语的含义和作用

所谓贸易术语(Trade Terms)，又称贸易条件或价格术语(Price Terms)，是指为适应国际贸易的特点，在长期的贸易实践中形成的一种贸易惯例。它用一个简短的概念或英文缩写来说明商品的价格构成和买卖双方的有关手续、费用、风险及责任的划分界限等问题，从而简化了交易磋商的内容、缩短了成交过程、节省了业务费用。在当今国际贸易实践中，国际贸易术语已成为交易磋商必不可少的交易工具。

在国际贸易的长期实践中，人们逐渐把一些常用的习惯交易做法定型化，把某些同价格密切相关的贸易条件与价格直接联系在一起，组成若干种固定的报价模式；每一种模式都规定了买卖双方各自所应承担的责任和义务，这就形成了贸易术语。所以，贸易术语的出现可以说是化繁为简的产物，它大大地便利了国际贸易的进行。

一、贸易术语的内涵概述

国际货物买卖是在不同国家之间进行的，较国内贸易复杂得多。国际贸易的特点可以概括为：线长、面广、环节多、风险大。“线长”是指货物的运输距离长；“面广”是指交易中要涉及许多方面的工作；“环节多”是指货物从出口地到进口地往往要办理多道手续。这期间货物遭受自然灾害或意外事故而导致损坏或灭失的风险概率自然要大一些。

为了明确交易双方各自所应承担的责任和义务，以下三个方面的问题是订立合同时必不可少的内容。

(一)关于各种手续的办理

主要是指货物从出口地发货人仓库运抵进口地收货人仓库，所涉及的托运订舱、装货、卸货、办理货运保险、申领进出口许可证、报关纳税等手续，应由哪一方办理。这些内容在每个贸易术语里均有比较明确的规定。

(二)关于费用的负担

主要是指国际贸易当中货物进出口所涉及的诸如运费、装卸费、保险费、仓储费、商检费、各项税费和运输过程中产生的额外杂费,分别应由哪一方负担。费用的负担直接影响商品的价格构成,例如商品的 FOB 价基本上仅包含其出口成本,而 CIF 价则不仅包含出口成本,还包含商品出口的海运费和保险费。对外报 FOB 价的情况下,卖方承担的手续办理义务和费用比较少,所以商品报价会比同商品的 CIF 价要低。

(三)关于风险的划分

每一个贸易术语都会明确规定买卖双方对货物的风险责任以什么地方为分界点、货物在运输途中的风险由哪一方承担、货物灭失或损坏由谁向责任方索赔。

总之,不同贸易术语表明买卖双方各自承担不同的责任、费用和风险,而责任、费用和风险的不同分配模式又影响成交商品的合同价格。因此,贸易术语一方面表示交货条件,另一方面又表示成交商品的价格构成,并且两者密切相关。

二、贸易术语的作用

贸易术语的作用有很多,主要包括以下几个方面:

(一)有利于买卖双方洽商交易和订立合同

买卖双方在洽商价格时使用了贸易术语,既可以节省交易磋商的时间和费用,又可以简化交易磋商和买卖合同的内容,有利于交易的达成和贸易的发展。

(二)有利于买卖双方核算价格和成本

由于贸易术语表示商品的价格构成,所以买卖双方确定成交价格时,必然要考虑采用的贸易术语中包含哪些从属费用,这就有利于买卖双方进行比价和核算成本。

(三)有利于买卖双方争议的解决

买卖双方商订合同时,如果对合同条款的细节内容考虑欠周,往往会致使某些事项未作明确规定,从而导致履约时发生争议;但如果合同里确定了贸易术语,就可以援引贸易术语的有关国际贸易惯例来处理。这是因为,贸易术语的有关国际惯例已被贸易界广为接受并遵循,成为一种类似行为规范的基本准则。

第二节 有关贸易术语的国际贸易惯例

自从 1812 年首个贸易术语 FOB 在英国出现后,在后来的一百多年时间里,随着国际贸易的扩大和深化,各种贸易术语纷纷涌现,但新的问题也随之产生,那就是贸易术语的出现的确给国际贸易带来了很大的便利,但各国对此并没有统一的解释。为了推进国际贸易的发展，某些国际组织和工商团体曾制定了有关国际贸易术语方面的规则、条例，以统一和规范国际贸易交易行为。这些规则和条例虽然并无强制性，但得到了世界上很多国家的认可，并在国际贸易实践中加以运用，逐渐演变为国际性的贸易惯例。

目前国际上关于价格术语方面的国际贸易惯例主要有《2010 年国际贸易术语解释通则》(以下简称《2010 年通则》)、《1932 年华沙—牛津规则》和《1990 年美国对外贸易定义修订本》。从全世界层面看，当前应用最普遍的应当是《2010 年通则》。

《1932 年华沙—牛津规则》和《1990 年美国对外贸易定义修订本》简介

《1932 年华沙—牛津规则》是由国际法协会制定的。该协会于 1928 年在华沙举行会议，制定了有关 CIF 买卖合同的统一规则，共 22 条，称为《1928 年华沙规则》。后经 1930 年纽约会议、1931 年巴黎会议和 1932 年牛津会议修订，定名为《1932 年华沙—牛津规则》，共 21 条。该规则主要说明 CIF 买卖合同的性质和特点，并且具体规定了 CIF 合同中买卖双方所承担的费用、责任与风险。该规则适用的前提是，必须在买卖合同中明确表示采用此规则。虽然这一规则现在仍得到国际上的承认，但由于其只针对单一的贸易术语，实际上已很少采用。

《1990 年美国对外贸易定义修订本》的前身是《1941 年美国对外贸易定义修订本》，后者是在 1941 年 7 月 30 日，美国商会、美国进口商会理事会和全世界对外贸易理事会所组成的联合委员会对外贸易定义的统一解释。1990 年又进行了修订，形成《1990 年美国对外贸易定义修订本》，该修订本解释的贸易术语分别为 EXW、FOB、FAS、CFR、CIF、DEQ 六种，主要是北美地区国家的有些厂商采用。但要注意，该修订本对于 FOB 和 FAS 术语的解释与《2010 年通则》有一定差异。因此，如果同北美地区的厂商交易时，要在合同里注明贸易术语到底适用哪一种国际惯例解释。

在国际贸易的长期实践中，形成了一些价格术语，但各国对同一价格术语往往有不完全相同的解释，这给贸易的顺利开展带来一定的障碍。因此，对国际贸易中普遍采用的价格术语，提供统一的解释就显得非常重要。基于这种情况，国际商会(ICC)于 1936 年制定了《国际贸易术语解释通则》，后来该通则分别于 1953 年、1967 年、1976 年和 1980 年先后进行了四次修订和补充。鉴于电子数据交换(EDI)通信方式的广泛运用以及运输技术的变化，国际商会又于 1989 年 11 月通过了《1990 年国际贸易术语解释通则》(以下简称《1990 年通则》)。

在 20 世纪末，国际商会国际商业惯例委员会广泛征求各方意见，通过调查、研究和讨论，对《1990年通则》再次进行修订，并于1999年9月公布了《2000年国际贸易术语解释通则》(以下简称《2000年通则》)，并定于2000年1月1日起正式生效。

在《2000年通则》的使用过程中，由于区域经济一体化的发展导致无关税区进一步扩大，运输方式的变革及对运输安全的更多关注直接推动了对《2000年通则》贸易术语的修订。国际商会于2007年发起对《2000年通则》进行修订的动议，于2010年9月发布了《2010年通则》，并于2011年1月1日起生效。

《2010年通则》的英文简称为Incoterms 2010。《2010年通则》所解释的贸易术语共有11种，其中FAS、FOB、CFR、CIF这4种术语仅适用于水路运输，EXW、FCA、CPT、CIP、DAT、DAP和DDP这7种术语适用于包括多式联运在内的任何运输方式。在《2000年通则》的基础上，《2010年通则》新增DAT和DAP两种贸易术语，删除了原《2000年通则》中的4种贸易术语(DDU、DAF、DES、DEQ)。表4－1将11种贸易术语按照卖方承担的责任、费用和风险由小到大顺序依次排列。

表4－1　　《2010年通则》11种术语名称对比表

交货地所在国(地区)	贸易术语缩写代码	中文名称	交货地点	适用运输方式
出口国(地区)	EXW	工厂交货(后随指定交货地点)	商品产地	任何方式
	FCA	货交承运人(后随指定交货地点)	装运地	任何方式
	FAS	船边交货(后随指定装运港)	装运港船边	水路运输
	FOB	船上交货(后随指定装运港)	装运港船上	水路运输
	CFR	成本加运费(后随指定目的港)	装运港船上	水路运输
	CPT	运费付至(后随指定目的地)	装运地	任何方式
	CIF	成本、保险费加运费(后随指定目的港)	装运港船上	水路运输
	CIP	运费和保险费付至(后随指定目的地)	装运地	任何方式
进口国(地区)	DAT	运输终端交货(后随指定港口或目的地的运输终端)	目的港或目的地的指定终点码头(或机场、车站)	任何方式
	DAP	目的地交货(后随指定目的地)	目的地	任何方式
	DDP	完税后交货(后随指定目的地)	目的地	任何方式

2019年9月10日，国际商会正式向全球发布了《2020年国际贸易术语解释通则》(以下简称《2020年通则》)，该规则于2020年1月1日正式生效。《2020年通则》在《2010年通则》的基础上进行了一些修订，包括将DAT术语改为DPU术语等。但是，由于全球各地企业接受并适应新通则尚需一定时日，并且原有解释通则并没有因为新

通则的出台而废止(合同意思自治原则),所以当前现实中的企业间国际贸易惯用术语多数默认仍然在《2010 年通则》框架内。

第三节 《2010 年通则》中的 11 种贸易术语

《2010 年通则》中共有 11 种价格术语,根据它们被使用的频率,可以将这 11 种贸易术语分为 6 种常用的贸易术语和其他 5 种贸易术语。常用的贸易术语有 6 种,主要是指 FOB、CFR、CIF、FCA、CPT 和 CIP。其中,前 3 种价格术语是国际贸易中最常用的,仅适用于水路运输;后 3 种是根据前 3 种发展而来的,适用于各种运输方式。

一、6 种常用的贸易术语

(一)FOB 术语

FOB(全称为 Free on Board … named port of shipment),即装运港船上交货(后随指定装运港),是指卖方必须在合同规定的装运期内,在指定的装运港将货物交至买方指定的船上,并承担货物在装上船之前的一切费用和货物灭失或损坏的风险。FOB 术语的后随地点必须是出口国的装运港,本术语原则上只适用于海洋运输和内河运输。

1. 买卖双方基本义务的划分

根据《2010 年通则》对 FOB 的解释,买卖双方的主要义务如下:

A. 卖方义务

(1)一般义务:卖方必须提供符合销售合同规定的货物和商业发票,以及合同可能要求的、证明货物符合合同规定的其他任何凭证(包括同等效力电子凭证)。

(2)在条约适用的情况下,卖方必须自担风险和费用,取得任何出口许可证或其他官方许可,并办妥货物出口所需的一切海关手续。

(3)卖方没有义务为买方订立运输合同。但如果是根据买方要求或交易习惯且买方没有及时提出相反要求,由买方承担风险和费用的情况下,卖方可以按一般条款为买方订立运输合同。在上述任何一种情况下,卖方亦有权拒绝为买方订立运输合同,如果卖方订立运输合同,应及时通知买方。

卖方没有义务向买方提供保险合同。但是当买方要求的时候,卖方必须向买方提供买方办理保险时所需要的信息,此时一切风险和费用(如果有的话)由买方承担。

(4)卖方必须将货物运到买方所指定的船只上,若有的话,就送到买方的指定装运港或由中间商获取这样的货物。在这两种情况下,卖方必须按约定的日期或在期限内按照该港习惯方式将货物送至港口。如果买方没有明确装运地，卖方可以在指定的装运港中选择最合乎目的的装运点。

(5)卖方要承担货物灭失或者损坏的全部风险，直至已经按照 A(4)中的规定交付货物为止；但 B(5)中规定的货物灭失或者损坏的情况除外。

(6)卖方必须支付：除由 B(6)条款规定的理应由买方支付的费用以外，与货物有关的一切费用，直到已经按照 A(4)条款规定交货为止；需要办理海关手续时，货物出口需要办理的海关手续费用及出口时应缴纳的一切关税、税款和其他费用。

(7)在由买方承担风险和费用时，卖方必须给予买方说明货物已按照 A(4)条款规定交货或者(遇非正常情况)船只未能在约定的时间内接收上述货物的充分通知。

(8)卖方必须自付费用向买方提供证明货物已按照 A(4)条款规定交货的通常单据。如果该证明不是运输单据，而买方又要求提供时，卖方必须给予买方协助，以取得相关交货证明，但其中的风险和费用应当由买方承担。

(9)卖方必须支付为按照 A(4)条款规定交货所需进行的核对费用(如核对货物品质、丈量、过磅、点数的费用)，以及出口国有关当局强制进行的装运前检验的费用。

卖方必须自负费用包装货物，除非按照相关行业惯例，运输的货物属于无须包装的种类。卖方必须以适合运输的形式包装货物，除非买方在订立销售合同前已经告知卖方特定的包装要求。包装应作适当标记。

(10)在适用的情况下，应买方要求并由其承担风险和费用，卖方必须及时地给予买方一切协助，以帮助其取得他们所需要的货物进口和/或运送到最终目的地的一切单据及信息(包含与安全因素相关的信息)。卖方必须向买方支付所有买方因提供或帮助卖方得到 B(10)中规定的单据或信息而产生的费用。

B. 买方义务

(1)一般义务：买方必须按照销售合同规定支付价款。

(2)如果可能的话，买方在自担风险和费用的情况下，自行决定是否取得任何进口许可证或其他官方许可，或办理货物进口和在必要时从他国过境时所需的一切海关手续。

(3)买方自己付费，必须签订从指定装运港运输货物的合同，除非卖方已经按照 A(3)条款的规定签订了运输合同。买方没有义务向卖方提供保险合同，但惯例上买方可能会为自己的利益订立保险合同。

(4)买方必须在卖方按照 A(4)条款规定交货时受领货物。但若受领的货物在品质、数量等方面与合同不符，买方有权要求卖方承担违约责任。

(5)自货物按照 A(4)条款规定交付之时起，买方要承担货物灭失或损失的全部风险。

但若：①买方没有按照B(7)条款规定通知船只的指定；②或买方指定的船只没有按期到达，以致卖方无法履行A(4)条款规定；③或(指定船只)没有接管货物；④或(指定船只)较按照B(7)条款通知的时间提早停止装货，那么，自以下所述之日起买方承担货物灭失或损失的全部风险：

自协议规定的日期起，若没有协议约定的日期，则自卖方按照A(7)条款规定的协议期限内的通知之日起；或者若没有约定通知日期，则自任一约定的交付期限届满之日起。

(6)买方必须支付：自按照A(4)条款规定交货之时起与货物有关的一切费用，但货物出口需要办理的海关手续费用及出口时应缴纳的一切关税、税款和在A(6)条款中提到的其他费用除外；需要办理海关手续时，货物进口应缴纳的一切关税、税款和其他费用；货物进口时办理海关手续的费用；货物从他国过境的费用。

以下两种情形之一将导致额外费用：

①由于买方未能按照B(7)条款规定给予卖方相应的通知的；

②买方指定的船只未按时到达，或未接收上述货物，或较按照B(7)条款通知的时间提早停止装货。

(7)买方必须给予卖方有关船名、装船地点以及需要时在约定期限内所选择的交货时间的充分通知。

(8)买方必须接受按照A(8)条款规定提供的交货凭证，如果该单据符合合同规定的话。

(9)买方必须支付任何装运前检验的费用，但出口国有关当局强制进行的检验检疫除外。

(10)买方必须及时告诉卖方其对任何与安全有关的信息的要求，以使卖方可以遵循A(10)条款规定。买方必须支付在A(10)条款中规定的卖方提供和给予协助使买方获取单据和信息所发生的一切费用。

在适用的情况下，若应卖方要求并由其承担风险和费用，买方必须及时地提供或给予卖方一切协助，以帮助其取得他们所需要的货物的运送和出口以及过境运输的一切单据及信息(包含与安全因素相关的信息)。

2. 使用FOB术语应注意的问题

(1)关于船、货衔接问题

在FOB术语下，卖方要在规定的时间和地点完成装运，而运输工具是由买方负责安排的，因此存在一个船、货衔接问题，要尽量防止出现“货等船”或“船等货”。这就要求买方在合同规定的装运时间内派船接货，并及时向卖方发出“到船通知”。

如果买方未能按时派船，这其中包括未经对方同意提前将船派到和延迟派到装运港，卖方有权拒绝交货，由此产生的各种损失均由买方承担。

如果买方指派的船只按时到达装运港，而卖方却未能备妥货物，那么责任由卖方承担。

(2)关于装船费用的问题

在装运港的装船费用主要是指与装船有关的一些支出，如平舱费、理舱费、捆扎费、加固费等。以 FOB 条件买卖时，如果使用班轮运输，由于班轮一般管装管卸，一切费用都包括在运费之内，则装卸费用由支付运费的一方即买方负担。但租船时，船方是否负责装卸由租船合同具体规定，而且在许多合同中，船方不负责装卸，故须明确买卖双方有关费用的负担。FOB 由买方负责签订运输合同并支付运费。因此，在目的港的卸货费用理应由买方负担，而装运港的装船费用通常可以用 FOB 的变形来加以明确。

①FOB 班轮条件(FOB Liner Terms)。是指装船费用按班轮条件来办理，即由支付运费的一方(即买方)负担。

②FOB 并理舱(FOB Stowed，FOBS)。是指卖方负责将货物装入船舱并负担包括理舱费在内的装船费用。

③FOB 并平舱(FOB Trimmed，FOBT)。是指卖方负责将货物装入船舱并负担包括平舱费在内的装船费用。若买方租用自动平舱船，卖方应退回平舱费用。

④FOB 吊钩下交货(FOB Under Tackle)。是指卖方将货物运到船舶吊钩所及之处，从货物起吊开始的装船费用由买方负担。由于吊钩下可能在码头，也可能是驳船，而且大件货物涉及岸吊和浮吊的租用，易引起争议，因此一般不用此变形。

此外，不常用的 FOB 术语变形还包括 FOB Stowed and/or Trimmed、FOB Stowed and Secured、FOB Stowed and Lashed 等。以上 FOB 变形只涉及装船费用，风险划分不变。

另外，要注意某些国家的某些港口对 FOB 有关装船费用存在的特别解释。例如，FOB Liverpool：除非合同另有规定，卖方需负责将货装到利物浦港口的船上并理好舱。又如，FOB London：除非合同另有规定，卖方需负责将货物装到伦敦港口的船上，但不负责平舱及理舱费用，风险以货物实际装到船上为界。

因此，在实际业务中，如果采用租船方式且对装船费用未作明确规定的，一定要注意有关国家的习惯做法，以免产生不必要的麻烦。

(3)《1990 年美国对外贸易定义修订本》对 FOB 术语的特殊解释

美国对 FOB 的解释与上述解释有差异，主要表现在以下两个方面：

①美国对 FOB 笼统地解释为，在任何一种运输工具上交货。因此，从美国进口货物签订 FOB 合同时，必须在 FOB 后加缀“Vessel”(船)字样，并列明装运港名称，才表

明卖方在装运港船上交货。

②在费用负担上，规定买方要支付卖方协助提供出口单证的费用以及出口税和因出口而产生的其他费用。

（二）CFR 术语

CFR（全称为 Cost and Freight … named port of destination），即成本加运费（后随指定目的港），是指卖方必须在合同规定的装运期内，在装运港将货物交至运往指定目的港的船上，承担货物装上船之前的一切货物灭失或损坏的风险和由于各种事件造成的任何额外费用，并负责租船订舱，支付至目的港的正常运费。CFR 术语的后随地点必须是进口国的目的港，本术语只适用于海洋运输和内河运输。

1. 买卖双方的义务划分

根据《2010 年通则》对 CFR 的解释，买卖双方的主要义务如下：

A. 卖方义务

（1）一般义务：卖方必须提供符合销售合同规定的货物和商业发票，以及合同可能要求的、证明货物符合合同规定的其他任何凭证（包括同等效力电子凭证）。

（2）在条约适用的情况下，卖方必须自担风险和费用，取得任何出口许可证或其他官方许可，并办妥货物出口所需的一切海关手续。

（3）卖方应当在运输合同中约定一个协商一致的交付地点，若有的话，如在目的地的指定港口，或者经双方同意在港口的任意地点。卖方应当自付费用，按照通常条件订立运输合同，经由惯常航线，将货物用通常适合运输这类货物的船舶加以运输。

卖方没有义务向买方提供保险合同。但是当买方要求的时候，卖方必须向买方提供买方办理保险时所需要的信息，此时一切风险和费用（如果有的话）由买方承担。

（4）卖方应当通过将货物装至船舶之上，或促使货物以此种方式进行交付。在任何一种情形下，卖方应当在约定的日期或期间内依惯例交付。

（5）除 B(5)规定中描述的毁损灭失的情形之外，在货物按照 A(4)条款的规定交付之前，卖方承担一切货物毁损灭失的风险。

（6）卖方必须支付以下费用：

①所有在货物按照 A(4)条款交付完成之前产生的与之相关的费用，但 B(6)条款中规定应由买方承担的可支付的部分除外；

②货物运输费用及由运输合同而产生的一切其他费用，包括装载货物的费用，以及按照运输合同约定由卖方支付的在约定卸货港口卸货产生的费用；

③需要办理海关手续时，货物出口需要办理的海关手续费用及出口时应缴纳的一切关税、税款和其他费用，以及根据运输合同规定的由卖方支付的货物从他国过境的费用。

(7)卖方应当给予买方任何其需要的通知,以便买方能够采取通常必要的提货措施。

(8)卖方应当在自负费用的情况下,毫不延误地向买方提供表明载往约定目的港的通常运输单据。这一运输单据须载明(包含)合同货物,其日期应在约定的装运期内,使买方得以在目的港向承运人提取货物(主张权利),并且除非另有约定,应使买方得以通过转让单据(提单)或通过通知承运人,向其后手买方(下家)出售在途货物。

如此运输单据为可以流通、可以议付形式或有数个正本,则应向买方提供全套正本。

(9)卖方必须支付为按照A(4)条款规定交货所需进行的核对费用(如核对货物品质、丈量、过磅、点数的费用),以及出口国有关当局强制进行的装运前检验的费用。

卖方必须自付费用包装货物,除非按照相关行业惯例,运输的货物属于无须包装的种类。卖方必须以适合运输的形式包装货物,除非买方在订立销售合同前已经告知卖方特定的包装要求。包装应作适当标记。

(10)在适用的情况下,应买方要求并由其承担风险和费用,卖方必须及时地给予买方一切协助,以帮助其取得他们所需要的货物进口和/或运送到最终目的地的一切单据及信息(包含与安全因素相关的信息)。相应对等地,卖方必须向买方支付所有买方因提供或帮助卖方得到B(10)条款中规定的单据或信息而产生的费用。

B.买方义务

(1)一般义务:买方必须按照销售合同规定支付价款。

(2)如果可能的话,买方有义务在自担风险与费用的情况下获得任何进口许可或其他的官方授权,并为货物进口以及其在国内的运输办妥一切海关报关手续。

(3)买方无义务为卖方订立运输合同。买方无义务为卖方订立保险合同,但惯例上双方各自可能会为自己的利益订立保险合同。如果需要的话,根据卖方请求,买方须提供投保所需要的必要信息。

(4)买方必须在卖方按照A(4)条款规定交货时受领货物,并在指定目的港从承运人处接收货物。

(5)买方必须承担货物按照A(4)条款规定交付后毁损灭失的一切风险。

(6)除A(3)条款中关于运输合同的规定费用之外,买方必须支付:

①自按照A(4)条款规定交货之时起与货物有关的一切费用,除了出口所必要的清关费用和出口税费以外。卖方须承担通常条件下的运输费用,而运输中产生的任何额外费用应当由买方承担。

②货物在运抵指运目的港以后的所有运费,包括驳船费和码头费,除非该成本和费用在运输合同里是由卖方支付的。

③在需要办理海关手续时,货物进口应缴纳的一切关税、税款和其他费用,办理海关手续的费用,以及需要时从他国过境的费用,除非这些费用已包括在运输合同中。

(7)当买方有权决定装运货物的时间和/或在目的港内接收货物的地点时，买方必须给予卖方充分的通知。

(8)买方必须接受按照A(8)条款规定提供的运输单据(交货凭证)，如果该单据符合合同规定的话。

(9)买方必须支付任何装运前检验的费用，但出口国有关当局强制进行的检验检疫除外。

(10)买方必须及时告诉卖方其对任何与安全有关的信息的要求，以使卖方可以遵循A(10)条款规定。买方必须支付在A(10)条款中规定的卖方提供和给予协助使买方获取单据和信息所发生的一切费用。

在适用的情况下，若应卖方要求并由其承担风险和费用，买方必须及时地提供或给予卖方一切协助，以帮助其取得他们所需要的货物的运送和出口以及过境运输的一切单据及信息(包含与安全因素相关的信息)。

2. 使用CFR术语应注意的问题

(1)装船通知的重要性

以CFR术语成交，必须特别注意的是，卖方负责订舱托运，但保险是买方自己去投保的。卖方在货物装船之后一定要及时向买主发出装船通知(包括船名航次号等信息)，以便买方及时办理投保手续。

案例与思考

我方以CFR贸易术语与客户签约成交某出口商品一批，我方于10月1日凌晨2:00装船完毕，受载货轮于当日下午起航。因10月1日、2日均为我国法定国庆假日，我方未及时向买方发出装船通知，至3日上班时突然收到买方急电，报告说货轮已于2日下午4时遇险沉没，货物全部灭失，要求我方赔偿全部损失。请问：我方是否应该承担责任?

评析：货物损失应由我方承担。因为在CFR术语成交的情况下，租船订舱和投保手续分别由卖方和买方办理。因此，卖方在装船完毕后应及时向买方发出装运通知，以便买方及时办理投保手续，否则由此产生的风险应由卖方承担。本案中，由于我方未及时发出装运通知，导致买方未能及时办理投保手续，因此我方应承担全部责任。

(2)卖方的装运义务

以 CFR 术语成交,虽然是卖方负责安排运输,但卖方必须按合同规定期限发运货物,卖方的随意延迟装运或提前装运行为都属违约,买方将有权拒收货物或提出索赔。另外,按照惯例,卖方在安排运输时,只需按照通常的航线和使用通常的船只即可,买方无权对此提出过多要求。

(3)关于卸货费用的承担

在使用租船运输时,如前 FOB 术语所述,买卖双方需明确装卸费用的负担,以 CFR 术语成交,由卖方负责签订运输合同和支付运费,故而装运港的装船费用理应由卖方承担。而为了明确以 CFR 术语成交的交易在卸货费上的问题,在买卖双方商订合同时,可以在原术语后附加下列短语,以表明卸货费用由谁负担的具体条件。

①CFR 班轮条件(CFR Liner Terms)。是指由卖方或船方承担货物的卸货费,包括驳船费和码头费。

②CFR 卸至岸上(CFR Landed)。是指由卖方承担将货物卸到码头上的各项有关费用,包括驳船费和码头费。

③CFR 舱底交货(CFR Ex-Ship's Hold)。是指买方负担货物到达目的港后自船舱起吊直至卸到码头的卸货费用。

④CFR 吊钩交货(CFR Ex-Tackle)。是指卖方负担货物从舱底吊至船边卸离吊钩为止的费用。

(三)CIF 术语

CIF(全称为 Cost,Insurance and Freight … named port of destination),即成本加保险费、运费(后随指定目的港),是指卖方必须在合同规定的装运期内,在装运港将货物交至运往指定目的港的船上,承担货物装上船之前的一切货物灭失或损坏的风险和由于各种事件造成的任何额外费用,并负责办理货运保险、支付保险费,以及负责租船订舱,支付从装运港到目的港的正常运费。CFR 术语的后随地点必须是进口国的目的港,本术语只适用于海洋运输和内河运输。

CIF 贸易术语是现代国际贸易中应用最广泛的贸易术语,也是最为典型的凭单交付的象征性交货术语。与前面的 FOB 和 CFR 术语不同的是:卖方须订立货物在运输途中由买方承担的货物灭失或损坏风险的保险合同;买方须知晓在 CIF 规则下卖方有义务投保的险别仅是最基本保险险别。如果买方希望得到更为充分的保险保障,则需与卖方明确达成协议或者自行作出额外的保险安排。

何谓象征性交货？

所谓象征性交货，是针对实际交货(Physical Delivery)而言的。象征性交货是指卖方只要按期在约定地点完成装运，并向买方提交合同规定的包括物权凭证在内的有关单证，就算完成了交货义务，而无须保证到货。实际交货则是指卖方要在规定的时间和地点，将符合合同规定的货物提交给买方或其指定人，而不能以交单代替交货。依照象征性交货定义，FOB、CFR、CIF 都属于象征性交货的贸易术语。

在象征性交货方式下，卖方是凭单交货，买方是凭单付款，只要卖方按时向买方提交了符合合同规定的全套单据，即使货物在运输途中损坏或灭失，买方也必须履行付款义务；反之，如果卖方提交的单据不符合要求，即使货物完好无损地运达目的地，买方仍有权拒付货款。由此可见，CIF 交易实际上是一种单据的买卖。所以，装运单据在 CIF 交易中具有特别重要的意义。当然，按 CIF 术语成交，卖方履行其交单义务，只是得到买方付款的前提条件；除此之外，他还必须履行交货义务。如果卖方提交的货物不符合要求，买方即使已经付款，仍然可以根据合同的规定向卖方提出索赔。

1. 买卖双方基本义务的划分

根据《2010 年通则》对 CIF 的解释，买卖双方的主要义务如下：

A. 卖方义务

(1)一般义务：卖方必须提供符合销售合同规定的货物和商业发票，以及合同可能要求的、证明货物符合合同规定的其他任何凭证(包括同等效力电子凭证)。

(2)在条约适用的情况下，卖方必须自担风险和费用，取得任何出口许可证或其他官方许可，并办妥货物出口所需的一切海关手续。

(3)卖方应当在运输合同中约定一个协商一致的交付地点，若有的话，如在目的地的指定港口，或者经双方同意在港口的任意地点。卖方应当自付费用，按照通常条件订立运输合同，经由惯常航线，将货物用通常适合运输这类货物的船舶加以运输。

卖方须自付费用，按照至少符合《协会货物保险条款》(LMA/IUA)C 款险或其他类似条款中规定的最低保险险别投保。保险合同应与信誉良好的保险人或保险公司订立，并保证买方或其他对货物具有保险利益的人有权直接向保险人索赔。

如应买方要求，并由买方负担费用且提供一切卖方需要的信息，则卖方应提供额外的保险。最低保险金额应当包括合同中所规定的价款另加 10%(即 110%)，并应用合同中规定的货币。此外，应买方的要求，并由买方自负风险及费用(如果有的话)的情况下,卖方必须提供买方所需要的任何获取(最低险别之外的)额外保险的信息。

(4)卖方应当通过将货物装至船舶之上或促使货物以此种方式进行交付。在任何一种情形下,卖方应当在约定的日期或期间内依惯例交付。

(5)除B(5)条款中描述的毁损灭失的情形之外,在货物按照A(4)条款规定交付之前,卖方承担一切货物毁损灭失的风险。

(6)卖方必须支付以下费用:

①所有在货物按照A(4)条款交付完成之前产生的与之相关的费用,但B(6)条款中规定应由买方承担的可支付的部分除外。

②货物运输费用及由运输合同而产生的一切其他费用,包括装载货物的费用,以及按照运输合同约定由卖方支付的在约定卸货港口卸货产生的费用。

③卖方按规定投保所发生的保险费用。

④需要办理海关手续时,货物出口需要办理的海关手续费用及出口时应缴纳的一切关税、税款和其他费用,以及根据运输合同规定的由卖方支付的货物从他国过境的费用。

(7)卖方应当给予买方任何其需要的通知,以便买方能够采取通常必要的提货措施。

(8)卖方应当自负费用的情况下,毫不延误地向买方提供表明载往约定目的港的通常运输单据。这一运输单据须载明(包含)合同货物,其日期应在约定的装运期内,使买方得以在目的港向承运人提取货物(主张权利),并且除非另有约定,应使买方得以通过转让单据(提单)或通过通知承运人,向其后手买方(下家)出售在途货物。

如此运输单据为可以流通、可以议付形式或有数个正本,则应向买方提供全套正本。

卖方必须提供给买方保险单或其他保险承保的证据。

(9)卖方必须支付为按照A(4)条款规定交货所需进行的核对费用(如核对货物品质、丈量、过磅、点数的费用),以及出口国有关当局强制进行的装运前检验的费用。

卖方必须自付费用包装货物,除非按照相关行业惯例,运输的货物属于无须包装的种类。卖方必须以适合运输的形式包装货物,除非买方在订立销售合同前已经告知卖方特定的包装要求。包装应作适当标记。

(10)在适用的情况下,应买方要求并由其承担风险和费用,卖方必须及时地给予买方一切协助,以帮助其取得他们所需要的货物进口和/或运送到最终目的地的一切单据及信息(包含与安全因素相关的信息)。相应对等地,卖方必须向买方支付所有买方因提供或帮助卖方得到B(10)条款中规定的单据或信息而产生的费用。

B. 买方义务

(1)一般义务:买方必须按照销售合同规定支付价款。

(2)如果可能的话,买方有义务在自担风险与费用的情况下获得任何进口许可或其他的官方授权,并为货物进口以及其在国内的运输办妥一切海关报关手续。

(3)买方无义务为卖方订立运输合同。买方无义务为卖方订立保险合同,但如果买方想附加投保额外的险种险别,就必须根据卖方要求,提供给卖方任何附加该保险所需的信息。

(4)买方必须在卖方按照A(4)条款规定交货时受领货物,并在指定目的港从承运人处接收货物。

(5)买方必须承担货物按照A(4)条款规定交付后毁损灭失的一切风险。

(6)除A(3)条款中关于运输合同的规定费用之外,买方必须支付:

①自按照A(4)条款规定交货之时起与货物有关的一切费用,除了出口所必要的清关费用和出口税费以外。卖方须承担通常条件下的运输费用,而运输中产生的任何额外费用应当由买方承担。

②货物在运抵指运目的港以后的所有运费,包括驳船费和码头费,除非该成本和费用在运输合同里是由卖方支付的。

③在需要办理海关手续时,货物进口应缴纳的一切关税、税款和其他费用,办理海关手续的费用,以及需要时从他国过境的费用,除非这些费用已包括在运输合同中。

④任何因买方要求而产生的额外保险费用。

(7)当买方有权决定装运货物的时间和/或在目的港内接收货物的地点时,买方必须给予卖方充分的通知。

(8)买方必须接受按照A(8)条款规定提供的运输单据(交货凭证),如果该单据符合合同规定的话。

(9)买方必须支付任何装运前检验的费用,但出口国有关当局强制进行的检验检疫除外。

(10)买方必须及时告诉卖方其对任何与安全有关的信息的要求,以使卖方可以遵循A(10)条款规定。买方必须支付在A(10)条款中规定的卖方提供和给予协助使买方获取单据和信息所发生的一切费用。

在适用的情况下,若应卖方要求并由其承担风险和费用,买方必须及时地提供或给予卖方一切协助,以帮助其取得他们所需要的货物的运送和出口以及过境运输的一切单据及信息(包含与安全因素相关的信息)。

2. 使用CIF术语应注意的问题

(1)CIF术语属于装运合同

由于CIF术语后面跟的是目的港,所以一直被称作“到岸价”。其实这种叫法是不准确的，它容易被人们误解为卖方负责将货物运到目的港并承担到此为止的一切费用和风险，这就曲解了 CIF 本身的含义，必须加以注意。

案例与思考

某进出口公司以 CIF 伦敦向英国某客商出售供应圣诞节的应节杏仁一批。由于该商品的季节性较强，买卖双方在合同中规定：买方须于 9 月底以前将信用证开抵卖方，卖方保证不迟于 12 月 5 日将货物运抵目的港，否则，买方有权撤销合同。如卖方已结汇，卖方仍需将货款退还买方。请问：该合同是否还属于 CIF 合同？为什么？

评析：本案中合同性质已不属于 CIF 合同。因为：①CIF 合同是“装运合同”，即按此类销售合同成交时，卖方在合同规定的装运期内，在装运港将货物交至运往指定目的港的船上，即完成了交货义务，对货物在运输途中发生灭失或损坏的风险以及货物交运后所发生事件产生的费用，卖方概不承担责任。而本案的合同条款规定，卖方必须于 12 月 5 日前保证到货，这显然已经改变了“装运合同”的性质。②CIF 是典型的象征性交货，在象征性交货的情况下，卖方凭单交货，买方凭单付款。而本合同条款规定，“如卖方已结汇，卖方仍需将货款退还买方”，该条款已改变了“象征性交货”下卖方凭单交货、买方凭单付款的特点。由此可见，本案的合同性质已不属于 CIF 合同。除非卖方有绝对把握能保证 12 月 5 日前到货，否则是绝对不能答应这样的合同条款的。

(2)关于保险的有关规定

按 CIF 术语达成的交易，卖方必须为买方代买保险。买卖双方在订立合同时应该对保险险别、保险金额等问题作出明确规定，以防发生争议。如果没有具体规定，按照国际惯例，卖方一般只需投保最低险别，最低保险金额应包括合同规定的价款另加 10%(即发票金额的 110%)。

(3)关于租船运输方式下卸货费用的确定问题

以 CIF 术语成交，如前述的 CFR 一样，如果采用班轮运输，有关装卸货费用均由班轮公司负责，实际上由支付运费的一方(卖方)负担。而在租船运输中，有关装货费用可理解为由支付运费的一方(卖方)负担，卸货费则可用 CIF 的变形来解决。有关 CIF 的变形主要有以下几种：

①CIF 班轮条件(CIF Liner Terms)。是指卸货费用按班轮条件办理，即由支付运费的一方(卖方)负担。

②CIF 舱底交货(CIF Ex-ship’s Hold)。是指买方负担将货物从目的港船舱舱底

起吊并卸到码头的费用。

③CIF卸到岸上(CIF Landed)。是指货物到达目的港后,包括驳船费和码头捐在内的卸货费由卖方负担。

④CIF吊钩交货(CIF Ex-tackle)。是指卖方负担货物从舱底吊至船边卸离吊钩为止的费用。

(四)FCA术语

FCA(全称为Free Carrier … named place),即货交承运人(后随指定交货地点),是指卖方必须在合同规定的交货期内,在指定地或地点将经出口清关的货物交给买方指定的承运人监管,并承担货物被交由承运人监管为止的一切费用和货物灭失或损坏的风险。本术语适用于各种运输方式。

需要说明的是,交货地点的选择对于在该地点装货和卸货的义务会产生影响。若卖方在其所在地交货,则卖方应负责装货;若卖方在任何其他地点交货,卖方不负责卸货,即当货物在卖方的运输工具上,尚未卸货,而将货物交给买方指定的承运人或其他人或由卖方选定的承运人或其他人处置时,交货即算完成。因此,鉴于在集装箱运输的条件下,从货物交由承运人运输到货物实际装船尚有一段时间,卖方为了缩短自己承担风险的时段起见,严格来说,应当采用FCA术语而非FOB术语为宜。但在现实业务中,贸易合同和货运代理合同上即使是采用集装箱运输,由于长期的习惯使然,也仍多采用FOB术语。

案例与思考

我国某进出口公司向新加坡某贸易公司出口香料15公吨,对外报价为每公吨2 500美元FOB湛江,装运期为10月份,集装箱装运。我方于10月16日收到买方的装运通知,为及时装船,公司业务员于10月17日将货物存于湛江码头仓库,不料货物因当夜仓库发生火灾而全部灭失,以致货物损失由我方承担。请问:在该笔业务中,我方若采用FCA术语成交,是否需要承担案中的损失?为什么?

评析:我方若选择FCA术语成交,则可以在货物运至湛江码头时(或之前)将货物交给承运人,不必承担本案中的损失。本案采用集装箱运输,若采用FCA术语成交,对卖方而言比FOB术语成交增加以下好处:①可以提前转移风险;②可以提早取得运输单据;③可以提早交单结汇,提高资金的周转率;④可以减少卖方的风险责任。这样,不但我方不用承担本案中的风险,还可以提早取得运输单据,提早交单结汇。

FCA 术语是在 FOB 术语基础上发展起来的，两者的买卖双方义务划分大体相同，起初就是为了处理海运贸易中出现的新情况，即收取货物的地点不是传统的“越过船舷”（注：早期 FOB 定义），而是在货物装上船舶前的陆地上的某地点，在该地点将货物装入集装箱，以开展其后的海运或多式联运。随着国际贸易运输方式的发展，即集装箱、多式联运和滚装船运输的发展，FCA 必将最终代替 FOB 成为一种常用的贸易术语。虽然 FOB 术语和 FCA 术语都是凭单交货（即卖方将货运单据交给买方就履行了交货责任，并可收取货款），但是两者之间存在一定的差别，具体包括以下几个方面：

1. 风险划分不同。FOB 术语中，卖方的交货地点是在装运港，风险划分是以货物在装运港装上船为分界点，卖方承担货物装上船前的一切风险，而买方承担货物装上船后的一切风险；而 FCA 术语中，风险划分的分界点为，货物在指定地点交至第一承运人或买方指定的其他人，卖方只要将证明货物已交至第一承运人或其他人的通常单据递给买方，即作为已履行合同的交货责任。

2. 适用运输方式不同。FOB 只适用于海洋或内河运输；而 FCA 可适用于任何运输方式。

3. 交货时间不同。FOB 的交货时间就是货物装船完毕的时间，即提单上所载明的装运日期时间。也就是说，FOB 术语中的交货时间与装运时间是同一概念。而在 FCA 术语中，其交货时间与装运时间则不能等同看待，虽然卖方将货交至承运人或其他人后即视为交货，但实际启运货物的时间，卖方不得而知，完全听凭承运人安排。

4. 投保险别不同。FOB 大多投保海洋运输险；而 FCA 投保何种险，则需买卖双方根据具体情况事先进行商定，必要时应投保海、陆、空险中的有关险别。

（五）CPT 术语

CPT（全称为 Carriage Paid to … named place of destination），即运费付至（后随指定目的地），是指卖方支付货物运至指定目的地的运费，在货物被交由承运人保管时，货物灭失或损坏的风险，以及由于在货物交给承运人后发生的事件而引起的额外费用，即从卖方转移至买方。本术语适用于各种运输方式，包括多式联运。

CPT 术语是在 CFR 术语基础上发展起来的，两者的买卖双方义务划分、价格费用构成大体相同，但是这里要注意关于风险划分的界限问题。按照 CPT 术语成交，虽然卖方要负责订立从启运地到指定目的地的运输契约，并支付运费，但是卖方承担的风险并没有延伸至进口国的目的地。按照《2010 年通则》的解释，货物自交货地点至目的地的运输途中的风险由买方承担，而不是由卖方承担，卖方只承担货物交给承运人控制之前的风险。也就是说，CPT 术语中，买卖双方费用分界点和风险分界点是两个不同的地点。CPT 和 CFR 术语的区别简要归纳如下：

1. 适用的运输方式不同。CFR 仅适用于水路运输；CPT 适用于各种运输方式。

2. 交货和风险转移的地点不同。CFR 风险划分以装运港货物上船为界；CPT 风险划分以货交承运人为界。

3. 提交的单据不同。CFR 条件下提供的是海运提单，属于物权凭证；CPT 条件下提供的单据通常还包括联运单据、空运运单等，不一定是物权凭证。

（六）CIP 术语

CIP（全称为 Carriage and Insurance Paid to … named place of destination），即运费、保险费付至（后随指定目的地），是指卖方负责安排运输和投保，并支付相应的运输费用和保险费用，在货物被交由承运人保管时，货物灭失或损坏的风险以及由于在货物交给承运人后发生的事件而引起的额外费用即从卖方转移至买方。与 CPT 术语相同的是，本术语适用于各种运输方式。

CIP 术语是在 CIF 术语基础上发展起来的，适用于各种运输方式。CIP 术语与 CIF 术语有很多相似之处，它们的价格构成中都包含了通常的运费和保险费，而且按照这两种术语成交的合同均属于装运合同。这两种术语的主要区别如下：

1. 适用的运输方式不同。CIF 适用于水上运输；而 CIP 则适用于各种运输方式。

2. 交货地点不同。CIF 交货地点在装运港；CIP 交货地点要根据运输方式的不同，由双方约定。

3. 风险划分不同。CIF 风险划分以装运港装上船为界；CIP 风险是在承运人控制货物时转移。

4. 提交的单据不同。CIP 条件下，卖方提供的单据通常还包括联运单据、空运运单等，不一定是物权凭证。

二、其他 5 种贸易术语

除了前面讲到的 6 种常用的国际贸易术语外，《2010 年通则》还包括以下 5 种贸易术语。

（一）EXW 术语

EXW（全称为 Ex Works … named place），即工厂交货（后随指定地点），是指卖方将货物从工厂或仓库交付给买方，除非另有规定，卖方不负责将货物装到买方安排的车或船上，也不办理出口报关手续。买方负担自卖方工厂交付后至最终目的地的一切费用和风险。EXW 是卖方责任最小的贸易术语。

EXW 术语在日常的国际贸易中使用得并不是很多，主要是因为在该术语环境下，买方要自己负责（或委托代理人负责）出口国和进口国的两次清关任务，尤以买方在出口国清关的困难较大，所以该术语在陆地边境接壤的国际贸易中使用得可能要多一些（因为两国海关相距不远）。假如买方不能直接或间接地办理货物出口报关手续，则不宜采用此贸易术语。但鉴于货物的EXW价格基本上接近于出厂价,所以在经济贸易统计上,EXW价格是常用的一种指标。

1. 买卖双方基本义务的划分

根据《2010年通则》对EXW的解释,买卖双方的主要义务如下:

A. 卖方义务

(1)一般义务:卖方必须提供符合买卖合同约定的货物和商业发票,以及合同可能要求的其他与合同相符的证据。

(2)如适用时,经买方要求并承担风险和费用,卖方必须协助买方取得出口许可或出口相关货物所需的其他官方授权;经买方要求并承担风险和费用,卖方必须提供其所掌握的该项货物安检通关所需的任何信息。

(3)卖方对买方无订立运输合同的义务,亦没有订立保险合同的义务。但应买方要求并由其承担风险和费用(如果有的话),卖方必须向买方提供投保和索赔所需的信息。

(4)卖方必须在指定的交付地点或该地点内的约定点(如果有的话),以将未置于任何接收货物的运输工具上的货物交由买方处置的方式交货。若在指定交货地没有约定点,且有几个地点可供使用时,卖方可选择最适合其目的的地点。卖方必须在约定日期或期限内交货。

(5)除B(5)条款中描述的毁损灭失的情形之外,在货物按照A(4)条款的规定交付之前,卖方承担一切货物毁损灭失的风险。

(6)卖方必须支付按照A(4)条款要求完成交货前与货物相关的一切费用,但按照B(6)条款应由买方支付的费用除外。

(7)卖方应当给予买方任何其需要的通知,以便买方能够采取通常必要的提货措施。

(8)卖方对买方无提供交货凭证的义务。

(9)卖方必须支付为按照A(4)条款规定交货所需进行的核对费用(如核对货物品质、丈量、过磅、点数的费用),以及出口国有关当局强制进行的装运前检验的费用。

卖方必须自付费用包装货物,除非按照相关行业惯例,运输的货物属于无须包装的种类。卖方必须以适合运输的形式包装货物,除非买方在订立销售合同前已经告知卖方特定的包装要求。包装应作适当标记。

(10)在适用的情况下,应买方要求并由其承担风险和费用,卖方必须及时地给予买方一切协助,以帮助其取得他们所需要的货物进口和/或运送到最终目的地的一切单据及信息(包含与安全因素相关的信息)。

B. 买方义务

(1)一般义务:买方必须按照买卖合同约定支付价款。

(2)如适用时,应由买方自负风险和费用,取得进出口许可或其他官方授权,办理相关货物的出口、进口、过境等海关手续。

(3)买方对卖方无订立运输合同和保险合同的义务,但买方通常为自己利益办理托运和投保手续。

(4)当卖方行为与A(4)、A(7)条款相符时,买方必须收取货物。

(5)买方承担自按照A(4)条款交货时起货物灭失或损坏的一切风险。如果买方未能按照B(7)条款要求给予卖方通知,则买方必须从约定的交货日期或交货期限届满之日起,承担货物灭失或损坏的一切风险。

(6)买方必须支付以下费用:

①自卖方按照A(4)条款交货时起与货物相关的一切费用;

②由于其未收取已处于可由其处置状态货物或未按照B(7)条款发出相关通知而产生的额外费用,但以该项货物已清楚地确定为合同项下之货物者为限;

③如适用时,货物出口应缴纳的一切关税、税款和其他费用及办理海关手续的费用;

④对卖方按照A(2)条款提供协助时产生的一切花销和费用的补偿。

(7)当买方有权决定装运货物的时间和/或在目的港内接收货物的地点时,买方必须给予卖方充分的通知。

(8)买方必须向卖方提供其已收取货物的相关凭证。

(9)买方必须支付任何装船前检验费用,包括出口国有关机构强制进行的检验检疫费用。

(10)买方必须及时告知卖方所有安全信息要求,以便卖方遵守A(10)条款的规定。买方必须偿付卖方按照A(10)条款向买方提供或协助其取得文件和信息时所发生的所有花销和费用。

2. 采用EXW术语应注意的问题

EXW贸易术语代表了商品在产地或储存地交货的贸易条件,根据实际交易地点的不同,该术语可变形为工场交货(Ex-Factory)、仓库交货(Ex-Warehouse)等。如果买方没有按时受领货物,风险和费用可提前转移,由买方承担。

(二)FAS术语

FAS(全称为Free Alongside Ship … named port of shipment),即装运港船边交货(后随指定装运港),是指卖方将货物运至指定装运港的船边或驳船内交货,并在需要办理海关手续时,办理货物出口所需的一切海关手续,买方承担自装运港船边(或驳船)起的一切费用和风险。该术语适用于海运或者内河运输,双方当事人最好能够明确装运港的装载地点，因为至该地点的费用及风险均由卖方承担，且这些费用及相关的处理费用可能因为港口作业习惯而有所不同。

在费用构成和买卖双方义务分配上，FAS和FOB是很相似的。但这两种贸易术语的显著区别是：FAS术语中，卖方只需将货物交到装运船舶的船边，买卖双方风险和费用的划分以船边为界；在FOB术语中，卖方不仅要将货物运到船边，而且需要（间接委托港务部门）把货物装上船，买卖双方风险和费用的划分以货物装上船为界。

采用FAS术语应注意的问题是：

1. 注意不同惯例对FAS的不同解释。在与北美一些国家交易时，欲使用FAS且等同于《2010年通则》中FAS的含义时，必须在FAS后面加上“Vessel”字样，才表示“船边交易”；否则，《1990年美国对外贸易定义修订本》中的FAS可以适用于各种运输方式。

2. 要注意船、货衔接问题，因为卖方只负责将货物交到约定的交货地点，而运输事项由买方办理，有关备货和派船（或订舱）事宜，双方要加强联系、密切配合。此外，若买方没有对具体的装运点作出规定，则卖方有权在指定装运港选择最合适的装运点。

（三）DAT术语

DAT（全称为Delivered at Terminal … named terminal of destination），即运输终端交货（后随指定运输终端），是指卖方将货物运至指定目的港或目的地的指定运输终端（或称运输集散站），并将货物从抵达的运输工具上卸下交由买方处置，即为完成交货。运输终端（或称运输集散站）意味着任何地点，如码头、仓库、集装箱堆场或公路、铁路、空运货站等。卖方承担货物卸下后完成交货之前的一切风险。该术语适用于任何运输方式和多式联运。

DAT术语是《2010年通则》新增的一个术语，它取代了《2000年通则》中的DEQ术语。根据《2010年通则》对DAT的解释，买卖双方的主要义务如下：

1. 卖方的主要义务

（1）卖方必须在约定的日期或者期限内，在指定目的地的运输终端将货物交给买方处置；

（2）卖方必须自担风险和费用，取得出口许可证和其他官方文件，办理出口清关手续；

（3）卖方必须自付费用，订立运输合同，将货物运至指定的运输终端；

（4）卖方必须承担货物在指定运输终端卸下后交买方处置之前的费用和风险；

（5）卖方必须提供符合合同规定的货物和商业发票或有同等作用的电子信息。

2. 买方的主要义务

(1)买方必须按照销售合同规定支付价款；

(2)买方必须自担风险和费用，取得进口许可证或其他官方文件，办理进口清关手续；

(3)买方必须负担货物在运输终端交买方处置之后的费用和风险；

(4)买方必须在卖方按规定交货时受领货物。

DAT 术语与《2000 年通则》中的 DEQ 术语(目的港码头交货)相近；不同的是，DAT 涵盖了各种运输方式和范围更广泛的运输终端，而非仅仅局限于水运码头。因此，交易双方应对“指定运输终端”进行明确的规定，以免因理解认定上的分歧而给履约带来不便。

以 DAT 术语成交，卖方应当在“指定运输终端”将货物从运输工具上卸下来，并承担卸货费。有的时候，交易中会有由卖方承担将货物由运输终端运至另一地点的需求，且要求由卖方承担风险和费用，在这种情况下，最好使用 DAP 或 DDP 术语来签订合同。

(四)DAP 术语

DAP(全称为 Delivered at Place … named place of destination)，即指定目的地交货(后随指定目的地)，是指卖方将货物运至进口国指定目的地，将还在运输工具上已做好卸货准备的货物交由买方处置时，即为交货。卖方承担将货物运往指定目的地的一切风险，买方自行负责从运输工具上卸载货物，并承担可能发生的费用和一切风险。但若运输合同中已包含了在目的地的卸货费用，该费用仍应由卖方承担。该术语适用于任何运输方式和多式联运。

DAP 术语是《2010 年通则》新增的一个术语，根据《2010 年通则》对 DAP 的解释，买卖双方的主要义务如下：

1. 卖方的主要义务

(1)卖方必须在约定的日期或期限内，在指定的目的地将在运输工具上尚未卸下的货物交给买方处置；

(2)卖方必须自负风险和费用，取得出口许可证和其他官方文件，办理出口手续；

(3)卖方必须负责订立运输合同，支付运费，将货物运至指定目的地；

(4)卖方必须承担货物在目的地交买方处置之前的费用和风险；

(5)卖方必须提供符合合同规定的货物及商业发票或有同等作用的电子信息。

2. 买方的主要义务

(1)买方必须按照销售合同规定支付价款；

(2)买方必须自担风险和费用，取得进口许可证和其他官方文件，办理进口手续；

(3)买方必须负担货物在指定地点交由买方处置之后的风险和费用；

(4)买方必须在卖方按规定交货时接收货物。

DAP术语取代了原《2000年通则》中的DES、DAF、DDU这3个术语，是指卖方在指定的目的地交货，只需做好卸货准备而无须卸货即完成了交货。DAT与DAP的主要区别在于，DAT是卖方负责卸货，DAP则是买方负责卸货。

(五)DDP术语

DDP(全称为Delivered Duty Paid … named place of destination)，即进口国完税后交货(后随指定目的地)，是指卖方将货物运至进口国指定地点，将已经办妥进口通关手续且仍放置在到达的运输工具上准备卸载的货物交由买方处置时，即完成交货。卖方负责办理进口报关手续，支付在需要办理海关手续时在目的地应缴纳的任何进口税费。卖方承担将货物交付给买方前的一切费用和风险。该术语适用于任何运输方式和多式联运。在11个贸易术语中，DDP是卖方责任最大的贸易术语，相应也是针对同一货物同一贸易的报价最高的术语。因此，如果卖方无法直接或间接地办理进口清关手续，则不宜在合同中采用DDP术语。

1. 买卖双方基本义务的划分

根据《2010年通则》对DDP的解释，买卖双方的主要义务如下：

A. 卖方义务

(1)一般义务：卖方必须提供符合销售合同规定的货物和商业发票，以及合同可能要求的、证明货物符合合同规定的其他任何凭证(包括同等效力电子凭证)。

(2)当需要办理通关手续时，卖方必须自负风险与费用，以取得任何出口和进口许可证或其他官方批准文件，并办理货物出口、通过任何国家运输以及进口所需的一切通关手续。

(3)卖方必须自负费用订立运输合同，将货物运至指定目的地，或位于在指定目的地的约定地点(如果有的话)；如该特定地点未经约定，或难以明确，则卖方有权选择在约定目的港或目的地最适合其本意的地点交货。

卖方并无对买方订立保险契约的义务。然而，卖方必须要应买方请求，并由买方负担风险与费用(如果有的话)，提供给买方为取得保险所需的信息。卖方基于其自身的利益，也可为自己的货物运输投保。

(4)卖方须于约定日期或约定期限内，在指定目的地(如果有的话)，将在交货运输工具上尚未卸下的货物交给买方或买方指定的其他人处置。

(5)卖方负担货物灭失或损毁的一切风险，直至货物已经依照A(4)条款要求交付时为止，但B(5)条款所载明状况中的货物灭失或毁损不在此列。

(6)卖方须承担以下费用：

①除依照A(3)条款之外而产生的费用外，有关该货物的一切费用，直至货物已依照A(4)条款交付时为止，但在B(6)条款情形下而应该由买方支付的费用除外；

②货物在目的地，依照运输合同系由卖方负担的任何卸货费用；

③当需要办理通关手续时，出口和进口所需的通关手续费用，出口和进口应付的一切关税、税捐及其他费用，以及按照A(4)条款交货前，货物通过任何国家运送时的费用。

(7)卖方必须给予买方所需的任何通知，便于买方能够采取通常必要的措施以接收货物。

(8)卖方须自负费用提供使得买方能够顺利接收货物的单据。

(9)卖方必须支付为按照A(4)条款规定交货所需进行的核对费用(如核对货物品质、丈量、过磅、点数的费用)，以及出口国有关当局强制进行的装运前检验的费用。

卖方必须自付费用包装货物，除非按照相关行业惯例，运输的货物属于无须包装的种类。卖方必须以适合运输的形式包装货物，除非买方在订立销售合同前已经告知卖方特定的包装要求。包装应作适当标记。

(10)在适用的情况下，应买方要求并由其承担风险和费用，卖方必须及时地给予买方一切协助，以帮助其取得他们所需要的货物进口和/或运送到最终目的地的一切单据及信息(包含与安全因素相关的信息)。相应对等地，卖方必须向买方支付买方因提供或帮助卖方得到B(10)条款中规定的单据或信息而产生的全部费用。

B. 买方义务

(1)一般义务：买方必须按照销售合同规定支付价款。

(2)当需要办理通关手续时，买方必须应卖方请求并由卖方承担费用和风险，给予卖方协助，以取得货物进口所需的任何进口许可证或其他官方批件。

(3)买方无义务为卖方订立运输合同，亦无义务为卖方订立保险合同，但买方须按照卖方要求，提供卖方办理保险所需的信息。

(4)当货物如A(4)条款情形交付时，买方必须受领货物。

(5)买方自货物如A(4)条款情形交付时起，承担货物灭失或损毁的一切风险。如果买方未能按照B(2)条款履行其义务，则其承担因而产生货物灭失或损毁的一切风险；如果买方未依照B(7)条款要求发出通知，则其自约定交货日或期限届满日起，负担货物灭失或损毁的一切风险。

(6)买方须承担以下费用：

①自货物如A(4)条款情形交付时起有关该货物的一切费用；

②于指定目的地自到达的运输工具为接收货物所需的一切卸货费用，但若依照运输合同，该费用系由卖方支付的除外；

③如买方未能依照 B(2)条款履行其义务,或因未依照 B(7)条款发出通知而由卖方暂时承担的任何额外费用。

(7)买方如有权决定发货时间及/或指定目的地或该地方内受领货物的地点,则必须将其决定给予卖方充分的通知。

(8)买方必须接受按照 A(8)条款中规定提供的交货凭证。

(9)买方对于卖方并无义务支付由出口国或进口国所实施的任何装运前强制性检验的费用。

(10)买方必须及时告诉卖方其对任何与安全有关的信息的要求,以使卖方可以遵循 A(10)条款规定。买方必须支付在 A(10)条款中规定的卖方提供和给予协助以使买方获取单据和信息所发生的一切费用。

在适用的情况下,若应卖方要求并由其承担风险和费用,买方必须及时地提供或给予卖方一切协助,以帮助其取得他们所需要的货物的运送和出口以及过境运输的一切单据及信息(包含与安全因素相关的信息)。

2. 采用 DDP 术语应注意的问题

由于我国进口的大多数商品除了要缴纳关税外,还需要缴纳一定的增值税,故在使用 DDP 时,如当事人双方希望将进口时所要支付的一些费用(如增值税)从卖方义务中排除,则应在销售合同中写明,譬如“DDP, VAT Unpaid(完税后交货,增值税未付)”。

表 4—2 为《2010 年通则》国际贸易术语风险和义务对比表。

表 4—2　　《2010 年通则》国际贸易术语风险和义务对比表

<table>
<tr><th>贸易术语</th><th>风险转移界限</th><th>出口清关</th><th>进口清关</th><th>办理托运义务</th><th>办理保险义务</th><th>合同性质</th></tr>
<tr><td>FOB</td><td rowspan="3">货物装上船</td><td rowspan="6">卖方</td><td rowspan="10">买方</td><td>买方</td><td>买方</td><td rowspan="6">装运合同</td></tr>
<tr><td>CFR</td><td>卖方</td><td>买方</td></tr>
<tr><td>CIF</td><td>卖方</td><td>卖方</td></tr>
<tr><td>FCA</td><td rowspan="3">货交承运人控制后</td><td>买方</td><td>买方</td></tr>
<tr><td>CPT</td><td>卖方</td><td>买方</td></tr>
<tr><td>CIP</td><td>卖方</td><td>卖方</td></tr>
<tr><td>EXW</td><td>货交买方控制后</td><td>买方</td><td>买方</td><td>买方</td><td>产地交货</td></tr>
<tr><td>FAS</td><td>装运港船边交货后</td><td rowspan="4">卖方</td><td>买方</td><td>买方</td><td>装运合同</td></tr>
<tr><td>DAT</td><td>卸货后货交买方处置</td><td>卖方</td><td>买方</td><td rowspan="3">到达合同</td></tr>
<tr><td>DAP</td><td rowspan="2">将等待卸下的货交买方处置</td><td>卖方</td><td>卖方</td></tr>
<tr><td>DDP</td><td>卖方</td><td>卖方</td><td>卖方</td></tr>
</table>

第四节 《2020 年通则》的重点修订内容

相比《2010 年通则》而言,《2020 年通则》并没有在大框架上作修改,而主要是对一些术语的细节进行了修订。重点修订内容具体包括:

一、部分术语的更名

《2020 年通则》将之前的 DAT 术语更名为 DPU(Delivered at Place Unloaded,目的地交货并卸货),并且相应的含义也发生了变化。在《2020 年通则》的规定下,DPU 的交货地点仍旧是目的地,但这个目的地不再限于运输的终点,而可以是任何地方。具体来说,其更强调目的地可以是任何地方而不仅仅是“运输终端”,使其外延更宽泛以满足各种用户需求,即用户可能需要在运输终端以外的场所交付货物。但若目的地不是运输终端,卖方需确保在其交货地点可以卸载货物。

二、部分术语顺序的调整

《2020 年通则》将 D 组术语中的 DAP 术语(目的地交货)在表格上的次序调整为在 DPU 术语之前。

三、保险责任的修订

在原有的解释通则框架内,合同使用 CIP 或 CIF 术语时,如果双方未在合同中规定应投保的险别,则默认由卖方按惯例投保保费最低的险别;当然,当事人之间也可以协商选择更高级别的承保范围。

《2020 年通则》中,对于 CIF 相关投保规定不变,但对于 CIP 术语投保规定改为:默认卖方必须取得符合《协会货物保险条款》中条款(A)承保范围的保险,但当事人可以协商选择更低级别的承保范围。这一修订的原因在于,CIF 往往更多地用于海上大宗商品(如初级产品原料等)贸易;而 CIP 作为多式联运术语,更多地用于制成品,通常制成品的出险概率和经济损失会大于初级产品。

为防止贸易双方由于对同一术语的适用解释通则框架理解差异而产生纠纷,如果合同使用 CIP 术语时,买卖双方最好就其适用的通则版本进行事先的明确界定。

四、提单交付责任修订

前面我们在学习 FCA 术语时知道,在当前中小企业贸易的主流运输方式为集装箱海运的大环境下，卖方将集装箱交给承运人而无须等待集装箱装船，即完成了对买方的交货，此时宜使用 FCA 术语而非 FOB 术语；但同时卖方又希望使用信用证这一付款方式，而信用证通常要求出示提单。根据运输合同，承运人只可能在货物实际装船后才会签发装船提单。然而在 FCA 规则下，卖方的交货义务在货物装船前已经完成，因此，卖方交货时尚无法从承运人处获得装船提单。

为了在比较严谨的法理意义上弥补这个漏洞，《2020 年通则》在 FCA 术语义务条款中增加了一个附加选项，即：买卖双方可以约定，买方指示其承运人在货物装运后向卖方签发装船提单，卖方随后方有义务向买方（通常通过银行）提交提单。

五、增加贸易方自行运输的选项

《2010 年通则》及其之前的通则多假定卖方和买方之间的货物运输将由第三方承运人进行，未考虑到由卖方或买方自行负责运输的情况。

《2020 年通则》中则考虑到卖方和买方之间的货物运输不涉及第三方承运人的情形。因此，在 D 组规则（DAP、DPU 及 DDP）中，允许卖方使用自己的运输工具。同样，在 FCA（货交承运人）中，买方也可以使用自己的运输工具收货并运输至买方场所。

六、在运输责任及费用划分条款中增加安保要求

《2010 年通则》中，各规则的 A(2)/B(2)条款及 A(10)/B(10)条款中仅简单提及了安保要求。随着运输安全要求（例如，进口国和出口国官方部门及港口方面对集装箱进行强制性检查）越来越普遍，《2020 年通则》将与之相关的安保要求更加明确地规定在各个术语的运输合同条款及出口清关条款中；因安保要求增加的成本，也在买卖双方的费用划分条款中作了更明确的规定。

表 4—3 为《2020 年通则》11 种贸易术语交货地点和部分费用承担对照表。

表 4—3　　《2020 年通则》11 种贸易术语交货地点和部分费用承担对照表

<table>
<tr><th>性质</th><th>术语名称</th><th>交货地点</th><th>保费</th><th>运费</th><th>装货费</th><th>卸货费</th></tr>
<tr><td>实际交货、发货合同</td><td>EXW 工厂交货</td><td>商品所在地</td><td>买方（自愿）</td><td>买方</td><td>买方</td><td>买方</td></tr>
<tr><td rowspan="3">象征性交货、运费未付、装运合同</td><td>FCA 货交承运人</td><td>出口国指定地点</td><td rowspan="3">买方（自愿）</td><td rowspan="3">买方</td><td>卖方</td><td rowspan="3">买方</td></tr>
<tr><td>FAS 船边交货</td><td>装运港船边</td><td>买方</td></tr>
<tr><td>FOB 船上交货</td><td>装运港船上</td><td>卖方或买方</td></tr>
</table>

续表

性质	术语名称	交货地点	保费	运费	装货费	卸货费
象征性交货、运费已付、装运合同	CIF 成本、保费加运费	装运港船上	卖方	卖方	卖方	买方
	CFR 成本加运费	装运港船上	买方(自愿)	卖方	卖方	买方
	CPT 运费付至	出口国指定地点				
	CIP 运费保费付至		卖方	卖方	卖方	买方
实际交货、到达合同	DAP 目的地交货	进口国指定地点	卖方	卖方	卖方	买方
	DPU 目的地交货并卸货		卖方	卖方	卖方	卖方
	DDP 完税后交货		卖方	卖方	卖方	买方

练习题

一、判断改错题

1. CIF 术语中，卖方有责任为货物的海运办理基本保险并支付运费；FOB 术语中，买方有责任为货物的海运办理保险并支付运费。

2. 采用 CIF 贸易术语，卖方要办理保险并支付保险费；而采用 CFR 贸易术语，保险责任及保险费是由买方承担的。可见，对卖方而言，采用 CIF 贸易术语比采用 CFR 贸易术语所承担的风险大。

二、单项选择题

1. 某出口公司对外原拟用 CFR 贸易术语报价，如果该贸易采用多式联运，应改用________术语为宜。

(A)FCA (B)CIP (C)DDP (D)CPT

2. CIF 合同的出口货物在装船后因为火灾被烧，那么________。

(A)应当由卖方承担损失

(B)如果已投保的话，由卖方向保险公司索赔

(C)应当由买方向保险公司索赔

三、思考题

1. FCA、CPT、CIP 与 FOB、CFR、CIF 有哪些区别？

2. 与 FOB 术语相比，出口方若采用 FCA 术语，为什么能够提前转移风险？

3. 贸易术语的变形是否会改变买卖双方的风险划分？

四、案例分析题

1. 我国某公司出口一批热带水果到俄罗斯，计划采用空运的方式运抵莫斯科。我方制作商业发票上的TERMS一栏打算打印“FOB MOSCOW”。请问：这样缮制单据有什么问题吗？试简单分析。

2. 我国某公司以FOB条件出口一批冻鸡，合同签订后接到买方来电，称订舱较为困难，委托我方代为订舱，有关费用由买方负担。为了方便合同履行，我方表示同意帮助订舱，但不一定保证订舱成功，如能订舱成功，将第一时间告知买方。然而时间已到了装运期，我方在规定的装运港也无法订到合适舱位，我方将情况告知了买方，表示如果我方将货物经公路运至附近另一个港口城市出口则可订舱成功，然而买方又不同意改变装运港。因此到装运期满时，货仍未装船。买方因销售即将结束，便来函以我方未按期租船订舱履行交货义务为由撤销合同。请问：买方的理由是否成立？为什么？

3. 应埃及官方请求，我国出口到埃及的工业产品应当在装运前由我国海关检验合格，并出具证书，埃及进口商凭证书向埃及海关报关。现深圳一家公司以FOB盐田条件向埃及出口一批超市手推车。请问：在我国的装运前检验的费用应当是由买方还是卖方承担？

第五章　进出口贸易合同中的价格条款

在一般贸易的交易磋商中，价格自始至终是买卖双方最为关心的问题，价格条件当然是买卖合同中最主要的一项交易条件。价格不仅关系到贸易利益在买卖双方之间的分配，还与其他交易条件有着密切的关系。在贸易实践中，合理运用价格制定方法，选用有利的计价货币，适当采用与价格有关的佣金和折扣，正确制定进出口商品价格并认真订好合同中的价格条款，对做好进出口贸易、提高经济效益具有十分重要的意义。

第一节　进出口贸易商品的报价

一、价格制定的原则和方法

价格制定是指在国际贸易中，经过核算后，向对方报价或接受对方的报价，确定商品的成交价格。价格制定是外销员的一项较复杂的工作，必须遵循一定的原则，采用科学的方法。

（一）价格制定的原则

我国进出口商品的作价原则是：在贯彻平等互利的原则下，根据国际市场价格水平，结合国别（地区）政策，按照我们的购销意图来确定适当的价格。

国际贸易中的商品价格是受多种因素影响的，进出口作价除了应遵循上述基本的作价原则外，还应考虑下列因素：

1. 商品的质量和档次；
2. 运输距离（遇 CFR 等含运费术语时）；
3. 交货地点和交货条件（贸易术语）；
4. 季节性需求的变化；
5. 成交数量（批量大的合同，单价可优惠）；
6. 支付条件和汇率变动的风险；
7. 国际与国内市场价格动态。

此外，交货期的远近、市场旺季与淡季的差别、产品所处生命周期的不同阶段、国际市场经营策略的选择等，均对价格的确定有不同程度的影响。

（二）价格制定的方法

一般来说，买卖双方事先确定价格。但是，在实际业务中，有的买卖双方认为应以将来某个时间的市场价格作为具体的成交价格，或者根据实际情况的需要调整价格。于是，买卖双方可以事先不确定价格或确定一个基础价格，具体的成交价格等以后确定。因此，价格制定的方法有以下几种：

1. 固定价格

固定价格是指明确规定的具体价格，通常是指货物的单价。合同订立后，即使市场价格发生很大变化，该价格也不再变动，买卖双方必须按该价格进行货款结算。如果合同中没有其他特殊约定，一般应理解为固定价格。在有的合同中，也会对此作出明确规定，如"合同一经生效，价格不得因市场变化而调整"。

2. 非固定价格

非固定价格即一般业务上所说的"活价"，适用"行情频繁变动、价格涨落不定且交货期较长的合同"，可以使买卖双方避免承担市价变动的风险。从我国进出口合同的实际做法看，主要有以下几种：

(1)具体价格待定。它是指在价格条款中不规定具体价格，而是规定定价时间和定价方法，或者只规定作价时间而不规定作价方法。例如，在合同中规定，以某月某日某地的有关商品交易所中该商品的收盘价为准或以此为基础再增减若干美元。待定价格的使用，主要是由于某些货物的国际市场价格变动频繁、幅度较大，或者交货期较远，买卖双方对市场趋势难以预测，但买方确实对货物有需求，双方均需要一个相对公平的、能被双方接受的定价制度以确保自己的利益在将来不会受到明显损害，于是采取约定价格待定的办法。例如，在合同中规定："每公吨 200 美元 CIF 纽约。备注：该价格以装船月的 3 个月期货平均价加 8 美元计算，并以此开立信用证。"

(2)暂定价格。暂定价格是指在合同中先确定一个价格，以后在某个时间，再由双方按照当时的国际市场价格商定最后价格。在我国的出口业务中，当与信用可靠、业务关系密切的客户洽商大宗货物的远期交易时，偶尔也会采用这种暂定价格的做法。

(3)滑动价格。滑动价格是指在某些货物贸易中，如成套设备、大型机械等，从合同订立到履行交货所需要的时间较长，为避免原材料和工资变动带来的风险，先在合同中规定一个基础价格，在交货时或交货前一定时间，按原材料和工资变动的指数进行相应调整，以确定应实际支付的价格。

3. 部分固定价格，部分非固定价格

为了照顾买卖双方的利益，解决在定价方法上可能存在的分歧，可以采用部分固定价格、部分非固定价格的方法。尤其是分期交货的合同，可以在订约时将交货期近的价格固定下来，其余的在交货前一定期限内由双方议定价格。

(三)非固定作价的优缺点

非固定作价的优点是，可暂时解决交易双方在价格方面的分歧，可解除双方对价格不确定问题的顾虑。在市场行情波动或货币汇率波动较大问题的应对上，可使交易双方排除大部分价格风险。

其弊端主要在于，先订约、后定价的做法，给成本的控制和核算带来一定的难度，并给合同的履行带来一定的不稳定性和不确定性：万一双方在作价时无法达成一致意见，合同就会面临无法履行的风险。

因此，在实际业务中，非固定价格的具体操作应注意以下几点：

1. 必须对影响商品供求的各种因素进行细致的研究，并在此基础上，对价格的走势作出判断，以此作为决定合同价格的依据。

2. 要通过各种途径了解客户的资信情况，慎重选择订约对象。

3. 明确规定作价标准。合同中明确订立了作价标准，有利于在将来双方协商价格时取得一致意见，从而保证合同的执行。

4. 谨慎选择作价时间。为了使出口方安全收汇，保证合同顺利履行，应谨慎选择作价时间，尽量在装船前或装船时作价，避免推迟到货物运抵目的国时作价。这是因为货物运抵目的国，甚至已进入当地市场分销后，由于产品供应量大增，市场售价势必会走低，以那时候的价格作价会使我国的出口方蒙受损失。

二、国际贸易报价的考虑因素

国际贸易中，贸易商通常使用单价。单价一般由四项内容组成：计量单位、单位价格金额、计价货币和贸易术语。例如：

每公吨 800 美元 CIF 纽约(USD 800 per MT CIF New York)。

计量单位	单位价格金额	计价货币	贸易术语
每公吨	800	美元	CIF 纽约

(一)选用贸易术语的一般原则

1. 选用的贸易术语要为对方所接受

国际贸易中，除了少数商品是卖方市场以外，大多数商品其实属于买方市场。这时，如买方提出要求报某种贸易术语的价格，卖方必须将原本的其他贸易术语价格换算成买方要求的贸易术语价。这是因为，在长期的贸易实践中，买方业务人员往往已习惯使用某一种贸易术语，不同的贸易术语价格难以直接比价。例如长期以来，我国出口到日本的货物，日方多要求我方报FOB价，假如我方坚持使用CIF或CFR术语，则不少日本客商可能就会另寻其他供应商。

2. 运输及保险的控制

在实践中，我国有些出口企业为了防止出现“钱货两空”或“无单放货”，往往会主张使用由我方来租船订舱（选择我方放心的船公司）的C组贸易术语；而境外进口企业即使有诚意，却往往会主张FOB术语，委托他们熟悉的承运人来运货（以免产生名目繁多的海运杂费让进口方承担）。不少情况下，进口商还会坚持自己来投保，所以不会接受CIF或CIP术语成交。这种情况下究竟使用何种贸易术语，主要看对方企业的资信如何、双方企业贸易实力的对比以及具体谈判结果。

3. 政府的产业扶持因素

不少国家的政府可能会直接或间接引导本国厂商尽量以C组术语出口货物，或者以F组术语进口货物，主要是为了扶持本国的航运业和保险业。另外，这样做也可以把运费和保险费以外汇收入的形式先纳入本国外汇储备。

4. 进口国外汇管制对贸易术语的限制

在以EXW、DAT、DAP、DDP等术语出口货物时，如果进口国实施较严格的外汇管制，贸易的卖方或买方将遇到很多障碍，所以采用上述术语的时候需要谨慎。

（二）选用贸易术语的个别原则

卖方或买方究竟是选用何种贸易术语对自己较有利或较安全，并没有一成不变的定律，要具体情况具体分析，进而选用适当的贸易术语成交。

1. 卖方选用贸易术语的个别原则

（1）卖方在下列情形下，宜选用FOB/FCA术语：

①航运旺季来临，租船订舱较困难时；

②运价有上涨趋势时；

③出口货物是大宗货物，卖方对于租船运输不熟悉时；

④出口商品处于买方市场，买方坚持用F组术语时；

⑤进口商信誉度尚可，且进口商找的船公司属于知名度较高的大公司时。

（2）卖方在下列情形下，宜选用C组术语：

①租船订舱较方便且此航线有自己熟悉的货代公司时；

②运费有下降趋势时；

③付款方式为托收时；

④进口商信誉度不明、知名度低时；

⑤利用邮政等（先付运费再运输）渠道出口货物时。

2. 买方选用贸易术语的个别原则

(1)买方在下列情形下，宜选用 FOB/FCA 术语：

①租船订舱较方便且此航线有自己熟悉的货代公司时；

②运费有下降趋势时；

③进口货物是大宗货物，买方有合适的租船资源时。

(2)买方在下列情形下，宜选用 C 组术语：

①航运旺季来临，租船订舱较困难时；

②运价有上涨趋势时；

③进口货物是大宗货物，买方对于租船运输不熟悉时；

④进口商品属于卖方市场，卖方坚持不同意用 F 组术语时。

在贸易术语的选用方面，涉及如何保障出口收汇和进口收货问题。在出口业务中，一般尽量要求采用 CIF 术语而不是 FOB 术语，也是出于安全方面的考虑。如果采用 FOB 术语，买方租船订舱，有可能与承运人勾结，越过向银行赎单的正常渠道，向承运人无单提货，随后承运人采取破产等手段逃避诉讼。同样，在我方进口业务中，一般尽量争取采用 FOB 术语而不是 CIF 或 CFR 术语，也是有其意义的。在 CIF 或 CFR 术语下，因为有国外卖方租船或订舱，如果国外卖方安排的船只不当，或与船方勾结出具假提单，将使我国进口方收不到货。

我国目前出口业务采用 FOB 术语居多

据统计，中国出口业务中以 FOB 成交的占到 70%以上，以至于国内某大型知名外贸行业论坛(板块以讨论出口业务居多)取名为“福步外贸论坛”(FOB Business Forum)。其中原因首先是，轮船公司运费价格经常上涨，我国的部分外资企业业务人员为规避运价风险，主动提出做 FOB 出口。因此，近十多年来出口做 FOB 的货量连连飙升，有些外资企业达到 80%以上，而且还有上升的趋势。

现实中的 FOB 出口业务，经常是境外进口方要求我方备齐货物后去联系进口方在我国该城市指定的一家货运代理公司(多半是外资货代公司)，虽然我方不用承担海运费，但是报关手续费、集卡使用费(也称拖车费)、仓储费等均须由我方承担。考虑到这些因素，时间一长，我国企业对外出口 FOB 报价也就随之上涨了。其中涉及较复杂的博弈过程，囿于篇幅所限，难以深入阐述。

第二节　商品价格的换算

国际贸易合同中的商品价格，通常是一个使进出口双方在特定的贸易术语条件下都有利可图的价格。如果针对同一笔交易的贸易术语发生了改变，那么随着双方承担义务的变化，商品价格的高低也必须作出相应的调整来平衡进出口双方的利益关系。

一、不同贸易术语的报价换算

在国际贸易中，有时卖方报出某种贸易术语下的价格，而买方希望要求改报其他贸易术语下的价格，如将 CIF 价改报为 FOB 价。通常在保证出口方销售收入不变的情况下，相比报 FOB 价，报 CIF 价所要考虑的因素是出口方须支付运费和保险费，因此，扣除这两种费用就是 FOB 价。

现将最常用的 FOB、CIF 和 CFR 这 3 种贸易术语价格之间及正在推广使用的 FCA、CPT 和 CIP 这 3 种贸易术语之间的换算方法及公式介绍如下（其中，I 为保险费，F 为运费）：

1. CIF 价换算为 FOB 价

$$\text{FOB 价}=\text{CIF 价}-I-F$$

2. CIF 价换算为 CFR 价

$$\text{CFR 价}=\text{CIF 价}-I$$

3. FOB 价换算为 CIF 价

$$\text{CIF 价}=\text{FOB 价}+F/[1-\text{保险费率}\times(1+\text{投保加成率})]$$

4. FOB 价换算为 CFR 价

$$\text{CFR 价}=\text{FOB 价}+F$$

5. CFR 价换算为 FOB 价

$$\text{FOB 价}=\text{CFR 价}-F$$

6. CFR 价换算为 CIF 价

$$\text{CIF 价}=\text{CFR 价}/[1-\text{保险费率}\times(1+\text{投保加成率})]$$

7. FCA 价换算为 CPT 价

$$\text{CPT 价}=\text{FCA 价}+F$$

8. FCA 价换算为 CIP 价

$$\text{CIP 价}=\text{FCA 价}+F/[1-\text{保险费率}\times(1+\text{投保加成率})]$$

9. CIP 价换算为 FCA 价

$$\text{FCA 价}=\text{CIP 价}-I-F$$

10. CIP 价换算为 CPT 价

$$\text{CPT 价}=\text{CIP 价}-I$$

11. CPT 价换算为 CIP 价

CIP 价=CPT 价/[1－保险费率×(1＋投保加成率)]

12. CPT 价换算为 FCA 价

$$\text{FCA 价}=\text{CPT 价}-F$$

二、出口货物的成本构成

出口货物的成本构成是卖方核算报价的主要依据，从一家进出口公司的视角来看，出口货物的成本通常是指实际采购成本与国内费用的总和，即：

出口货物的 FOB 报价＝出口货物的成本＋预期利润

(一)实际采购成本

譬如某进出口公司从国内某钢厂采购了一批冷轧薄板出口，进出口公司实付采购价为 22 万元，但是这 22 万元只能称为采购成本，还不是实际采购成本。这是因为，我国对大部分出口商品实施出口退税政策，享受退税政策的出口货物的实际采购成本还需要将所得税退税额考虑进去，即：

实际采购价(成本)＝采购价－出口退税额

出口退税额＝采购价×出口退税率/(1＋增值税税率)

2019 年我国再次下调商品增值税税率

2019 年 3 月 21 日，财政部、国家税务总局、海关总署三部门发布《关于深化增值税改革有关政策的公告》。公告明确，增值税一般纳税人发生增值税应税销售行为或者进口货物，原适用 16%税率的，税率调整为 13%；原适用 10%税率的，税率调整为 9%。

原适用 16%税率且出口退税率为 16%的出口货物、劳务，出口退税率调整为 13%；原适用 10%税率且出口退税率为 10%的出口货物、跨境应税行为，出口退税率调整为 9%，自 2019 年 4 月 1 日起执行。

(二)国内费用

国内费用是指卖方为了完成至少 FOB 条件下的出口商品交货所发生的各项费用，主要包括包装费、仓储费、国内运输费用、垫款利息、办理证明手续费、港杂费、报关和商检手续费等。

三、换汇成本的计算

出口商品换汇成本是指以某种商品的出口总成本与出口所得的外汇净收入之比；假设以美元为尺度，亦即计算出用多少人民币换回1美元。出口换汇成本如果高出银行的外汇牌价，则出口为亏损；反之，说明出口有盈利。公式表示如下：

出口商品换汇成本＝出口总成本(人民币单位)÷出口销售外汇净收入(美元单位)

其中，出口销售外汇净收入为FOB净收入(扣除佣金、运保费等费用后的外汇净收入)；出口总成本(人民币单位)包括收购商品成本、运费、保险费、银行费用、综合费用等，经扣除出口退税金额(如果出口商品属于可退税商品)后的人民币总支出。

四、佣金与折扣

在磋商交易和计算价格时，有时会涉及佣金和折扣。正确掌握并运用佣金和折扣，可以达到扩大销售、增加经济效益的目的。

(一)佣金

1. 佣金的含义及表示方法

佣金(Commission)又称手续费(Brokerage)，是指买方(如由他委托第三人采购)或卖方(如由他委托第三人推销)付给"第三人"的报酬。佣金分"明佣"和"暗佣"两种：在价格中体现佣金的为明佣；在价格表述中看不出含佣，但实际上约定含佣的为暗佣。本节所称合同中的含佣价，通常指明佣。还有的中间商向买卖双方都收取佣金，俗称"双头佣"，双头佣通常是暗佣。

含佣价可以用文字表示，例如：

每箱25美元CFR鹿特丹包含佣金2%。

USD 25 per case CFR Rotterdam including 2% commission.

含佣价也可以在贸易术语后面加注"佣金"的英文缩写字母"C"并注明佣金的百分比来表示，例如：

每箱25美元CFR C2%鹿特丹。

USD 25 per case CFR C2% Rotterdam.

暗佣表面上与净价没有区别，除非买卖双方事先另有约定，如果有关价格对是否含佣未作表示，通常应理解为不含佣的价格。不含佣金也不含折扣的价格称为"净价"，即卖方可照价全数收款，不另支付佣金。有时为了明确起见，在净价的贸易术语后加"net"字样。例如：

每箱25美元CFR鹿特丹净价。

USD 25 per case CFR Rotterdam net.

2. 佣金的计算方法

在实际业务中，一般以成交额为计算佣金的基数，计算公式如下：

佣金＝含佣价×佣金率

由此又可得出两个公式：

净价＝含佣价×(1－佣金率)

含佣价＝净价/(1－佣金率)

具体到某一贸易术语的含佣价，计算公式如下：

FOB含佣价＝FOB净价/(1－佣金率)

CFR含佣价＝CFR净价/(1－佣金率)

CIF含佣价＝CIF净价/(1－佣金率)

但CIF有其特殊性，所以上述CIF含佣价的公式也可以表示如下：

CIF含佣价＝CFR净价/[1－佣金率－(1＋投保加成率)×保险费率]

佣金计算例题

1. 净价改报佣金价

例：某商品CFR价2 000元，试改为CFR C4%价，并保持卖方的净收入不变。

解：含佣价＝净价÷(1－佣金率)＝2 000÷(1－4%)≈2 083.33(美元)

2. 调整含佣价的佣金率

例：已知CFR C3%为1 200美元，保持卖方净收入不变，试改报为CFR C5%。

解：先把CFR C3%价改为CFR净价。

佣金＝含佣价×佣金率＝1 200×3%＝36(美元)

CFR价＝CFR C3%价－佣金＝1 200－36＝1 164(美元)

再把CFR价改为CFR C5%。

因为：CFR含佣价＝CFR净价/(1－佣金率)

所以：CFR C5%＝CFR净价/(1－5%)≈1 225.26(美元)

此外还要注意，FOB、CFR等术语的含佣价，在不同术语之间不能直接通过加减运费等方式简单换算。必须先把这些术语的含佣价折算成净价，只有净价方可在不同贸易术语之间直接换算，最后再计算别的贸易术语的含佣价。

（二）折扣

1. 折扣的含义及表示方法

折扣(Discount)是指卖方按原价给予买方一定百分比的减让，一般由买方在付款时预先扣除。国际贸易中常用的折扣形式有品质折扣、数量折扣、季节折扣、现金折扣、特别折扣等。

规定折扣制度的商业原因

折扣在本质上属于一种降价，但为什么多数情况下卖方不是直接标识降价后的价格呢？这是由于，例如原价单价为 1 000 元的货物，由于恰逢业务需求淡季，卖方决定给予 10%的折扣率，折后单价为 900 元，此时某新客户 C 与卖方达成了购销合同。两个月后，旺季到来，卖方决定对外报价统一恢复为原价 1 000 元。在此过程中，如果卖方起初不告知 C 公司这 900 元的单价是折后价，则 C 公司很容易会以为原价就是 900 元，两个月后卖方开始抬价了。

所以不仅在合同中，而且在发票等单证中都应当明确标明原价与折后价。在上述案例中，原价 1 000 元称为含折扣价，100 元称为折扣额，900 元称为折实售价(有时也称为折扣价)。

折扣的表示方法一般有两种：

(1)用相对数表示。例如：

每公吨 1 500 美元 CIF 马赛折扣 3%。

USD 1 500 per MT CIF Marseille including 3% discount.

(2)用绝对数表示。例如：

每公吨 800 港元 CIF 中国香港，含 50 港元折扣。

HKD 800 per MT CIF Hong Kong including HKD 50 discount.

与佣金一样，如果有关价格对折扣未作表示，通常应理解为不给折扣的价格。有时为明确起见，特地加列“折扣价”字样。

2. 折扣的计算方法

$$折扣额=含折扣价\times折扣率$$

$$折实售价=含折扣价\times(1-折扣率)$$

例：某出口商品对外报价为 FOB 上海价每打 50 美元，含 3%折扣。如出口该商品 1 000 打，试计算其折扣额和实收外汇各为多少？

解：折扣额＝含折扣总金额×折扣率＝1 000×50×3%＝1 500(美元)

折实售价＝原价×(1－折扣率)＝50×(1－3%)＝48.5(美元)

实收外汇＝1 000×50－1 500＝48 500(美元)

五、贸易计价货币的选择

在国际贸易中，买卖双方使用何种货币主要依据双方自愿进行选择，在选用货币时，应根据国家的方针政策、外汇市场的变动，以及使用的货币本身可否兑换、是否稳定等因素综合考虑来决定。而在实际业务中，买卖双方如果确定了长期合作关系，则其每次贸易结算货币币种往往是相对固定的。

计价货币的选择，一般来说有三种情况：使用卖方国家货币，使用买方国家货币，使用第三国货币。对任何一方来说，使用本国货币，承担的风险较小；但如果使用外币，则可能要接受外汇汇率变动所带来的收益或风险，因为当今国际金融市场普遍实行浮动汇率制，汇率上下浮动是必然的，任何一方都有可能因汇率浮动造成损失。

如果我国与对方国家之间有贸易支付协定，则应使用协定中的货币结算；如果我国与对方国家无贸易支付协定，一般应选用"可兑换性货币"，即可以在国际外汇市场上自由买卖的货币，如美元、欧元等，也称自由外汇。近年来，在我国与越南、新加坡、俄罗斯等周边国家的贸易中，使用人民币计价、结算的业务量不断上升，尤其是使用人民币结算的进口业务量与日俱增。

可兑换性货币根据币值是否稳定，也有软、硬之分。所谓硬货币，是指币值比较稳定且呈上浮趋势，软货币是指币值比较疲软且呈看跌趋势。通常我国出口商品原则上应选用硬货币，而进口商品原则上应争取用软货币支付。但应注意的是，货币的软硬是相对而言的，且有一定的时间性：在某一时期是软货币，而过一时期可能会变成硬货币，这种变化是难以预料的。因此，经营者在正确选择了货币之后，还应在有利时机通过金融交易将汇率固定下来，才能达到最终避免外汇风险的目的。

我方如果出口时使用了软货币，应相应提高报价，以应对可能发生的货币贬值与汇兑收入损失；进口时使用硬货币，同理应相应压价。除此以外，我方还可以通过金融工具进行保值，包括通过银行进行外汇买卖，以减少外汇变动所带来的风险。目前，银行为进出口商提供的用于保值的外汇交易服务主要有即期、远期和期权交易等。

练习题

一、单项选择题

1. 从佣金的定义上看，货物买卖过程中接受佣金的多数是________。

(A)买方　　(B)卖方　　(C)船方　　(D)中间商

2. 商品的出口总成本与出口所得的外汇净收入之比是________。

(A)出口商品盈亏率　　　　(B)出口商品盈亏额
(C)出口商品换汇成本　　　(D)出口创汇率

二、计算题

1. 某公司对外报价为每千克 100 美元 CIF 东京，外商要求改报 CIF C5%。请问：我方应当改报价格为多少？

2. 我国某出口商品每千克 300 美元 CFR C2%纽约。请问：(1)CFR 净价和佣金各为多少？(2)如果对方将佣金增加到 3%，我方同意，但出口净收入不能减少，CFR C3%应如何报价？

第三篇

国际货物运输和保险制度

【导读】国际贸易货物的交付离不开国际货物运输和保险。国际货物运输是随着国际贸易的发生而发展的，它是国际贸易的一个重要组成部分。国际货物运输不同于国内运输，它具有线长面广、中间环节多、情况复杂多变和风险大等特点。为了能够合理、经济地完成进出口货物运输，必须合理地选用各种运输方式，订好买卖合同中的各项装运条款，正确缮制和运用各种运输单据，并掌握与此相关的运输基本知识。

国际贸易中的商品从卖方转到买方手中，往往需要经过长时间、远距离的运输，并且在整个运输过程中，又要经过多次装卸、存储、搬运，因此商品难免会遇到这样或那样的风险而遭受损失。为了保障货物遭到损失后能得到一定的经济补偿，买方或卖方一般都在货物装运之前向保险公司投保货物运输险。

第六章　国际货物运输

国际货物运输是国际贸易中必不可少的一个环节。为了按合同约定顺利完成国际货物的运输任务，买卖双方在订立国际货物买卖合同时，都需要合理选定运输方式。选择合适的运输方式，对买卖双方都是一项重要工作，它不仅关系到货物的安全和费用高低，还关系到货物运送速度的快慢以及货物的销售和使用等问题。因此，在选择运输方式时，必须根据货物的特点、数量、运输成本限制、装卸货地的地理方位、风险程度、运输能力、气候等因素以及国际政治形势、运输技术等情况进行综合考虑。

国际货物运输方式包括海洋运输（Sea Transport，Ocean Transport）、铁路运输（Rail Transport）、航空运输（Air Transport）、公路运输（Road Transport）、邮政运输（Parcel Post Transport）、管道运输、大陆桥运输以及由各种运输方式组合而成的国际多式联运（International Multimodal Transport）等。

第一节　海洋运输方式

海洋运输是历史悠久的国际货物运输方式。由于国际贸易是在世界范围内进行的商品交换，因此，沿海地区的港口的地理位置决定了海上运输对当地的重要意义。目前，国际货物总运量中2/3以上的货物运输是利用海上运输完成的，因此，它是当前国际货物运输中最主要的运输方式。

在当前技术条件下，海洋运输方式仍占主流的一个很重要原因与物理技术有关。轮船（长距离运输）分摊在每吨货物上的运费仅相当于铁路货运的1/5左右、公路货运的1/10左右。这就使得货物在进口国市场上的刚性成本不至于由于必要的运输而增加太多，一定程度上保证产品的市场竞争力。

海洋运输方式的优点是通过能力强、单次运量大、单位运费低，但它也有其固有的缺陷和不足。首先是地理方面，离沿海地区较远的内陆地区不可能直接利用这种运输方式；其次是运输速度，以马士基航运为例，通常其船舶航行时速为14～16节（1节＝1海里/小时＝1.852公里/小时）。如果柴油价格上扬，有些船公司船期表上的计划速度可能会更慢些。不少海运应季货物(如圣诞商品)的贸易可能需要提前几个月筹备出运货物,并且有些不耐长时间运输的货物(如多数非耐冻水果、高档食用菌、鲜花等)必然是不适合长途海运的。

再次是海运容易受到台风、严重寒潮(港口封冻)等恶劣气候的影响,造成船期的推迟、延误甚至临时取消。有些地方的港口水不够深,超大船舶要等涨潮时方可进出港,也妨碍了船公司对于航线停靠港口的选择。

根据海洋运输船舶的经营方式不同,海洋运输可分为班轮运输(Liner Transport)和租船运输(Shipping by Chartering,Charter Transport)。

一、班轮运输

(一)班轮运输的特点

班轮运输又称定期船运输(Regular Shipping Liner),是指船舶按固定的航线、港口以及事先公布的船期表航行,并按事先公布的费率收取运费的客货运输业务。它主要是用于零星成交、批次较多、到港分散的货物运输。对于停靠的港口,货物数量只要不至于占用舱位太多,一般都可以接受托运。当前航运市场上的海洋运输班轮,大多数是集装箱班轮。

图6—1 停靠码头装卸作业的集装箱班轮

班轮运输具有以下特点:

1.“四固定”。即固定船期、固定航线、固定停靠港口和相对固定的运费费率。班轮公司为了使货代公司和货主掌握班轮抵达和驶离各停靠港口的日期,一般会将预先制定的近期内的船期表发放给所有合作的货运代理公司并在网站上公布。

2."一负责"。即货物由班轮公司负责配载和装卸,班轮运费包括货物在装运港的装货费、在目的港的卸货费以及从装运港至目的港的运输费用和附加费用。班轮公司和托运人双方不计滞期费和速遣费。

3. 班轮公司和货主一般不专门订立书面运输合同,双方的权利、义务、责任与豁免以船方签发的提单背面条款为依据。

4. 承运货物比较灵活,一般货物不论数量、品种,只要有舱位就可以接受。尤其对国际贸易中的杂货运输更为适宜。

5. 同一航线上的班轮如保持合理的航班密度,可保证日用商品既不脱销,又不集中到货,适应均衡供应市场的需要,使商品能以合理的价格卖出。

班轮运输的当事人是班轮承运人和托运人。承运人是班轮运输合同中承担提供船舶并负责运输的一方,托运人是提供货物并委托承运人进行运输的一方。现实业务中,在运输中还常常涉及双方的代理人——船舶代理企业和国际货运代理公司。

班轮承运人和托运人责任和风险的划分一般以船舷为界。承运人的基本义务是在一定期限内将货物完好无损地运到约定的地点,交给收货人;托运人的基本义务是按约定的时间准备好要托运的货物,将货物(或装有货物的集装箱)送至船公司(或货代公司)指定的地点,以保证船舶能够连续作业,并及时支付有关的费用。

现实中,多数出口企业并不直接同船公司打交道,而是和船公司委托的货运代理公司产生业务联系。不少货运代理公司替货主代为办理订舱、集装箱短程运输、拼箱拆箱、报关、代办保险等一系列事务。在真正的出口方面前,海运货物的货代公司的角色类似于收取货物和运费的承运人;而在真正的船公司面前,其角色又类似于出口货物的托运人。

(二)班轮运费

班轮运价是班轮公司为运输货物向货主收取的单位货物的价格,也就是班轮公司为运输单位货物所消耗的人力、物力以及为运输货物所支付的有关方面的费用。

影响班轮运价的主要是运输成本、货物本身的价值和特性、运输量大小、航程的距离、燃油的价格和船员的工资水平以及航运市场供求关系的变化等。班轮运价一般由班轮公司通过定期公布的运价表(Liner's Freight Tariff)得以体现。

1. 班轮运费的构成

班轮运费一般由基本运费和附加运费构成,即:

班轮运费＝基本运费＋附加运费 1＋附加运费 2＋附加运费 3＋…

基本运费是从装运港到目的港的基本费用,它构成班轮运费的主体。它根据基本运价(Basic Freight Rate)和计费吨计算出来。基本运价按航线上基本港之间的运价给出,是计算班轮基本运费的基础。基本运价主要是按照成本定价原则确定的,影响运价的主要因素是各种成本支出，包括船舶的折旧费、燃油费、修理费、港口使用费（如装卸费、吨税和港口停泊等费用）、管理费、船员工资等。基本运价形式多样，如普通货物运价、个别货物运价、等级运价、协议运价、集装箱运价等。

附加运费是由于有些货物需要特殊处理，或者由于有突发事件的发生或客观情况变化等原因，船方根据不同情况，为了弥补在运输中额外开支或费用而加收的费用。班轮运费中的附加费名目繁多，主要包括以下几种：

(1)燃油附加费(Bunker Adjustment Factor，Bunker Surcharge，简称 BAF、FAF 或 BS)。这是由于燃油价格上涨而加收的费用，是一项主要的附加费，几乎所有的航线都有这种附加费。它的计算方法多为基本运费乘以燃油附加费率。

(2)港口附加费(Port Surcharge)。这是由于一些港口设施差、装卸效率低或港口使用费过高而增加了承运人的运输成本，承运人为了弥补这些损失而向货主加收的附加费。

(3)港口拥挤附加费(Port Congestion Surcharge)。这是由于港口拥挤，船舶抵港后需长时间等泊，为弥补船期损失而收取的附加费。

(4)绕航附加费(Deviation Surcharge)。这是由于某些原因，船舶不能按正常航线而必须绕道航行，从而增加开支而加收的附加费。当航线恢复正常，该项费用即取消。

(5)货币贬值附加费(Currency Adjustment Factor，CAF)。这是由于国际金融市场汇率发生变化，为弥补支付运费的货币贬值造成的经济损失而收取的费用。

(6)转船附加费(Transshipment Surcharge)。对于那些运往非挂靠港口、数量没有达到直航要求，或者目的港口不在班轮航线上而需要在中途港转运的货物所加收的费用。要注意的是，转船附加费应为基本运费加上燃油附加费后再乘以转船附加费率。

(7)直航附加费(Direct Additional)。这是托运人要求承运人将其托运的货物从装货港，不经过转船而直接运抵航线上某一非基本港时所增收的附加费。该非基本港，本来班轮是不去挂靠的，但如果其在班轮的航线上，港口条件适合停泊，特别是装载的货物达到一定重量，比如有的班轮公司规定商品在 400 公吨以上，有的规定在 1 000 公吨以上，船舶是可以挂靠的，但要缴纳一定数量的费用，这种费用就称为直航附加费。

(8)选港附加费(Additional for Optional Destination)。由于买卖双方贸易的需要，在货物托运时尚不能确定具体卸货港，需要在两个或两个以上的卸货港中选择，为此而加收的费用。一般要求货方在货物抵达第一个卸货港 48 小时前告知船方选择。

(9)变更卸货港附加费(Additional for Alternation of Destination)。这是由于某

种原因，货方要求改变原来规定的卸货港而加收的费用。如改卸的港口运价低于原卸港口的运价，则已收运费不予退还。

(10)超重、超长附加费(Heavy Lift, Long Length Additional)。一件货物的毛重或长度超过规定重量(一般规定为单件3公吨)或长度(一般规定为9米)，视为超重货物或超长货物。由于这类货物装卸和配载比较困难，故需要增加开支，为此增收的费用就是超重、超长附加费。

(11)洗舱费(Cleaning Tank Charges)。船舶运输散装油类货物时，装前要洗刷船舶使之符合装运条件，有的还要经过检验部门验收并出具证明，因此租船人要缴纳一定费用。

2. 班轮基本运费的计收标准

在实际的海运班轮业务中，集装箱海运占了相当大的比例，而集装箱班轮公司原则上只接收整箱货，不受理(尚未拼箱的)拼箱货的托运。所以班轮公司受理货运代理公司的订舱要求时，或少数大中型出口企业大量货物找船公司直接订舱时，对具体航线的一般货物按集装箱箱型、尺寸、集装箱是否属于特种箱等信息参数制定FAK包箱费率。例如，20英尺普通干货集装箱基本运费650美元，40英尺普通干货集装箱(又细分为平柜和高柜)基本运费1 200美元，等等。如果内装货物超重，会被船公司或港务部门退回，如果内装货物在重量和体积上均明显没有装满，也按一整个集装箱的运费收取。但如果内装货物是特殊货物如危险化工品、价值超高商品等，包箱费率可能会另有增加的规定。

件杂货(非集装箱运输)班轮虽然在今天的航运市场上比较少，但其基本运费的收取标准一般是按照以下标准收取的。此外，很多货代公司对外公布收取拼箱货的基本运费也会参照这种标准来收取。

(1)按货物的毛重计收，即重量吨(Weight Ton)。在运价表中用“W”表示，一般以每1公吨为计算单位，吨以下取两位小数，个别情况下也有按长吨或短吨计算的。

(2)按货物的体积计收，即尺码吨(Measurement Ton)。在运价表中用“M”表示，一般以1立方米为计算单位(视同1公吨重量)，也有按40立方英尺为1尺码吨计算的。

(3)按货物的毛重或体积计收。在运价表中用“W/M”表示，由船公司选择其中收费较高的一种计收运费。按惯例，凡1重量吨货物，其体积超过1立方米或40立方英尺者视为轻泡货，即按体积收费；反之，1重量吨货物，其体积不足1立方米或40立方英尺者视为重货，即按重量计收，这种计收方法在国际货代市场运输一般货物时最为常见。

(4)按货物的价格计收运费，也称从价运费。在运价表中用“Ad Val”或“A. V.”

表示,一般按货物的 FOB 价格的百分比计算运费。

(5)按货物重量、体积、价值三者中最高的一种计收。在运价表中,以“W/M, A. V.”来表示。也有的按货物重量或体积计收,然后加收一定百分比的从价运费,在运价表中以“W/M plus A. V.”表示。

(6)按货物重量、尺码二者中最高的再加上从价运费计收。运价表中以“W/M plus Ad Val”表示。

(7)按货物的件数计收。适用于包装固定且包装内的数量、重量、体积固定不变的货物。例如,汽车、列车车厢等,按辆计费;活牲畜如牛、羊等,论头计费。

(8)临时议定运价(Open Rate)。即由货主与船公司临时协商议定,适用于大宗低值货物,如粮食、豆类、煤炭、矿砂等。

(9)最低费率(Minimum Rate)。是指按一票提单上所列的货物重量或体积计算出的运费。若尚未达到运价表中规定的最低运费额时,也必须按最低运费计收。

船公司在有些航线上实行等级费率运价表制度,该运价表由“货物等级表”和“航线费率表”两部分组成。先按航线将货物分为若干等级,每一个等级代表一个费率并有相应的计算标准,然后再参照航线等级表,就可查出基本费率。大多数运价表将货物划分为 20 级,同样航程下第 1 级货物运费率最低,第 20 级货物运费率最高。当包箱费率与货物等级运价结合的时候,衍生出 FCS 包箱费率和 FCB 包箱费率。其中,FCS 包箱费率是按货物等级制定的包箱费率,FCB 包销费率是按货物等级及不同类型的计价标准制定的费率。

二、租船运输

租船运输是指租船人向船东租赁船舶用于货物的运输。在租船运输业务中,航期、航线、运价、港口等均不固定,装卸费及船期延误按租船合同规定划分及计算。双方的权利、义务、责任与豁免按租船合同的规定执行。

租船运输适宜原油、化肥、散装粮食、煤炭等大宗货物运输,其原因为:一方面,大宗货物运输量较大,一般需要用整艘甚至多艘船舶进行运输;另一方面,大宗货物本身适合由专用型的船舶来运输,通常的班轮难以满足货物的特殊需求。据统计,在国际海上货运总量中,租船运输量约占 4/5,但是如果按货主企业的数量口径来统计,多数企业仍是和集装箱班轮公司产生直接或间接业务联系的。

租船运输可分为定程租船(Voyage Charter)和定期租船(Time Charter)两类。值得注意的是,由于租船运输的船舶专用性等特点,在实际业务中常出现类似来程满载、返程空载的现象,因此租船运输的总体运输成本不一定比班轮低。

（一）定期租船

定期租船是指由船舶所有人将船舶出租给承租人，供其使用一定时期，承租人向船东给付租金的租船运输方式。租期可长可短，短则数月、长则数年，其特点如下：

1. 船、货双方的权利与义务在其租船合同中订明。定期租船合同有时也称为“巴尔的摩合同”。

2. 租赁期间，船舶的经营管理由承租人负责。

3. 船方提供适航的船舶，船员薪金、伙食等费用以及保持船舶具有适航价值而产生的有关费用，均由船方负担(计入收取的租船费用)。

4. 船舶经营过程中产生的燃料费、港口费、装卸费和垫舱物料费等项开支，均应由租船人负担。

5. 定期租船的租金，一般按整船每天若干金额计算，也有的按每月每载重吨若干金额计算。租金高低除了取决于时间长短外，还受船舶运能的影响，但通常与所载货物无关。

6. 不计滞期费和速遣费。

有一种称为“光船租船”的形式也可归为定期租船的形式，具体是指船舶所有人只提供一艘空船，一切人员配备及运营维修的费用均由承租人负担，但在当前的国际航运中很少使用。

另有一种称为航次期租(Time Charter on Trip Basis，TCT)的形式，它是以完成一个航次运输为目的，按完成航次所花的时间和约定的租金率计算租金。

（二）定程租船

定程租船又称航次租船，是指由船舶所有人负责提供船舶，在指定港口之间进行一个航次或数个航次，承运指定货物的租船运输，具体包括单航次租船、来回航次租船、连续航次租船和连续来回程航次等方式。与定期租船相比，定程租船具有以下特点：

1. 船舶的经营管理由船方负责；

2. 船方除对船舶航行、驾驶、管理负责外，还应对货物运输负责；

3. 在使用多次的情况下，运费按所运货物计算；

4. 租船双方的责任和义务以租船合同为准；

5. 规定一定的装卸期限或装卸率，计算滞期费和速遣费(由船方收取或支付)。

对于船舶的使用方来说，运输航程是可以确定的数字，而时间长短会受诸多不可控制的因素影响。因此相对于定期租船来说，出口商使用更多的是定程租船，主要用于运输批量较大的大宗初级产品，如粮食、油料、矿产品和工业原料等货物。定程租船合同有时也称为“金康合同”。

滞期费和速遣费

在定期租船的合同中，由于船舶使用时间有限，承租人势必会尽可能高效率地加快船舶使用周转，提高船舶和舱位利用率。而在定程租船合同中，假如由于租船人的原因，致使未能在租船合同规定的时间内完成装船或者卸货，导致船舶留港时间增加，会增加船东港口费用的负担和遭受船期损失。船东为了避免这种损失风险，就在合同条款中增列租船人应当按照实际滞延的时间向船东支付补偿金，即称为滞期费。

如果由于租船人的原因，使得装船或者卸货提前完成，船舶早日离港，可以节约船东在港口费用方面的负担并使其可能提前收回船舶。因此对所节约的时间，船东要给予承租人一定的奖励，即称为速遣费。

第二节　集装箱运输

集装箱又称“货柜”。集装箱是一种标准化尺寸容器，能反复使用，它是具有一定的强度和刚度、专供周转使用并便于机械操作和运输的大型货物容器。集装箱本身并没有充当独立运输工具的功能，因此它只能作为一种运输设备，配合轮船、列车、专用卡车等运输工具进行运输。

集装箱的诞生和优势

在20世纪40年代集装箱被正式发明出来前，世界各地的商品贸易和运输已经延续数百年，但物资装卸过程中的各环节一直都很费时费力。主要是因为，物资的每个单体单元尺寸大小不一，每到一个运输环节和另一个运输环节的衔接点，要靠人力或简单吊装机械针对每一个单体单元进行搬运操作。这样还导致船舶在港口的等待、占用时间较长，港口和船舶周转利用率都大受影响。

美国人马尔科姆·麦克莱恩在20世纪40年代通过尝试，将“卡车滚装上船”的思想进一步改进为“卡车大小的若干金属壳柜子在轮船上可堆叠摆放”的思想，从而诞生了现代集装箱的雏形。

集装箱的投入使用，大大缩短了装卸货物耗费的时间，据当时统计，“新方法(用集装箱)的运输成本比传统方法(件杂货逐件搬运)降低90%以上”。不过，当时各家公司集装箱的尺寸和配件标准并不一致，譬如麦克莱恩的海陆公司使用的是33英尺集装箱，而另一家美森公司(Matson)使用的则是24英尺集装箱。尺寸不统一不仅会影响集装箱的堆叠和运输，也会影响集装箱吊具设计和集装箱卡车、专用船的建造标准。

直到20世纪越南战争期间，美国政府为了能更高效地运输物资，不断推动集装箱标准化。经过长时间的争论，1970年国际标准化组织(ISO)将20英尺定为集装箱的标准长度，这也成为通行至今的国际标准集装箱规格。国际贸易中经常用到的计量单位“标准箱”(TEU)指的就是这种20英尺集装箱(Twenty-foot Equivalent Unit)。

总的来说，集装箱运输的优势主要有以下几点：

1. 在全程运输中，可以将集装箱从一种运输工具直接方便地换装到另一种运输工具，而无须接触或移动箱内所装货物。从发货人的工厂或仓库装箱后，可保持装箱状态经由海陆不同运输方式一直运至收货人的工厂或仓库，实现“门到门”运输。

2. 集装箱的尺寸相对统一，便于在陆地上、船舱里进行标准化的堆垒，这样既不会压坏内装货物，又可以露天存放，不怕风雨，节省仓库。

3. 集装箱节省货物运输的包装，简化理货手续。由于外人难以观察到特定货柜内的具体货物品种，因此物流中的失窃、散落等货损发生率大大减少。

当然，集装箱刚开始在航运业投入使用时，众多企业体验到其在装卸领域的便捷性，同时船公司也发现集装箱运输给自己增加了一项在目的港空箱回收的管理任务。此外，在贸易货量来回不均的航线上，常常需要回运不少空箱，给出口货量大的港口使用。但总体来说，集装箱运输还是利大于弊的。

一、集装箱运输的组织形式分类

多数情况下，贸易实务中遇到的集装箱的所有权归船公司所有(也有的归铁路公司等所有)。由于一般的航空货机所使用的集装设备并不是通用于海运的，所以在此暂不讨论航空使用的集装设备。

每个集装箱上均喷涂有全球唯一的集装箱编号，装箱后封闭箱门的(一次性)钢绳(或插销)封印上也印有独立号码。集装箱号码和封印号码可替代运输标志，显示在主要出口单据上，成为运输中的识别标志和货物特定化的记号。

集装箱运输有整箱货(Full Container Load,FCL)和拼箱货(Less than Container Load,LCL)之分。整箱货一般由发货人在工厂或者仓库进行装箱,并直接运交集装箱堆场(Container Yard,CY)等待装运。货到目的地后,收货人可以直接到目的地集装箱堆场接货,这种交接方式称为堆场到堆场(CY-CY)。同一集装箱内整箱货的发货人和收货人信息(在货物之间比较)一般都是一样的。

拼箱货是指当一个集装箱内所装货物的发货人、装运地、目的地和收货人这四项信息当中有任何一项为两个或两个以上的时候,集装箱内的货物就称为拼箱货。如果按平摊到每千克货物运费上计算,拼箱货比整箱货明显要高出不少运费。多数情况下,同一集装箱内的拼箱货的装运地和目的地是一样的;较常见的是,拼箱货的发货人和收货人各不相同。当然,如果遇到需要"二次拼箱"的情形,目的地不同的货物也可暂时先拼在一起。

由于不宜让多家拼箱货的某一家货主去操作该集装箱内所有货物的拼装,所以拼箱货一般需要由货运代理企业在装运地附近的集装箱货运站(Container Freight Station,CFS)负责将不同发货人的货物拼装在一个集装箱内。货到目的地后,目的地(港)的货代公司在目的地集装箱货运站拆箱,将货物分拨,各收货人前往目的地的集装箱货运站提货,这种交接方式称为货运站到货运站(CFS-CFS)。其中,当交接方式为CY-CY时,则发货人整箱交货,收货人整箱接货;当交接方式为CFS-CFS时,则发货人拼箱交货,收货人拆箱接货。此外,集装箱运输也可以实现"门到门",即由承运人在发货人工厂或者仓库接货,在收货人工厂或者仓库交货。

此外,如果发货人自己将发给目的国(地区)不同收货人的货物先拼装在一个集装箱内,到目的国(地区)再分拨给不同收货人,这种模式可称为Door to CFS(门到站)或CY to CFS(场到站)。

除此以外,合同中涉及集装箱的运输条款还有场到门(CY to Door)、门到门(Door to Door)、站到门(CFS to Door)等,具体展开内容可查询相关货运代理类书籍。

二、企业在使用集装箱时应注意的问题

不少出口企业在使用集装箱(通常是整箱货情况)时,由于岗位人员缺乏专业素养,经常会发生一些妨碍贸易顺利进行的事件。以下通过总结归纳得出的经验和教训值得部分企业留意。

(一)选用恰当箱型

出口企业托运整箱货时,选用何种集装箱是基于出口企业自身的意愿,所以一定要在订舱书上选用并注明适合自己货物装载的集装箱。例如,出口梨等水果如需中长途海运,尽量应选择冷藏集装箱;出口西装、礼服等,应选用挂衣箱;出口机床设备等,

可选用开顶集装箱或框架式集装箱(方便起吊设备);等等。相对较重的货物可选用20英尺干货集装箱运输,相对较轻泡的货物可选用40英尺高箱运输。

箱型选择也关系到进口方的利益。所以,遇到对集装箱的类型有要求,进口方在签订贸易合同时,可主张把箱型要求写进合同条款中。

(二)不要超重装货

每个集装箱的门上往往会标有最大载重量的限制数字,这个数字是集装箱出厂前根据受力技术安全指标喷涂上去的。当代的有些新款20英尺集装箱最大载货重量可达28吨左右,40英尺集装箱最大载货重量也与之相近。有些企业出口整箱重货如地砖、汽车配件等,指挥员工在自己企业里装箱时可能会只顾着在体积上装满集装箱,但肉眼难以观察到其实集装箱内货物已超重。超重的货柜被送到重箱堆场或码头吊装堆码时,会被港口方面的吊车设备或地磅秤自动识别警示,最终被退回,要求重装或加订空箱出运,从而耽误出口。由于很多企业会犯这个错误,因此货代企业和船公司往往会特地向企业强调其中利害关系。

(三)应预先制订集装箱装载计划

集装箱的门上也会标示箱内容积是多少立方米。例如,20英尺普通货柜的容积是约25立方米,但这并不意味着企业的货物假如是24立方米就一定能装进去,因为这还牵涉到纸箱的长、宽、高尺寸问题。为了解决这个问题,有的软件公司开发了虚拟装柜计划软件,亦即把纸箱的长、宽、高以及纸箱数量输入软件,再输入选用货柜箱型,计算机自动给出相对最经济的、最大化利用集装箱空间的纸箱摆放方案。现场装柜时按此方案,可做到实际指挥装箱一次性完工,节省人力,避免反复调整带来的时间浪费。

第三节　陆路运输方式

陆上运输方式主要是指铁路运输(Rail Transport)和公路运输。特别是在货物启运地或者目的地为非港口时,除非采用航空运输,基于运输成本考虑,一般都采用国内铁路运输或者国内公路运输与海洋运输相结合的方式。

一、铁路运输

(一)铁路运输的技术优势

铁路作为一种较为快捷且运量较大的运输方式,自从近代后期以来一直承担着世界主要国家的货物长途运输任务。从成本上看,铁路运输的初期建设要求比公路高很多,例如,路基坡度、转弯半径、桥梁隧道等指标的限制均高于一般公路建设要求,因此铁路的初期建设成本投入也是非常高昂的。人们之所以愿意投入巨额资金去修筑铁路,经济层面的一个原因是,铁路建成后,运送每吨货物的平均能源消耗和所分摊的其他边际物流成本明显小于公路运输,这主要是由于铁路的轮轨接触摩擦能耗比公路的汽车轮胎能耗要小很多;加之铁路运输中一正一副两名司机外加两名乘务(跟车押运)员可以每次负责至少 1 500 吨以上货物的运输,长远来看,其单位运输成本比公路运输要低。

铁路的另一大优势是受自然气候因素影响较小。通常对于货运列车而言,只有地震、山体滑坡、泥石流、山洪暴发、积雪厚度严重、特殊地区 10 级以上大风等较极端的几种自然灾害会影响列车运行,所以铁路运输总体风险是比较小的。此外,列车运行通常比汽车、飞机、轮船要平稳,尤其适合不耐剧烈震动或摇晃的商品(如有些危险品、精密仪器)的运输。

(二)国际铁路运输的发展

1890 年,欧洲各国外交代表在伯尔尼会议上签订了《国际铁路货物运输规则》,由于记载该规则的《国际铁路货物运输公约》(以下简称《国际货约》)是在伯尔尼签订的,因而又称为《伯尔尼公约》。该公约有英、法、德、意等 20 多个国家参加,自 1893 年 1 月 1 日起生效;后经 1895 年、1905 年、1923 年、1938 年、1952 年、1961 年和 1970 年 7 次修改,目前生效的就是 1970 年代表大会通过并于 1975 年 1 月 1 日生效的公约文本。《国际货约》虽经多次修改,但有关承运人责任的规定并无改变。即铁路承运人对于运输的迟延,以及从接收运送物时起至交付时止,货物全部或部分的灭失、毁损负责,但承运人却可主张一般免责事由及特别免责事由。

20 世纪 50 年代中前期,中苏间的贸易额占我国大陆对外总贸易额的一半以上,贸易商品很多是经由铁路运输通过我国的满洲里等陆路口岸出入境的。我国改革开放以后,随着对欧美日等发达国家和地区贸易量的连年增加,铁路运输在外贸格局中的比重曾经一度下滑。今天,随着“钢铁丝绸之路”的延伸,越来越多的货物开始从原先的“海运+陆运”模式改由经中欧班列等直接运送至中西亚、中东欧等内陆地区,运输时间比原来路线曲折的海运时间节省一半以上。例如,我国的重庆等地出口货物因“渝新欧”班列开通而大为受益。

以前我国对欧洲出口的不少货物使用的贸易术语是诸如 CIF 德国汉堡等目的地为港口城市的水运术语。以抵达汉堡港为例,进口商往往还要委托当地货运公司,把货物从汉堡用卡车运到欧洲内地。而中欧班列开通后,与外商签订贸易合同就可以采用如 CPT 布拉格(捷克)等陆路运输可用的贸易术语。我国企业外销人员在商务谈判时,必须注意这一重要变化。

（三）国际铁路运输运营的技术问题

国际货运班列的开通需要解决很多问题。首先，就技术问题而言，轨距差别问题使得列车在出入一些边境口岸时，每次都面临“换轨”的麻烦。例如，多数中欧班列在哈萨克斯坦、波兰需要两次换轨（集装箱吊装换车）。又如在新疆阿拉山口口岸，中方铁轨宽度为国际标准轨距 1 435 毫米，哈萨克斯坦铁轨宽 1 520 毫米，需要将中方的出口集装箱吊装到哈方列车上，换上哈方司机，中方列车再折返。

其次，列车在通过各国边境的时候，往往并不能做到无停顿地直接通行。这主要是由于，为了防止发生追尾、相撞、不合理的大量待避等事件发生，各国国内铁路各车次运行时刻的拟定是经过详细计划安排的；而国际班列的驶入，等于要在该国本已确定好的铁路运行计划中“见缝插针”介入一个新的外来车次。所以，国际班列往往要在各国边境口岸停车等候一段时间，更换车头然后继续行驶。

最后，即使轨距相同，基于安全考虑，我国的列车机车（车头）以及司机也不能继续深入别的国家行驶。这是因为：一方面，异国的铁路调度指挥系统使用的无线电喊话对于我国司机来说是陌生难懂的；另一方面，其他国家的铁路信号灯、限速指示等设施规定的含义很有可能有别于我国所规定的含义。

方兴未艾的中欧班列业务

中欧班列是指中国往返欧洲的快速货物班列，适合装运集装箱的货运编组列车，铺划西、中、东三条通道。目前中欧班列运行线开行情况如下：

1. 中欧班列（重庆—杜伊斯堡）。从重庆团结村站始发，由阿拉山口口岸出境，途经哈萨克斯坦、俄罗斯、白俄罗斯、波兰至德国杜伊斯堡站，全程约 11 000 公里，运行时间约 15 天。

2. 中欧班列（成都—罗兹）。从成都城厢站始发，由阿拉山口口岸出境，途经哈萨克斯坦、俄罗斯、白俄罗斯至波兰罗兹站，全程 9 965 公里，运行时间约 14 天。

3. 中欧班列（郑州—汉堡）。从郑州圃田站始发，由阿拉山口口岸出境，途经哈萨克斯坦、俄罗斯、白俄罗斯、波兰至德国汉堡站，全程 10 245 公里，运行时间约 15 天。

4. 中欧班列（苏州—华沙）。从苏州始发，由满洲里口岸出境，途经俄罗斯、白俄罗斯至波兰华沙站，全程约 11 200 公里，运行时间约 15 天。

5. 中欧班列(武汉—捷克、波兰)。从武汉吴家山站始发,由阿拉山口口岸出境,途经哈萨克斯坦、俄罗斯、白俄罗斯至波兰、捷克、斯洛伐克等国家的相关城市,全程约10 700公里,运行时间约15天。

6. 中欧班列(长沙—杜伊斯堡)。始发站在长沙霞凝货场,具体实行"一主两辅"运行路线。"一主"是指长沙至德国杜伊斯堡,由新疆阿拉山口口岸出境,途经哈萨克斯坦、俄罗斯、白俄罗斯、波兰、德国,全程11 808公里,运行时间约18天。"两辅"中,一条是指由新疆霍尔果斯口岸出境,最终抵达乌兹别克斯坦的塔什干,全程6 146公里,运行时间约11天;另一条是指由二连浩特(或满洲里)口岸出境后,到达俄罗斯莫斯科,全程8 047公里,运行时间约13天。

7. 中欧班列(义乌—马德里,简称"义新欧班列")。自义乌铁路西站始发,由新疆阿拉山口口岸出境,途经哈萨克斯坦、俄罗斯、白俄罗斯、波兰、德国、法国、西班牙,全程13 052公里,运行时间约21天。

8. 中欧班列(哈尔滨—俄罗斯)。班列全程运行6 578公里,经滨洲铁路1 004公里到达满洲里口岸站出境,再经俄罗斯西伯利亚大铁路5 574公里到达比克良站。

9. 中欧班列(哈尔滨—汉堡)。东起哈尔滨,经满洲里、俄罗斯后贝加尔到赤塔,转入俄西伯利亚大铁路,经俄罗斯的叶卡捷琳堡和莫斯科到波兰的马拉舍维奇至终点德国汉堡,全程约9 820公里。

10. 中欧班列(兰州—汉堡)。始发于兰州,由新疆阿拉山口口岸出境,途经哈萨克斯坦、俄罗斯、白俄罗斯和波兰至德国汉堡,全程8 027公里,运行时间约15天,比走海运到欧洲节省15天左右。

11. 中欧班列(保定—白俄罗斯明斯克)。从河北保定始发,由满洲里口岸出境,途径俄罗斯,最后抵达白俄罗斯明斯克,全程约9 500公里,用时12～14天。货源主要来自京津冀地区。

12. 中欧班列(西宁—安特卫普)。2016年9月8日上午,青藏高原首趟中欧班列从青海省西宁市双寨铁路物流中心发出,前往位于比利时的欧洲第二大集装箱港口安特卫普,运行全程约12天,主要运输藏毯、枸杞等青海当地特色产品。

13. 中欧班列(广州—莫斯科)。2016年8月29日开通,从广州大朗站始发,由满洲里口岸出境,直达俄罗斯莫斯科,全程11 500公里。

14. 中欧班列(青岛—莫斯科)。由满洲里口岸出境,直达俄罗斯莫斯科,班列全程7 900公里,运行时间约22天,比海运运输节省约30天。

15. 中欧班列(长春—汉堡)。由中铁集装箱运输有限责任公司运营,首发途径俄罗斯、白俄罗斯、波兰、比利时、德国等欧洲国家的多个城市,最高时速为120公里,全程12～15天。

16. 中欧班列(南昌—莫斯科)。2018年4月20日,南昌地区首趟中欧班列(南昌—莫斯科)在南昌向塘铁路口岸鸣笛启航,标志着南昌至莫斯科中欧班列正式开行。

17. 中欧班列(唐山—比利时)。

18. 中欧班列(成都—维也纳)。

19. 中欧班列(武汉—德国汉堡)。

20. 中欧班列(内蒙古自治区—伊朗东南部城市巴姆)。

21. 中欧班列(乌鲁木齐—德国杜伊斯堡)。

22. 中欧班列(景德镇—莫斯科)。

23. 中欧班列(郑州—比利时列日)。

24. 中欧班列(武汉—伊尔库茨克)。

25. 中欧班列(连云港—伊斯坦布尔)。

根据中国铁路总公司的统计数据,中欧班列2017年的开行数量突破3 000列,超过2011～2016年6年开行数量的总和。在目前35个国内开行城市中,重庆、成都、郑州、武汉、苏州、义乌、合肥、沈阳等19个城市已进入稳定运营。

中欧班列的高效运营,有力地带动了我国中西部地区企业的外贸发展,使得很多内地企业不必再像过去那样将货物先经陆路或水路运抵东部沿海城市港口,再装船海运出口。"钢铁丝路"的运行客观上增强了中西部企业的产品竞争力。

二、公路运输

公路运输相比其他运输方式的最明显优势就是运输工具(卡车)运营自主性强、机动灵活、速度尚可。公路运输在中小批量货物中短程运输中的优势较明显,尤其是在实现"门到门"运输中,更离不开公路运输。

公路运输在我国内地和我国香港之间的跨境贸易中发挥着不可替代的重要作用,每天都有大量往返于深港两地的集装箱卡车要经过深圳皇岗口岸和文锦渡口岸。而卡车直接承担跨境货物全程运输的情形多见于我国内陆沿边口岸,如满洲里、霍尔果斯等。

第四节 航空运输方式

航空运输是一种现代化的运输方式，它是利用飞机通过空中航线来进行的。与海运、陆路运输相比，航空运输速度快，故适用于运送易腐商品、鲜活商品和各种急需物资。目前，我国空运发展态势良好，进出口商品采用空运的主要有电脑配件、电子产品(不含电池的)、成套设备中的精密部件、海产品、果蔬鲜花、新颖产品、部分药品等。

一、航空运输的特点

航空运输在某些方面有其他运输方式无法比拟的优越性，其特点如下：

1. 有较快的运送速度。航空运输的航线不受地形条件限制，故运送速度快。在时间就是金钱的今天，航空运输已成为国际市场上某些商品竞争力的有效保障。

2. 对于一个地区来说，航空运输初期建设投入成本小，只需要确定地点建设机场、跑道等设施即可，而飞机的购买或租赁是航空公司的事情，在这一点上其优势远胜公路和铁路运输。

3. 适宜鲜活、易腐和季节性货物的运送。鲜活、易腐货物对时间要求高，如果运输时间过长，则会使货物丧失其原有使用价值。对季节性货物，则要求在季节到来之前运到市场，否则过期将无法销售，以致货物滞存仓库，增加费用。

4. 运送速度快，货损、货差少；如发生货损货差，能较快发现并及时追溯原因。某些贵重货物货主的运费承受能力较强，托运可优先考虑航空运输。

二、航空运输的方式

空运方式下，航空公司一般只负责空中运输，货物在始发机场交给航空公司之前的接货、报关等以及货到目的地接货、送货等业务均由航空货运代理公司办理，并负担其间的一切风险和费用。航空货运代理公司多数情况下是航空公司的代理。

根据运输货物的不同需要，航空运输方式主要有班机运输(Airliner Transport)、包机运输(Chartered Carrier Transport)、集中托运(Consolidation Transport)和航空快递业务(Air Express Service)。

(一)班机运输

班机是指定期开航的，具有固定航线、固定始发站、目的站和途经站的运输飞机。通常，班机运输采用客货混合型飞机，但也有些较大的航空公司在一些航线上另辟有使用全货机的货运航班。采用班机运输方式，收货人和发货人都能确切掌握启运和到达时间，非常有利于市场急需维修配件、贵重货物及鲜活货物的运输。

（二）包机运输

包机运输是指租机人租用整架飞机运送货物的运输方式。其中，租机人可能是一个发货人或航空货运代理公司，也可能是几家航空货运代理公司或发货人联合包租。即分为整架包机或部分包机，前者适用于运送大批量货物，运费比班机低；后者适用于有多个发货人，但货物到达站是同一地点的货物运输。

（三）集中托运

集中托运是指航空货运代理公司把若干单独发运的货物组成一整批，向航空公司办理托运，用一份总运单将货物集中发运到同一到站，或者运到某一预定的到站，由航空货运代理公司在那里的代理人收货、报关、分拨后交给实际收货人。集中托运的运价比国际空运协会公布的班机运价低 7%～10%，因此发货人比较愿意将货物交给航空货运代理公司安排。

（四）航空快递业务

航空快递业务可分为机场到机场、桌到桌、派专人送。航空快件传送是目前国际航空运输中最快捷的运输方式。它不同于航空邮寄和航空货运，它是由一家专门经营该项业务的公司与航空公司合作，通常为航空货运代理公司或航空速递公司，派专人以最快的速度在货主、机场、用户之间运输和交接货物。该项业务是在国际上两个空运代理公司之间通过航空公司进行的，主要用于运送样品、资料等轻便急需的货物。

三、航空运单和运费

（一）航空运单

在航空运输中，航空公司或者航空货运代理公司作为承运人签发航空运单（Air Waybill，AWB）。航空运单作为承运人接收货物的依据以及与托运人之间运输合同的证明，可凭此办理议付结汇。但航空运单不是物权凭证，不能凭此提货，不能背书转让。航空运单必须是记名的，货到目的地后，收货人凭承运人发出的到货通知书（有些机场是凭收货短信码和公司提货保函等）提货。

航空运单依据签发人不同，分为主运单和分运单：前者是航空货代公司接受客户托运后，将目的地机场相同的货物集中为一票货物向航空公司托运，由航空公司签发（给货代公司）的；后者是航空货运代理公司在起运地收到货物后向各个实际托运人（货主）签发的。主运单和分运单的法律效力基本相同。图 6—2 为国际航空运单影印件。

（二）航空运费

航空运费一般按照 W/M 方式计算，即取货物实际重量（千克）与体积重量（6 000

STAPLE DOCUMENTS ABOVE PERFORATION

Set your tabulator stops here — Line up here

999 | LHR | 31819605 — 999 31819605

Shipper's Name and Address / Shipper's Account Number SURFACE MEASUREMENT SYSTEMS 5 WHARFSIDE ROSEMONT ROAD ALPERTON MIDDLESEX HA0 4PE	Not Negotiable **Air Waybill** Issued by AIR CHINA INTERNATIONAL CO PO BOX 1000621 CAPITAL INTERNATIONAL AIRPORT BEIJING Copies 1, 2 and 3 of this Air Waybill are orginals and have the same validity
Consignee's Name and Address / Consignee's Account Number HISUN PHARMACEUTICAL (HANGZHOU) CO LTD XIALIAN VILLAGE XUKOU TOWN FUYANG CITY ZHEIJIANG PROVINCE 311404 CHINA 311404	It is agreed that the goods described herein are accepted in apparent good order and condition (except as noted) for carriage SUBJECT TO THE CONDITIONS OF CONTRACT ON THE REVERSE HEREOF. ALL GOODS MAY BE CARRIED BY ANY OTHER MEANS INCLUDING ROAD OR ANY OTHER CARRIER UNLESS SPECIFIC CONTRARY INSTRUCTIONS ARE GIVEN HEREON BY THE SHIPPER, AND SHIPPER AGREES THAT THE SHIPMENT MAY BE CARRIED VIA INTERMEDIATE STOPPING PLACES WHICH THE CARRIER DEEMS APPROPRIATE. THE SHIPPER'S ATTENTION IS DRAWN TO THE NOTICE CONCERNING CARRIER'S LIMITATION OF LIABILITY. Shipper may increase such limitation of liability by declaring a higher value for carriage and paying a supplemental charge if required.
Issuing Carrier's Agent Name and City Charles Kendall Freight Limited Heathrow Head Office Spur Road Feltham UK	Accounting Information Agent's Ref : L0135942 Shipper's Ref : 7256-C
Agents IATA Code: 91-4-7166-00 11 / Account No.	
Airport of Departure (Addr. of first Carrier) and Requested Routing LONDON HEATHROW	Reference Number / Optional Shipping Information

To	By first Carrier (Routing and Destination)	to	by	to	by	Currency	CHGS Code	WT/VAL PPD	WT/VAL COLL	Other PPD	Other COLL	Declared Value for Carriage	Declared Value for Customs
BJS	AIR CHINA INTERNATION	HGH	CA	HGH	CA	GBP		X		X			NCV

Airport of Destination	Requested Flight/Date		Amount of Insurance	INSURANCE
Hangchow China	CA 938/15	CA 1509/17		INSURANCE - If carrier offers insurance and such insurance is requested in accordance with the conditions thereof, indicate amount to be insured in figures in box marked "Amount of Insurance".

Handling Information

ONE (1) CRATE FULLY ADDR // INVOICES ATTACHED
KNOWN CARGO - LISTED AGENT NO 128
DUCR-3GB238406267000-L0135942

SCI: X

No. of Pieces RCP	Gross Weight	kg lb	Rate Class / Commodity Item No.	Chargeable Weight	Rate / Charge	Total	Nature and Quantity of Goods (incl. Dimensions or Volume)
1	31.00	K	Q	31.00	9.31	288.61	DVS INTRINSIC 1 COMPLETE SYSTEM
1	31.00						

Prepaid	Collect	
Weight Charge: 288.61		Other Charges: ALH=21.00 GB FSC=21.70 GB WAR=2.79 GB
Valuation Charge		
Tax		
Total Other Charges Due Agent		Shipper certifies that the particulars on the face hereof are correct and that insofar as any part of the consignment contains dangerous goods, such part is properly described by name and is in proper condition for carriage by air according to the applicable Dangerous Goods Regulations.
Total Other Charges Due Carrier: 45.49		Charles Kendall Freight Limited as agents for carrier AIR CHINA INTERNATIONAL CO Signature of Shipper or his Agent
Total Prepaid: 334.10	Total Collect: 0.00	
Currency Conversion Rates	CC Charges in Dest. Currency	14/02/2013 FELTHAM Charles Kendall Freight Limited Executed on (Date) at (Place) Signature of issuing Carrier or its Agent
For Carriers Use only at Destination	Charges at Destination	Total Collect Charges

999 31819605

Tate Freight Forms 01908 221162 www.tatefreightforms.co.uk Ref: 680404 09/10

图 6—2 实际中的国际航空运单影印件

立方厘米折合 1 千克)中高者计算。

1. 计费重量(Chargeable Weight)。计费重量是指据以计算运费的货物的数量。它有重货(Heavy Density Cargo)、轻货(Light Weight Density Cargo)和多件货物之分。

2. 公布的直达航空运价。公布的直达航空运价是指航空公司在运价本上直接注明承运人对由甲地运至乙地的货物收取的一定金额。直达运价又分为四种,即特种货物运价、等级货物运价、普通货物运价和最低运费。

3. 非公布的直达航空运价。如果甲地至乙地没有可适用的公布的直达运价,就实行非公布的直达航空运价。它包括比例运价(Construction Rate)和分段相加运价(Combination of Rate)。

4. 航空附加费。航空附加费主要有声明价值费(Valuation Charges)、制单费、货到付款附加费和提货费。

第五节 海运单证和海运条款

海洋运输单证是承运人(包括货运代理人等无船承运人)收到承运货物后签发给托运人的证明文件,主要包括海运提单(Bill of Lading,B/L)和海运单(Sea Waybill)两种。

一、海运提单

海运提单简称提单(B/L),是指用以证明海上货物运输合同和货物已经由承运人接受或者装船,以及承运人保证据以交付货物的单据。图 6—3 为货代海运提单影印件。

(一)提单的性质及作用

提单的性质和作用表现在以下三个方面:

1. 提单是货物收据。表示提单签发人已经收到了提单所列货物。

2. 提单是运输协议的证明。在班轮运输中,提单列明了承运人与托运人之间的权利和义务。

3. 提单是物权凭证。收货人或提单的合法持有人有权向承运人提取提单上列明的货物。可以在船舶到达该货物应运抵的目的港之前办理转让手续,或凭此向银行办理抵押贷款手续。

Shipper

B/L No.

FANHUA INTERNATIONAL LOGISTICS CO.,LTI

OCEAN BILL OF LADING

for Conbined Transpot or Port to Port Shipment

Consignee (if'To Order'so indicate)

RECEIVED the goods in apparent good order and condition and, as far as ascertained by reasonable means of checking, as specified above unless otherwise stated.
The Carrier, in accordance with and to the extent of the provisions contained in this B/L, and with liberty to sub-contract, undertakes to perform and/ or in his own name to procure performance of the combined transport and the delivery of the goods, including all services which are necessary to such transport from the place and time of taking the goods in charge to the place and time of delivery and accepts responsibility for such transport and such services.
Weight, measures, marks numbers, quality, contents, descriptions and value as declared by the shipper but unknown by the carrier.
In accepting this B/ L the merchant expressly accepts and agrees to all its stipulations, exceptions and conditions whether written, printed, stamped or otherwise incorporated and in particular to the terms overleaf as if they were all signed by the merchant.
One of the Bs/L must be surrendered duly endorsed in exchange for the goods or delivery order.
IN WITNESS whereof the number of original Bs/ L have been signed, if not otherwise stated above, one of which being accomplished the other(s) to be void.

Notify party (No claim shall attach for failure to notify)

Pre – carriage by	Place of receipt	For delivery please apply to:
Ocean vessel　　Voy　　No.	Port of loading	
Port of discharge	Place of delivery	

MARKS & NUMBERS	Quantity & kind of packages	DESCRIPTION OF PACKAGES AND GOODS	Gross weight, KGS	Measurement CBM

Particulars Furnished by shipper

ORIGINAL

* Total number of Containers or Packages (in words)

Freight and charges	Revenue tons	Rate　　per	Prepaid	Collect

EX.RATE @	Prepaid at	Payable at	Place and date of issue
	Total prepaid in	No. of original B(s) /L	FANHUA INTERNATIONAL LOGISTICS CO.,LTD.
Date	LADEN ON BOARD THE VESSEL		

图 6—3　实际中的货代海运提单(空白)影印件

(二)提单的内容

一般情况下,提单包括正面栏目和背面条款。

1. 提单正面栏目

(1)托运人提供信息并由承运人打印部分。包括托运人、收货人、被通知人、货名及件数、标志及件数、重量和体积等。

(2)承运人自主打印内容部分。常见的印就内容包括外表状况是否良好条款、内装物不知条款及承认接受条款。

2. 提单背面条款

提单背面条款主要是规定承运人与货方之间的权利、义务、责与豁免,是双方处理争议时的主要法律依据。其中,全式提单除了正面印有的提单格式、记载的事项以外,在背面还列示了关于承运人、托运人和收货人之间的权利、义务等详细条款。而简式提单在背面一般没有这些详细条款,并且为了区分,简式提单的正面还印有"Short Form B/L"(简式)字样。

(三)提单的种类

常见的提单主要有以下几种分类:

1. 按提单收货人栏内容的不同,可分为记名提单(Straight B/L)、不记名提单(Open B/L)和指示提单(Order B/L)。

(1)记名提单是指提单的"Consignee"(收货人)栏内具体写明了收货人(企业)名称的提单。由于这种提单只能由提单上事先指定的收货人提取货物,不能转让给第三者,因此记名提单无流通转让功能。

(2)不记名提单是指提单的"Consignee"(收货人)栏内不写具体的收货人名称,而仅写"To Bearer"(交持单人)的提单。不记名提单是可转让的提单,转让手续简便,无须作任何背书,仅凭交付即可。但这种提单风险较大,一旦遗失或被盗,提单持有人即可凭手中的提单正本合法向到货港的船公司(代理)提取货物。

(3)指示提单是指"Consignee"(收货人)栏内填上"To Order of ××"(凭××人指示),或"To Order"(凭指示)字样的提单。这种抬头的提单可以转让,但需要作"背书"手续。发出指示的人不同,则背书人不同。如为"To Order of Shipper",转让时应由托运人背书;如为"To Order of ×× Bank",转让时应由该指定的××银行背书签章;如为"To Order of Consignee",则由提单上注明的第一收货人背书签章(转让给第二收货人)。对于收货人栏注明"To Order"、习惯上称为"空白抬头"的提单,虽然未列明具体的"指示人",根据业务惯例,转让时由托运人背书。

对出口方来说,其在托运货物时于"托运(订舱)单"的"Consignee"(收货人)栏内填写的内容就决定了将来出的提单上收货人栏的内容,因为船公司(或货代公司)在出提单之前，该栏目内容通常就是根据“托运（订舱）单”上照抄打印的。所以，提单的这种分类对出口方的业务来说显得尤其重要。假如出口方托运时填写的收货人栏内容是具体的某公司名，却要求船公司出指示提单，这就显然是自相矛盾的。

2. 按提单上货物信息栏有无不良批注，可分为清洁提单(Clean B/L)和不清洁提单(Foul B/L)。

(1)清洁提单是指货物装船时“表面状况良好”，承运人在提单上未加任何有关货物受损或包装存在缺陷的不良批注。

(2)不清洁提单是指承运人在提单上加有货物受损或包装存在破损等“货物表面状况”不良的批注。

在进出口业务中，通常要求卖方提供清洁提单。尤其是在信用证支付方式下，银行对运输单据的要求更为严格。UCP600 第 27 条规定：“银行只接受清洁运输单据。清洁运输单据是指未载有明确宣称货物或包装有缺陷的条款或批注的运输单据。”此条款表明，银行将不接受不清洁运输单据，除非信用证特别授权。

3. 按货物是否装船，可分为已装船提单(On Board B/L，Shipped B/L)和备运提单(Received for Shipment B/L)。

(1)已装船提单是指承运人在货物已经装上指定船舶后所签发的提单。已装船提单与使用的贸易术语密切结合，如 FOB、CFR、CIF 术语，原则上需要托运人提交“已装船提单”。

(2)备运提单又称收讫待运提单，是指承运人已收到托运货物，等待装船期间所签发的提单。这种提单既可作为正式运输单据使用，也可以在货物装船后，由承运人或其指定的代理人在备运提单上注明装船日期并签名证实，使之成为已装船提单。在实际业务中，只要进口方不强调货物必须装船才能取得提单，卖方就可采用 FCA、CPT、CIP 等术语，这样卖方只要把货物交给承运人，就可将包括备运提单在内的所有单据送交银行押汇或将单据寄出收款。

4. 按运输方式不同，可分为直达提单(Direct B/L)、转船提单(Transshipment B/L)和联合运输提单(Combined Transport B/L)。

(1)直达提单是指承运人签发的，货物从装货港装船后，中途不经过转船而直接运抵卸货港的提单。

(2)转船提单是指在装货港装货的船舶不直接驶达货物的目的港，而是要在中途港换装其他船舶运抵目的港，由承运人为这种货物运输所签发的提单。

(3)联合运输提单是指货物由海路、内河、铁路、公路和航空等两种以上不同运输工具共同完成全程运输时所签发的提单，这种提单多见于集装箱多式联运。

5. 按提单下方栏目标注运费支付情况不同，可分为运费预付提单(Freight Pre-

paid B/L)和运费到付提单(Freight to Collect B/L)。

(1)运费预付提单是指承运人在卖方支付运费的情况下签发的提单。

(2)运费到付提单是指承运人在装货港签发的提单,待货到目的港后,由收货人与承运人结算运费的提单。FOB 术语有时常用这种提单。

6. 按提单各联的使用效力不同,可分为正本提单(Original B/L)和副本提单(Copy B/L)。

(1)正本提单是指在法律上和商业上都是公认有效的提单。这种提单上一般由承运人、船长或其代理人签名盖章并注明签发日期。正本提单具备实际物权凭证的提货效力,正面必须标明"Original"(正本)字样。

(2)副本提单原是指提单上没有承运人、船长或其代理人签名盖章而仅作为工作上参考之用的提单。在副本提单正面会注明醒目的"COPY"字样,副本提单没有提货效力,但可以作为运输合同的证明之用。例如,报关时作为随附单证使用的提单可以是副本提单。

7. 按提单签发者的不同,可分为船公司提单和货代公司提单。

(1)船公司提单(Master B/L)是指由船公司直接签发给托运人的提单。托运人有可能是实际的出口企业,也有可能是货代公司或是无船承运人。

(2)在货代公司提单右上角印刷的公司名称是货运代理公司的名称和标志,是货代公司接收了实际发货人的货物以后,签发给实际发货人的提单。用这种提单去目的港的船公司直接提货是无效的,只有等目的港的货代公司用船公司提单先去提到实际货物后,实际收货人将货代提单正本交给目的港货代公司才能提取到货物。

8. 按船舶营运方式不同,可分为班轮提单(Liner B/L)和租船提单(Charter Party B/L)。

9."真实信息在交单议付时有障碍"的提单。

还有一些"真实信息在交单议付时有障碍"的提单,主要包括倒签提单(Antedated B/L)、预借提单(Advanced B/L)和过期提单(Stale B/L)等。

(1)倒签提单是指货物实际装船完毕的日期迟于合同或信用证规定的最迟装运日,为使提单日期符合合同或信用证规定,托运人要求承运人在提单上倒填装船日期的提单。

(2)预借提单是指货物尚未装船,而信用证的有效期已到(一般为双到期信用证),托运人为做到"及时交单"且"单证相符"而要求承运人预先签发的提单。

倒签提单和预借提单均属于信息上有所造假的提单,均需要托运人提供担保函才能获得。英、美、法等国对担保函不承认;而亚洲、欧洲的一些国家认为只要未损害第三方利益,便不算非法,不过仍应严加控制。

根据规定，海运提单的签发日期是货物装船完毕的日期。因为提单是结汇的必需单据，特别是在跟单信用证结汇时，银行要求所提供的单证必须一致，这样才不会产生纠纷，因此提单上所签注的日期必须与信用证或合同上所要求的最后装船期一致或先于装船期。如果卖方估计货物无法在信用证装期前装上船，应尽早通知买方，要求修改信用证，而不应利用“倒签提单”“预借提单”等欺骗行为取得货款。

(3)过期提单又称滞期提单，一般是指向银行交单时间超过提单签发日期 21 天，即出口商向银行交单结汇的日期与装船开航的日期距离过久，以致无法于船到目的地以前送达目的港收货人的提单。银行一般不接受这种提单。过期提单是对银行结算而言的一种提单，但它在运输合同下并不是无效提单，提单持有人仍可凭其要求承运人交付货物。

(四)提单的流转使用

在 FOB 合同当中，买方有权要求卖方与买方所指定的承运人(包括货代公司)联系，向该指定的承运人交付货物，但买方并不能据此直接向承运人索要提单。也就是说，卖方将货物交给买方指定的承运人后，应当向船公司或货代公司索取正副本提单，即使是在 FOB 或 FCA 术语下，提单上的托运人(Shipper)仍然应该是卖方，承运人应当在装运港向卖方签发提单而非向买方签发提单。

以汇付结算先付款后发货为例，卖方得到提单后，将提单的正本和副本快递给进口国的买方。买方在到货后持正本提单去指定地点窗口换成提货单，再使用提货单在指定仓库提货。

二、海运单

(一)海运单的产生

自从公元 1500 年前后提单问世以来，在很长的岁月里，海运货物权利的转移就一直是通过提单的转让来实现的，提单是国际海运中最重要的单据。但 20 世纪 80 年代以来，随着海运业的发展，集装箱运输被广泛使用，高速船舶大量涌现，装卸设备不断改进，海运时间明显缩短，经常会出现货到而提单未到的情形。收货人得不到提单正本，就会出现“货等单”的问题，从而引起卸货延迟或码头拥挤现象。这类现象在近洋运输中更为常见。

此外，由于海运提单是所载货物的物权凭证，取得提单的人就有权支配该货物。如果第三人非法得到提单，即使在遇到记名提单或指示提单的前提下，该提单的非法取得者若伪造印章和签名、背书，仍然有可能用欺骗手段取得货物，因此提单对收货人来说客观上存在着一定的风险。

要解决这两个问题，就要在不必使用提单的情况下，尽量使用海运单(Sea Waybill)，使货物一到目的港，就能及时卸交，避免无谓等待。1990 年 6 月，在国际海事委员会第 34 届大会上，满票通过了《1990 年国际海事委员会海运单统一规则》。

（二）海运单的性质

海运单是发货人和承运人之间的货物运输合同的凭证。海运单是一种物流单证，不是货物的物权凭证，故不得转让，海运单必须是记名的。海运单一般采用简式单证形式，在背后不会列举详细的货运条款，但是会有可援用海运提单背面内容的条款说明。

（三）海运单的作用

海运单主要有以下三种作用：

1. 承运人收到由其照管的货物的收据证明；

2. 它是承运人与托运人之间订立海上货物运输合同的证明；

3. 在解决经济纠纷时，可作为货物担保的基础。

（四）海运单的使用

海运单作为契约证明，应根据承托双方一致同意的条件来签发。但是，如经托运人请求，也可以签发两份或两份以上正本。运输契约的海运单通常只签发一份正本。

海运单流转的程序是：①承运人签发海运单给托运人；②承运人在货物抵达卸货港前向海运单记载的收货人发出到货通知；③收货人出示身份证明，并在"到货通知"上签名，同时（在需要时）出示海运单副本（或复印件）；④承运人或其代理签发提货单给收货人；⑤收货人结清有关费用，凭提货单办理进口手续，即可提货。

当前，由于海运单提货方便、节省费用、便于防止假单据欺诈，而且有利于电子数据交换系统的使用，海运单的使用范围逐渐扩大。但由于境外不少企业出于商务习惯等原因，提单仍然是当前主要的海运单据。

第六节　国际多式联运

国际多式联运又称国际联合运输，是在集装箱运输的基础上产生和发展起来，有机结合各种单一运输方式的一种国际性的连贯运输方式。国际多式联运是指"按照多式联运合同，以至少两种不同的运输方式，由多式联运经营人将货物从一国境内接管货物的地点运至另一国境内指定地点交付的货物运输"。

随着集装箱运输软硬件成套技术趋于成熟，到 20 世纪 80 年代，集装箱运输已进入国际多式联运时代。国际多式联运利用集装箱，通过采用海、陆、空等两种以上的运输手段，完成国际间的连贯货物运输。开展国际多式联运是实现"门到门"运输的有效途径。

国际多式联运操作关键点的通俗理解

如果我们不是去设身处地地思考多式联运的具体操作环节，我们就很难理解为什么要有这么一个“多式联运经营人”对运输全程负责了。

例如，货物从河南郑州运往日本东京，除了全程空运外，比较现实的一种运输方式就是先由铁路从郑州运到连云港，再通过海运从连云港运往东京。乍一看无非是全程用了两种不同的运输方式而已，但是如果郑州的出口企业不派人出差，那么在连云港，谁来帮这家企业去铁路部门办理提货手续？谁负责在连云港将货物办理暂存仓库、海运托运、出口报关等一系列手续呢？如果派人出差，则差旅费用支出等若计入经营成本，可能运输成本几乎接近全程空运了。

所以这个时候，需要有一家“多式联运经营人”出面，承担以下主要事务：

1. 收取运费和出口企业的托运单，并签发给郑州企业一张多式联运提单，上面直接注明启运地为中国郑州，到货地为日本东京；

2. 办理铁路托运，到货地为连云港，收货人为该多式联运经营人设在连云港的分公司或合作代理；

3. 铁路到货后，联运经营人在连云港的代理负责接收货物，并放入仓库暂存，同时办理海运托运订舱和出口报关；

4. 货物经海运运到东京，通知收货人(买方)。

一、国际多式联运的特征与优点

构成国际多式联运，必须具备以下特征或称基本条件：

1. 必须具有一份多式联运合同。该运输合同是多式联运经营人与托运人之间权利、义务、责任与豁免的合同关系和运输性质的确定依据，也是区别多式联运与一般货物运输方式的主要依据。

2. 必须使用一份全程多式联运单据。该单证应满足不同运输方式的需要，并按单一运费率计收全程运费。根据托运人的要求，它可以做成可转让的，也可以做成不可转让的。

3. 必须是至少两种不同运输方式的连续运输，如果是海/海、铁/铁、空/空联运，虽为两程运输，但不属于多式联运，这是一般联运与多式联运的一个重要区别。在单一运输方式下的短途汽车接送(如集装箱卡车从上海浦东行驶至上海洋山港)也不属于多式联运。

4. 必须是跨关境的货物运输。这主要涉及国际运输法规的适用问题。

5. 必须由一个多式联运经营人对货物运输的全程负责。多式联运经营人是指其本人或者通过其代表订立多式联运合同的人负有履行联运合同的义务，他不是托运人的代理，也不是实际承担运输方的代理。其可以是实际承运人，办理全部或者部分运输；也可以是无船承运人(NVOCC)，将全程运输交由各运输段实际承运人来履行。

6. 必须是全程单一的运费费率。运费一次收取，包括运输成本(各段运杂费的总和)、经营管理费和合理利润。

二、国际多式联运责任制

国际多式联运由一个多式联运经营人对货物运输的全程负责，对发生于全程各区段的货物损坏都承担赔偿责任。在组织联运时，多式联运经营人与参加联运的有关承运人和换装机构签订合同，规定相互的权利、义务。但这种联运工作的内部合同不影响联运经营人对托运人承担的义务。

目前的国际集装箱多式联运责任制主要有三种类型，即统一责任制、网状责任制和《联合国国际货物多式联运公约》。该公约综合前两者，采用"修正统一责任制"。目前，国际上大多数国家，包括我国，采用的是网状责任制。

网状责任制又称混合责任制，是指多式联运经营人对货主承担的全部责任局限在各个运输部门规定的责任范围内，也就是由经营人对集装箱的全程运输负责；而对货物的灭失、损坏或延期交付的赔偿限额，则根据各运输方式所适用的法律规定进行处理，如海上区段可按《海牙规则》处理、铁路区段按《国际铁路货物运输公约》处理、公路区段按《国际公路运输公约》处理、航空区段按《华沙公约》处理。如果货物损坏的发生区段不能确定，则按《联合运输单证统一规则》的有关规定处理。

第七节　买卖合同中的装运条款

国际货物买卖合同中的装运条款通常包括装运时间、装运港(发货地)和目的港(目的地)、分批装运和转运等内容。有的合同还视交易需要列明运输方式、选派运输工具以及有关费用负担等事项。

一、装运时间

装运时间又称装运期，是指卖方将合同规定的货物装上运输工具或交给承运人处理的期限。装运时间是装运条款的重要内容，卖方应当严格遵守，不得延迟，未经与收货人协商一致也不得任意提前。

国际贸易单证上显示的"装船"(Loaded on Board Vessel)、"发运"(Dispatch)、"接受监管"(Taking in Charge)、"邮局收据日期"(Date of Post Receipt)、"快递收货日期"(Date of Pick-up)等信息,在合理的情形下可以理解为实际的装运日期。

(一)装运时间的规定方法

1. 规定具体的装运时间

(1) 规定在某月内装运。例如:1 月份装运(Shipment during Jan.)。按此规定,全部成交货物可在 1 月 1 日到 1 月 31 日这一期限内的任何一天装运。

(2) 规定在某月月底或以前装运。例如:6 月底或以前装运(Shipment at or before the end of June)。即自订立合同之日起,最迟不超过 6 月 30 日装运。

(3) 规定在某月某日或以前装运。例如:7 月 15 日或以前装运(Shipment on or before July 15th)。即自订立合同之日起,最迟不超过 7 月 15 日装运。

(4) 跨月装运,即规定在某 2 个月、3 个月或几个月内装运。例如:1/2 月份装运(Shipment during Jan./Feb.)或 1/2/3 月份装运(或 Jan./Feb./March shipment),即货物可分别在 1 月 1 日到 2 月 28 日止或 1 月 1 日到 3 月 31 日止这一期限内的任何一天装运。

以上 4 种方法都明确规定了具体的期限,在国际贸易中应用较广。这样规定,卖方可有一定时间备货和安排运输,买方也可预先做好支付货款和接货的准备。

2. 规定收到信用证后若干天装运

对某些外汇管制较严的国家和地区,或专为买方制造的特定商品,为了防止买方不按时履行合同而造成损失,也可采用规定在收到信用证后一定时间内装运。例如:收到信用证后 30 天内装运(Shipment within 30 days after receipt of L/C)。

由于交货期是以买方开出信用证为前提,如买方拖延或拒绝开证,则卖方仍很被动,因而一般还应同时规定开到信用证的期限。例如:买方必须不迟于(某月某日)将信用证开到卖方[The L/C must reach the seller not later than …(date)]。

3. 收到信汇、电汇和票汇后若干天装运

采用汇付方式收款时,可使用这种方法。

4. 笼统规定近期装运

在买方急需而卖方又备有现货的情况下,也可采用近期交货术语。例如:立即装运(Immediate Shipment)、即期装运(Prompt Shipment)、尽快装运(Shipment as soon as Possible)。

由于对近期交货术语的含义解释,在各国、各地和各行业中并不完全相同,因此,除买卖双方对它们的解释已有一致的理解者外,应尽量避免使用。《跟单信用证统一惯例》(国际商会第 600 号出版物)在第 3 条中用专款对装运日期作出了明确规定:"除非要求在单据中使用,否则诸如‘迅速地’‘立刻地’或‘尽快地’等词语将不予理会。”

(二)规定装运时间应注意的问题

规定交货或装运时间必须明确、具体,同时为了保证按时履行合同义务,又必须根据需要和可能而定。在实践中,一般应结合以下情况考虑决定:

1. 货源情况。货源是履行出口合同的基础,在出口业务中规定交货时间必须与库存品种的规格和数量相适应。对尚待生产的货物,要考虑生产安排的可能性和生产周期长短。对于大宗交易的商品,如粮、油、矿砂、煤炭等,因交货数量大,一般以采取跨月交货条款为宜。

2. 运输情况。合同规定由我方负责安排运输时,对交货时间的规定,要考虑我国与有关国家间的运输能力、航线、港口条件等情况。对有直达船和航次较多的港口,装运期可短一些;对无直达船或较偏僻的港口,以及虽有直达船但航次较少的港口,装运期要规定长一些。对某些国家、地区,还要尽量避开冰冻期或雨季。必要时,还应规定分批装运条款。

3. 市场情况。规定装运期要与国外市场需求的季节性相适应。特别是节日供应商品和临时特殊需要的商品,为了加强出口货物的竞争力和卖出合适的价格,应力争赶上销售季节装运;还要适当考虑航程的远近等因素,对进口商品应根据国内需要和国外市场供应情况规定装运期。

4. 商品情况。规定装运期,应考虑商品本身的性质和特点以及商品的加工、包装、检验和国内运输等条件。

二、装运港(发货地)和目的港(目的地)

(一)装运港或发货地

货物的交付地点和装运时间一样,也是随合同所采用的不同贸易术语而有所不同。在采用F组、C组贸易术语的装运合同中,当卖方按合同规定在约定的装运港将货物装上开往目的港的船舶或在约定地点将货物交给承运人或第一承运人以运交给买方时,就算完成了交货义务。因此,在采用这类条件的货物买卖合同中,通常应明确规定装运港(Port of Shipment)或发货地(Place of Departure)。

一般来说,装运港或发货地是由卖方根据便利货物装运出口的条件提出,经买方同意后确定的。在出口业务中,一笔交易合同通常只规定一个装运港或发货地,但在货物数量较大而货源又分散在几处的情况下,可以规定几个装运港或发货地。例如:天津和上海,Tianjin and Shanghai;天津/上海/大连,Tianjin/Shanghai/Dalian。如果成交时具体装运港或发货地不能确定,也可规定中国口岸(China Ports)。

在出口业务中,装运港或发货地一般应选择接近货源所在地的港口或城市。同时要考虑国内的运输条件和费用水平。对以 FOB 条件达成而由买方派船装运的合同，还应考虑装运港口的水深并应与买方来船的大小相适应。

(二)目的港或目的地

为便于安排运输，CIF、CFR 合同中均须规定目的港(Port of Destination)。而在 CIP、CPT 合同中，则可规定目的港或者目的地(Place of Destination)。以 FOB、FCA 条件订立的出口合同虽由买方安排运输，但为防止买方把货物运往政策上不允许的国家或地区，或者我方与该国或地区的其他客户订有包销或独家代理协议的，或者有其他业务经营上的原因(如不同地区的做法不同)，为防止产生与政策或专营权相抵触或不符我方经营意图的情况，也需要明确规定目的港或目的地，在必要时，还可在合同中明确作出只能销往何处或不能销往何处的规定。在实践中，目的港或目的地通常由买方提出，经卖方同意后确定。

(三)装运港和目的港的规定方法

1. 通常，装运港和目的港分别规定一个。例如：装运港——上海；目的港——东京。

2. 实际业务需要时，可以分别规定两个或两个以上的港口。

3. 有的国外进口商在与我方洽谈交易时，还不便确定卸货地点，为了尽可能适应其业务需要，最大限度地简化提货转售手续，节省费用，有时要求采用规定“选择港”(Optional Ports)的办法，以便装船后选定其中某港口卸货。规定选择港是国际贸易中的习惯做法，在出口业务中，可根据国外客户的实际需要和我国运输可能，考虑接受。但核算售价须以运费最高的港口为基础，选择港必须以同一航线班轮的寄航港为限，并应明确选港附加费(Optional Additionals，Optional Charges)由买方负担，规定“选择港”的港口数目不得超过 3 个。托运人必须在船舶到达第一个港口前通知船方确定的卸货港口，否则船方有权在任一备选港卸货。

在合同中规定选择港的方法如下：

CIF 伦敦/汉堡/鹿特丹，任选。选港附加费由买方负担。

CIF London/Hamburg/Rotterdam optional. Optional charges for buyers account.

或：

CIF London，Optional Hamburg/Rotterdam. Optional additionals for buyers account.

(四) 在确定目的港或目的地时，以下问题应予重视

1. 必须明确、具体，一般不要使用“欧洲主要港口”(European Main Ports，EMP)、“非洲主要港口”(African Main Ports，AMP)等笼统的规定方法。这是因为，

国际上对此并无统一解释，而且不同港口或地点的装卸条件、运杂费用也可能有极大差别；有的港口可能不是班轮经常停靠的港口，专门派船可能有困难，或者在经济上成本过高。有的目的地可能运输条件不具备或设施很差，或者费用过于昂贵，因而有可能造成经济损失，甚至导致履约困难与不必要的纠纷和争议。

2. 合同规定以海上运输方式交运的交易，货物运往的目的港无直达班轮或航次很少的，合同中应规定允许转运的条款，如“允许转运(转船)”。

3. 目的港必须是船舶可以安全停泊的港口。应没有战争或武装冲突；否则，可能租船、定舱都会发生问题，承运人拒绝承运，保险公司拒绝承保。

4. 对内陆国家的贸易，而又采用 CIF 或 CFR 条件的，一般应选择距离该国最近的、我们能够安排船舶的港口为目的港。在采用多式联合运输情况下，除非联运承运人确能接受全程运输，一般也不可接受以内陆城市为目的地。

5. 在规定目的港时，还应注意重名问题。世界各国城市重名的很多。例如维多利亚(Victoria)港，全世界共有 12 个；的黎波里(Tripoli)在地中海的 2 个沿海岸国家利比亚和黎巴嫩就各有 1 个；悉尼(Sydney)在澳大利亚和加拿大也各有 1 个；波特兰(Portland)、波士顿(Boston)在美国和其他国家都有同名港。因此，为了防止误解、发生错装错运，凡有重名的港口或城市应加注国名，在同一国家有同名港或城市的，则还须加注其在所在国的部位。

三、分批装运和转运

分批装运(Partial Shipment)和转运(Transshipment)直接关系到买卖双方的利益。因此，往往是进出口合同中的重要内容，需要在交易磋商时即予确定。

(一)分批装运

分批装运又称分期装运(Shipment by Installment)，是指一个合同项下的货物先后分若干期或若干次装运。在国际贸易中，凡数量较大，或受货源、运输条件、市场销售或资金的条件所限，有必要分期分批装运到货者，均应在买卖合同中规定分批装运条款。如为减少提货手续次数，节省时间和费用，在进口业务中要求国外出口人一次装运货物的，则应在进口合同中规定不准分批装运(Partial Shipment，not Allowed)条款。

对于总数量庞大的货物，通常卖方和买方都会比较欢迎分批装运。这是因为，对一般的进口企业来讲，超大批量货物一次到货尽管能够减少办理报关等手续的次数和时间，但是很可能会产生仓储空间不够和额外租赁仓库成本等更突出的物流问题；此外，且大批量一次到货还会造成市场供应量骤增，市场价格也会遭受打压。

一般来说，允许分批装运和转运对卖方来说比较主动(明确规定分期数量者除外)，根据《跟单信用证统一惯例》(国际商会第600号出版物，UCP600)规定，除非信用证作出相反规定，可准许分批装运。但是，如果信用证规定不准分批装运，卖方就无权分批装运。因此为防止误解，如需要分批装运的出口交易，应在买卖合同中对允许分批装运(Partial Shipment to be Allowed)作出明确规定。

规定允许分批装运的方法主要有两种：一是只原则规定允许分批装运，对于分批的时间、批次和数量均不作规定；二是在规定分批装运条款时具体列明分批的期限和数量。前者对卖方比较主动，可根据客观条件和业务需要灵活掌握，后者对卖方的约束较大，按UCP600规定，如信用证规定在指定的时期内分期支款及/或装运，而任何一期未按期支款及/或装运，除非信用证另有规定，信用证对该期及以后各期均告失效。所以，在出口业务中接受此项条款，要慎重考虑货源和运输条件的可能性。

UCP600关于分批装运的规定

UCP600第31条关于分批装运的规定如下：

a. 除非信用证另有规定，允许分批装运。

b. 表明使用同一运输工具并经由同次航程运输的数套运输单据在同一次提交时，只要显示相同目的地，将不视为分批装运，即使运输单据上表明的装运日期不同或装货港、接管地或发运地点不同。如果交单由数套运输单据构成，其中最晚的一个装运日将被视为装运日。

含有一套或数套运输单据的交单，如果表明在同一种运输方式下经由数个运输工具运输，即使运输工具在同一天出发运往同一目的地，仍将被视为分批装运。

(二)转运

根据UCP600第19条、第20条、第21条、第23条、第24条的规定，转运是指在信用证规定的运输起点到终点的运输过程中，货物从一个运输工具上卸下再装上另一运输工具的行为。货物在中途转运，容易受损和散失，也可能会延迟到达目的地的时间，但在无直达运输工具的情况下，转运就不可避免。因此，有必要在买卖合同中规定是否允许转运，有时还要规定在何地和以何种方式转运的条款。但是，随着运输工具的不断改进和大型化，集装箱船、滚装船、母子船的不断涌现，以及各种新的运输方式的广泛运用，转运在实际业务中几乎已成为经常发生的现象，并成为能被各国贸易界人士接受的事实。因此，UCP600对于转运的限制相对来说是较为宽松的。首先，根据UCP600的规定，除非信用证规定禁止分批装运和转船，否则可准许分批装运和转船。其次，UCP600规定，在联合运输、空运、公路、铁路或内陆运输中，只要有关运输单据包括全程运输，则运输单据可以注明货物即将被转运或可以被转运。并且，即使信用证不准转运，银行也可接受表明转运或将予转运的运输单据。

在海运中，只要有关运输单据包括全程运输，则运输单据可以注明货物即将被转运或可以被转运。并且，即使信用证不准转运，只要海运货物是由集装箱、拖车等运输，银行也可接受表明转运或将予转运的运输单据。也就是说，UCP600 对（当代一般情况下）海运中的“禁止转运”仅限于针对非集装箱货物的转运。

不过，鉴于并非所有的货款结算都使用信用证，按国外某些国家的合同法，如果买卖合同对分批装运和转船不做规定，则不等同于可以分批装运和转船。因此，为避免不必要的争议，应在合同中对此明确规定。

四、国际货物买卖合同中的装运条款

国际货物买卖合同中的装运条款通常包括交货时间、是否允许分批装运和转运，以及分批装运和转运的方式、方法、地点等内容。

以下是常用出口合同中的装运条款示例：

1. 10/11/12 月装运，允许分批和转运。

Shipment During Oct. /Nov. /Dec. ,with Partial Shipments and Transshipment Allowed.

2. 2017 年 1/2 月分两批装运。

Shipment During Jan. /Feb. ,2017 in Two Lots.

3. 2017 年 1 月、9 月分两批大约平均装运。

Shipment During Jan. /Feb. , 2017 in Two about Equal Lots.

4. 3 月份装 500 公吨；4 月份装 700 公吨；5 月份装 1 000 公吨。

During Mar. 500 Metric Tons; During Apr. 750 Metric Tons; During May 1000 Metric Tons.

5. 装运：2017 年 1 月 31 日或之前使用集装箱装运。从青岛到美国长滩。运输分批装运，允许转船，不允许拼箱装运。

Shipment: Shipment with container load on or before Jan. 31, 2017. From Qingdao to Long Beach in USA. Allowing partial shipments & transshipment, the cargo cannot be consolidated with other people's products.

练习题

一、判断改错题

1. 航空货运单(Air Waybill)和海运提单一样都具有物权凭证的效用，也是可以

转让的。

2. 海运提单的签发日期一般是指货物开始装船的日期。

3. 班轮运费不包括装卸费，仅计算滞期费和速遣费。

4. 不清洁提单(Foul B/L)是指提单上存在涂改痕迹明显或污损的提单。

5. 提单的分类，如直达提单、转船提单等，直接看提单正面的标题是“Direct B/L”还是“Transshipment B/L”就能识别出。

二、案例分析题

1. 某A企业欲出口整箱货(68箱保温杯)，货代公司派卡车运一只空的20英尺集装箱到A企业厂区，由A企业自行装箱，装箱完毕后A企业职员自行关门并加施船公司所给的一次性塑料插销锁，装船后船公司签发已装船清洁提单。货物到境外后，收货人核对提单上的插销锁封志号无误后开启集装箱，发现4个纸箱上有明显的被硬物撬破的痕迹，殃及几个保温杯因此轻度变形，但杯子数量没有少。请问：之前签发过清洁提单的船公司是否有责任？为什么？

2. 我国某外贸公司以FOB青岛条件与我国香港的H公司成交化肥一批，H公司即转手以CIF条件将货物转手售予泰国某公司。H公司在信用证中规定：价格条件为FOB青岛，目的港为泰国林查班，提单上必须注明“Freight Prepaid”。请问：这其中有何对我方外贸公司不利的地方？外贸公司应该怎样做？

第七章　国际货物运输保险

国际贸易中，货物往往需要经过长途运输。在运输、装卸和存储过程中，货物有可能遇到各种风险和遭受各种损失。为了保障货物在遭受损失时能得到经济上的补偿，买方或卖方就需要办理货物的运输保险。

国际货物运输保险是指保险人(通常指保险公司)与被保险人订立保险合同，在被保险人交付约定的保险费后，保险人根据保险合同的规定，当被保险货物遭遇承保责任范围内的风险而受到损失时，按保险金额及损失程度，承担赔偿责任。

第一节　货运保险理论基础

国际上的保险业务一般分为财产保险、责任保险、信用保险和人身保险四类。鉴于保险有分业经营原则(是指同一保险公司不得同时兼营财产保险业务和人身保险业务)，所以一般均将国际货物运输保险划归财产保险的范畴。

一、货运保险的基本原则

投保人和保险人之间签订的货运保险合同，其内容条款规定应遵循一定的法理原则。

(一)可保利益原则

可保利益原则是保险的基本原则之一，是指投保人或被保险人必须对保险标的具有可保利益，才能同保险人订立有效的保险合同，如果投保人或被保险人对保险标的没有可保利益，则他们同保险人所签订的保险合同是非法的、无效的合同。这条原则的确立主要是为了防止发生投保人通过恶意牺牲他人的标的利益而获益的道德风险发生，在人身保险和普通财产保险领域都有这条基本原则。

国际货物运输保险同其他保险一样，要求被保险人必须对保险标的具有保险利益。但需要指出的是：国际货运保险并不像人身险那样要求被保险人在投保时便具有保险利益，它只要求在保险标的发生损失时必须具有保险利益，这是由国际贸易的特点决定的。例如，在使用FCA、FOB、CFR、CPT条件达成交易时，由买方办理保险，但货物风险的转移是以货物越过装运港船舷或在出口国发货地或装运地交给承运人为界。显然，货物在置于船上或交付承运人风险转移之前，买方并无保险利益。若硬性规定投保人在投保时就必须具有保险利益，则无法按上述贸易术语达成合同。因此，在国际货运保险中，投保人在投保时并不要求一定具有保险利益，只要有预期的保险利益也可允予投保，但保险仅在投保人具有保险利益时才真正生效。

（二）最大诚信原则

保险的最大诚信原则来源于海上保险。海上保险人在签订保险合同时，往往远离船、货所在地，对保险标的一般不作实际查看，仅凭投保人的说明来承保，因此特别强调投保人在作说明时要实事求是。在诚信的基础上所订立的契约才是有效的。若一方欺骗另一方，则另一方可宣布契约无效。这项原则主要是针对被保险人的，但是，如果投保人在不知情的情况下，对于遭受损失的货物进行投保，只要投保人能举证确实当时不明情况，保险公司也应赔偿。

（三）损失补偿原则

损失补偿原则是指当保险标的发生保险责任范围内的损失时，保险人应按照保险合同条款的规定履行赔偿责任，但保险人的赔偿金额不能超过保险单的保险金额或被保险人遭受的实际损失，保险人的赔偿不应使被保人获得额外的经济利益（为防止道德风险产生）。所以，当保险标的发生保险责任范围内的损失时，保险人在对被保人理赔时应遵循以下几点原则：

1. 赔偿金额不能超过保险金额，也不能超过实际损失。

2. 被保险人必须对保险标的具有可保利益，同时赔偿金额也以被保险人在保险标的中所具有的保险利益金额为限。

3. 被保险人不能通过保险赔偿而得到额外利益。即保险的赔偿是使被保险人在遭受损失后，经过补偿能恢复到他在受损前的经济状态，而不应使被保险人通过补偿来获得额外利益。

（四）近因原则

近因原则是保险理赔工作必须遵循的一项基本原则，也是在保险标的发生损失时，用来确定保险标的所受损失是否能获得保险赔偿（是否属于保险责任范围）的一项重要依据。

近因原则是指保险人只对承保风险与保险标的损失之间有直接因果关系的损失负赔偿责任，而对保险责任范围以外的风险造成的保险标的损失不承担赔偿责任。

实际业务中，造成损失的原因是多种多样的，而一般可以从以下两个方面来进行分析：

1. 只有一个单独的损失原因，且又在保险人的承保范围内，这一原因就是损失的近因，保险人应负责赔偿。

2. 如果造成损失的原因是两个或两个以上，就应作具体分析：①造成损失的多个原因都在保险人的承保范围内，则保险人应负责赔偿；②如果多个损失原因，既有承保范围内的，又有承保范围外的，则需区别对待。如前面的原因是承保范围内的，而后面的原因是承保范围外的，但它与前面的原因之间有必然的关系，则前面的原因是近因，保险人要负责赔偿。如前面的原因不在承保范围内，后面的原因在承保范围内且后面的原因是前面的原因的必然结果，那么前面的原因不是近因，保险人无须负责赔偿。

（五）利益转让原则

利益转让是指将保险标的利益从一方转到另一方手中。在货物运输保险中，利益的转让一般都通过转让保险单的形式来实现。保险利益一经转让，转让人所持有的以他为利益方的保险单权利也同时让给受让人。由于运输货物的流通性很大，保险单可办理转让手续而无须得到保险公司的同意，无疑便利了贸易各方。

（六）重复保险的分摊原则

如果被保险人以同一保险标的物向两家或两家以上的保险公司投保了相同的保险，在保险期限相同的情况下，其保险金额的总和超过该保险标的可保价值，称为重复保险。在重复保险的情况下，当保险标的发生损失时，为了防止被保险人获得双重赔偿，根据保险赔偿原则，将保险标的的损失在各保险人之间进行分摊。

（七）代位求偿原则

代位求偿原则是指保险公司在履行了赔偿责任后获得代位求偿权，被保险人取得了保险赔偿后，有义务将根据法规或合同所享有的向责任方（例如有过错的承运人）要求损害赔偿的权利转让给保险人，之后保险公司可向责任方提出索赔。

二、海运货物保险的承保范围

在国际货物运输保险中，保险人是按照不同险别（包括风险）所造成的损失和费用来承担赔偿责任的。在保险业务中，风险与损失、费用与险别之间有着密切的联系。

（一）风险的分类

1. 海上风险（Perils of the Sea）

海上风险又称海难，是指海上发生的自然灾害和意外事故，海上风险对所有货物都可能造成影响。

（1）自然灾害（Natural Calamities）。自然灾害是指由于自然界变异而产生的具有破坏力量的现象，它不以人的意志为转移，如雷电、暴风雨、海啸、地震、洪水等。

（2）意外事故（Fortuitous Accidents）。意外事故是指由于偶然的难以预料的原因造成的事故，包括船舶搁浅、触礁、沉没、碰撞、火灾、爆炸和船舶失踪等。

此外，按照国际保险市场的一般解释，海上风险并非局限于海上发生的灾害和事故。那些与海上航行有关的发生在陆上或海陆、海河或驳船相连接之处的灾害和事故，如地震、洪水、火灾等，对于海运货物保险来说，这些风险是伴随海上航行而产生的，且危害往往很大，为了适应被保险人的需要，在长期实践中，逐渐地把它们也列入海运货物保险承保范围之内，故法理上也属于海上风险。而对货物原有的缺陷、发货人故意造成的损失、商品的特性、货物的自然损耗以及运输延迟等原因导致的损失不包括在海上风险内。

近年来航运业发生的海上风险事故列举

2018年5月31日，阳明海运公司的一艘名为“YM EFFICIENCY”的集装箱船因遭遇恶劣天气，在澳大利亚纽卡斯尔附近海域发生集装箱落海事故，83个货柜坠海，26个挤压变形损坏，船期严重延误。部分集装箱打捞费用预估过高，便长期留在海底。

2016年9月19日，一艘载有危险货品的集装箱船“万海307”号由中国台湾高雄开往中国香港。行至香港水域外时，集装箱突然起火及爆炸，火势迅速蔓延至甲板上多个集装箱，浓烟冲天。船员向集装箱喷水自行救火，火势得以控制，没有迅速向其他区域蔓延，但是明火没有完全熄灭。船员评估后认为该船仍然可以航行，遂继续以时速约17海里驶向香港，同时向海事处求救。该货轮并非首次遇险，2007年该船在日本伊豆对开水域曾与另一艘货船相撞，船尾严重受损变形，大量集装箱坠海。

2007年7月8日，“新南泰88”号轮船第0729航次从上海挂靠宁波到广东黄埔。当天停靠宁波港时，为提高船舶稳定性而于下午4:30开始加注压舱水。傍晚5:00发现一货舱进水，估计是装箱时将货舱底打出洞所致，最大浸水高度达一个整集装箱高度。经核查，确认有16个集装箱受到浸泡。

2. 外来风险(Extraneous Risks)

外来风险是指由于海上风险以外的其他外来原因引起的风险，外来风险只对特定货物造成影响。外来风险具体可以分为三种：

(1)一般外来风险(General Extraneous Risks)。一般外来风险包括偷窃、雨淋、短量、渗漏、破碎、串味、受潮、受热、钩损、碰损和生锈等外来原因引起的风险。

(2)特别外来风险。主要是指交货不到、进口关税、黄曲霉素超标、舱面的货物损失、被拒收等外来原因所引起的风险。

(3)特殊外来风险(Special Extraneous Risks)。主要是指运输过程中由于军事和政治因素、国家政策法令变动等外来原因造成的风险和损失,包括战争、罢工等。

值得说明的是,由于集装箱在当代班轮运输中的大量使用,以前对件杂货海运构成重大威胁的一般外来风险,多数在今天已经难以对普通集装箱货物形成威胁了(但如串味、渗漏等风险除外)。

(二)损失的范畴和分类

从事海上货运贸易不可避免会遭遇海上风险,风险发生不一定会导致所投保的货物发生损失。如果货物发生损失,保险公司理赔前将通过查询海事记录等档案确定该损失是否由该险种承保范围内的风险所引起。

1. 全部损失(Total Loss)

被保险货物在运输过程中遭遇风险而导致货物实际全部灭失或构成推定全部灭失即为全部损失,简称全损。它分为实际全损(Actual Total Loss)和推定全损(Constructive Total Loss)两种。

(1)实际全损

实际全损又称绝对全损,是指被保险货物在物质意义上完全灭失,或已失去使用价值或原有用途。

构成保险标的的实际全损有以下四种情况:①被保险货物的实体已经完全灭失;②被保险货物遭受严重损害,已丧失原有用途和价值,无法复原;③被保险人对被保险货物的所有权已无可挽回地被完全剥夺;④载货船舶失踪并达到一定期限(6 个月)仍杳无音信。

例如,船及货物全部沉入海底、船只被盗且货物被占、货物被海水浸湿并已完全失去使用价值等情形均可视为实际全损。

(2)推定全损

推定全损是指货物发生保险事故后,实际全损已经不可避免,或者为了避免发生实际全损所需支付的费用与继续将货物运抵目的地的费用之和超过保险价值。这种情况下,被保险货物的损失还未达到实际全损程度,被保险人既可以要求保险人按照部分损失对损失进行赔偿,也可以要求保险人按照实际全损的赔偿方法对损失全额赔偿。

如果要求全额赔偿,被保险人必须将具有残存价值的被保险货物的全部权利和义务都转让给保险人,才可以要求保险人全额赔偿,这就是委付。委付一经保险人接受,不得撤回。

当被保险人要求作推定全损赔偿时,必须向保险人发出“委付通知”(Notice of Abandonment),经保险人同意后才能作全部损失处理。如果被保险人不提出委付通知，那么货物只能按照部分损失进行赔偿；当被保险人提出委付通知并得到保险人的接受后，则被保险货物将得到全部损失的赔偿，而残损货物的权利和义务也将全部转让给保险人。

例如，汽车运往销售地销售，每辆售价为 10 000 美元。途中船舶遇险，导致货物遭受严重损失。如要修复汽车，所需修理费用加上继续运往目的地费用，每辆车将超过 10 000 美元。此时，被保险人有权要求保险公司按投保金额予以全部赔偿，并将残损汽车交保险公司处理。

2. 部分损失(Partial Loss)

部分损失是指货物的损失没有达到上述全部损失的程度。按损失产生的原因不同，部分损失又可分为共同海损(General Average，G. A.)和单独海损(Particular Average，P. A.)两种。

(1)共同海损

共同海损是指载货的船舶在海运途中遇到灾害、事故，威胁到船、货的共同安全，为了解除这种威胁，维护船、货的安全或者使航程得以继续完成，由船方有意识地、合理地采取措施所作出的某些特殊牺牲(如抛货)或支出某些额外费用(如雇用拖轮牵引搁浅的船舶)。共同海损范围既包括货物的损失，又包括因采取共同海损措施而引起的费用损失。

构成共同海损必须具备以下条件：

第一，船方在采取紧急措施时，必须确有危及船、货的共同危险存在，且风险是不可避免地发生的，而不是主观臆测的。

第二，共同海损的危险必须是危及船、货各方共同安全的，采取的措施是为了解除船、货的共同危险。若是仅为维护船舶一方或货物一方的利益而采取措施所造成的损失，则不能视为共同海损。

第三，共同海损的牺牲必须是有意识的、合理的行为所致，其支出的费用是额外的，且作出的牺牲和支出的费用是有效果的。

第四，共同海损的损失必须是共同海损措施的直接结果，即损失是由解除危险的措施造成的，而不是由风险本身造成的。

共同海损的牺牲和费用支出都是为了使船舶、货物和运费免于损失，因而应该由全体受益方，即船方、货方、运费收入方按最后获救的价值多寡，共同按比例分摊，这种分摊称为共同海损分摊(General Average Contribution)；然后各方再向各自的保险人索赔。共同海损分摊涉及的因素比较多，一般均由专门的海损理算机构进行理算。

(2)单独海损

单独海损是指在海上运输中因遇险及其他意外事故而发生的不能列入共同海损

的部分损失。单独海损涉及船舶或货物物权所有人各自的单方面的利益损失，而这部分损失不属于共同海损，并不涉及其他方。同时，单独海损仅指保险标的本身的损失，不包括由此而引起的费用损失。例如，载货船舶在海上航行遇到风浪，海水入舱造成部分货物受损；又如，某公司装运 100 箱货物出口，在运输途中，有 10 箱货被船上水管流出的热水浸泡损坏。类似这样的损失可称为单独海损。

（三）海上费用的概念和分类

货物遭遇保险责任范围内的事故，除了能使货物本身受到损毁外，还会产生费用方面的损失，即海上费用。这种费用，保险公司在责任范围内也予以赔偿。由海上风险所造成的费用损失主要有施救费用（Sue and Labour Expenses）和救助费用（Salvage Charges）。

1. 施救费用

施救费用是指被保险货物在遭遇承保责任范围内的灾害事故时，被保险人或其代理人与受让人为了避免或减少货物损失，采取各种抢救措施所支出的合理费用。

我国和其他世界各国的保险法规或保险条款一般都规定：保险人对被保险人所支付的施救费用应承担赔偿责任，赔偿金额以不超过该批货物的保险金额为限。

我国《海商法》第 240 条有下列规定："被保险人为防止或者减少根据合同可以得到赔偿的损失而支出的合理费用，应当由保险人在保险标的赔偿之外另行支付。"但如上所述，保险标的赔偿与施救费用之和不能超过保险金额。

构成施救费用的条件如下：

（1）对保险标的进行施救的必须是被保险人或其代理人或受让人，其目的是为了减少标的物遭受的损失。其他人采取此项措施必须是受被保险人的委托；否则，不视为施救费用。

（2）保险标的遭受的损失必须是保单承保风险造成的；否则，被保险人对其进行抢救所支出的费用，保险人不予承担责任。

（3）施救费用的支出必须是合理的。

2. 救助费用

救助费用是指被保险货物遭受承保范围内的灾害事故时，由保险人和被保险人以外的第三者采取救助措施并获成功，由被救方付给救助方的一种报酬。救助费用一般可列为共同海损的费用项目，因为通常它是在船、货各方遭遇共同危难的情况下，为了共同安全由其他船舶前来救助而支出的费用。

在海上救助中，救助人与被救助人之间明确双方的权利与义务，一般都在救助开始之前或在求救的过程中订立救助合同（口头的或书面的）。

长期以来，在国际海上救助中普遍采用的救助合同格式是以英国的"无效果，无报酬”为原则的“劳合社救助合同标准格式”。但联合国国际海事组织于1989年4月主持召开的外交会议上通过的《1989年国际救助公约》中，对救助报酬的问题也作了若干新的规定，大意如下：如果救助人对危及环境的船、货（如油轮）所进行的救助没有效果，按规定虽然得不到救助报酬，但救助人对其在救助中所支出的费用，有权要求被救船舶船东给予特别补偿。

施救费用和救助费用的区别

施救费用和救助费用的区别主要有以下四点：

(1)采取行为的主体不同。救助是由保险人和被保险人以外的第三者实施的。

(2)给付报酬的原则不同。施救费用是施救不论有无效果都予以赔偿；救助则是在大部分情况下如果救助无效果，则无报酬。

(3)保险公司的赔偿责任不同。

(4)救助行为一般总是会与共同海损联系在一起，而施救行为并非如此。

第二节　中国海洋货物运输险的险种

在我国，进出口货物运输最常用的保险条款是《中国保险条款》(China Insurance Clause，CIC)，该条款由中国人民财产保险股份有限公司（简称“中国人保”，PICC）制定，中国人民银行及中国保险监督管理委员会（现为中国银保监会）审批颁布。《中国保险条款》(CIC)按运输方式来分，有海洋、陆上、航空和邮包运输保险条款四大类。对某些特殊商品，还配备海运冷藏货物、陆运冷藏货物、海运散装桐油及活牲畜、家禽的海陆空运输保险条款。以上八种条款，投保人可按需选择投保。在此重点介绍CIC海洋货物运输保险条款（2009年修订版）。

我国国内当前规模较大的（非外资）海运保险公司有中国人民财产保险股份有限公司、中国平安财产保险股份有限公司、中国太平洋财产保险股份有限公司、亚太财产保险有限公司等。这些公司大多使用《中国保险条款》(CIC)，或以《中国保险条款》为基础制定自己公司的保险条款。

值得注意的是，这些险种承保范围是在以前件杂货班轮运输占主体的大环境下制定的。而如今的班轮多数是集装箱化运输，班轮运输货物出险（尤其是部分损失）的特点和概率与以前相比有较大差异，例如，淡水雨淋和碰损破碎的发生概率大为降低。

一、承保责任范围

货物运输保险的险别按照能否单独投保，可以分为基本险和附加险。基本险可以单独投保，附加险不能独立投保，只有在投保某一种基本险的基础上才能加保附加险。

（一）基本险

基本险又称主险。我国海洋货物运输保险条款包括三种基本险别，即平安险（Free from Particular Average，FPA）、水渍险（With Particular Average，WPA 或 WA）和一切险（All Risks）。

1. 平安险的承保责任范围

（1）被保险货物在运输途中由于恶劣气候、雷电、海啸、地震、洪水等自然灾害，造成整批货物的全部损失或推定全损。当被保险人要求赔付推定全损时，须将受损货物及其权利委付给保险人。被保险货物用驳船运往或运离海轮的，每一驳船所装的货物可视作一个整批。推定全损是指被保险货物的实际全损已经不可避免，或者恢复、修复受损货物以及运送货物到原订目的地的费用超过该目的地的货物价值。

（2）由于运输工具遭受搁浅、触礁、沉没、互撞、与流冰或其他物体碰撞以及失火、爆炸等意外事故造成货物的全部或部分损失。

（3）在运输工具已经发生搁浅、触礁、沉没、焚毁等意外事故的情况下，货物在此前后又在海上遭受恶劣气候、雷电、海啸等自然灾害所造成的部分损失。

（4）在装卸或转运时由于一件或数件整件货物落海造成的全部或部分损失。

（5）被保险人对遭受承保责任内危险的货物采取抢救、防止或减少货损的措施而支付的合理费用，但以不超过该批被救货物的保险金额为限。

（6）运输工具遭遇海难后，在避难港由于卸货所引起的损失以及在中途港、避难港由于卸货、存仓以及运送货物所产生的特别费用。

（7）共同海损的牺牲、分摊和救助费用。

（8）运输契约如订有“船舶互撞责任”条款，根据该条款规定应由货方偿还船方的损失。

概括来讲，平安险的承保责任范围的准确理解更倾向于其英文名称（Free from Particular Average，FPA），本意为对单独海损不承担赔偿责任。平安险是《中国保险条款》（CIC）三种基本险中承保范围最小的险种，平安险对于意外事故造成的全部或部分损失都予以赔付。自然灾害造成的全部损失也属于承保范围；而自然灾害造成的部分损失须满足一定条件，保险公司方予以赔付。

2. 水渍险的承保责任范围

除包括上列平安险的各项责任外，水渍险还负责被保险货物由于恶劣气候、雷电、海啸、地震、洪水等自然灾害所造成的部分损失。

在以前的件杂货班轮上，一些货物如钢管、钢筋、塑料制品等有时难免会被海浪打湿，形成一定的水渍(或海水盐渍形成锈斑)影响销售，水渍险由此得名。但是，对于该险种的准确理解，也需要把握其英文表达(With Particular Average，意为包括单独海损)。譬如，如果是船舶内部的淡水管道漏水造成的水渍受潮，就不属于水渍险的承保范围。

3. 一切险的承保责任范围

除包括上列平安险和水渍险的各项责任外，一切险还负责被保险货物在运输途中由于一般外来原因所致的全部或部分损失。一切险是保险人对保险标的物遭受特殊附加险以外的其他原因造成的损失均负赔偿责任的一种保险。一切险的保险责任是三个基本险当中最大的，因此针对同批货物而言，其保险费率相对也最高。

(二)基本险除外责任

CIC 海洋货物运输保险条款对下列损失不负赔偿责任：

1. 被保险人的故意行为或过失所造成的损失。

2. 属于发货人责任所引起的损失。

3. 在保险责任开始前，被保险货物已存在的品质不良或数量短差所造成的损失。

4. 被保险货物的自然损耗、本质缺陷、特性以及市价跌落、运输延迟所引起的损失或费用。

5. 中国人民保险公司 PICC 海洋货物运输战争险条款和货物运输罢工险条款规定的责任范围和除外责任。

(三)附加险

附加险别是对 CIC 海运基本险别责任的扩大和补充，附加险别有一般附加险和特殊附加险。一般附加险所承保的是由于一般外来风险所造成的全部或部分损失，险别有 11 种，包括偷窃、提货不着险，淡水雨淋险，短量险，渗漏险，混杂沾污险，碰损破碎险，串味险，受潮受热险，钩损险，包装破裂险，锈损险。被保险人应当根据自己货物的自然属性以及货物包装的特性，确定自己货物的重点风险可能，来投保适当的附加险种。

特殊附加险包括交货不到险、进口关税险、舱面险、出口货物到港九或澳门存仓火险责任扩展条款、罢工险、海运战争险等。

二、承保责任的起讫期限

(一)基本险的责任起讫期限

平安险、水渍险和一切险的承保责任的起讫期限采用“仓至仓条款”。除特别指明外，通常的附加险的承保责任起讫期限也适用“仓至仓条款”。

根据国际保险市场的习惯做法，CIC 海洋货物运输保险条款规定的基本险保险责任起讫期限为“仓至仓条款”（Warehouse to Warehouse Clause，简称 W/W Clause）。即规定保险公司对被保险货物所承担的保险期限为：自被保险货物运离保险单所载明的起运地仓库或储存处所开始运输时生效，包括正常运输过程中的海上、陆上、内河和驳船运输在内，直至该项货物到达保险单所载明目的地收货人的最后仓库或储存处所或被保险人用作分配、分派或非正常运输的其他储存处所为止。

如未抵达上述仓库或储存处所，则以被保险货物在最后卸载港全部卸离海轮后满 60 天为止。如在上述 60 天内被保险货物需转运到非保险单所载明的目的地时，则以该项货物开始转运时终止。

海运冷藏货物险承保责任的起讫期限也基本适用“仓至仓条款”。但不同之处在于：冷藏险保险责任自被保险货物运离保险单所载起运地点的冷库，装入运送工具（如卡车）开始运输时生效，包括正常运输过程中的海上、陆上、内河和驳船运输在内，直至该项货物到达保险单所载明的最后卸载港 30 天内卸离海轮，并将货物存入岸上冷藏库后继续有效。但以货物全部卸离海轮时起算满 10 天为限。在上述期限内货物一经移出冷库，则责任即行终止，如卸离海轮后不存入冷库，则责任至卸离海轮时终止。

由于被保险人无法控制的运输延迟、绕道、被迫卸货、重新装载、转载或承运人运用运输合同赋予的权限所作的任何航海上的变更或终止运输契约，致使被保险货物运到非保险单所载明目的地时，在被保险人及时将获知的情况通知保险人并在必要时加交保险费的情况下，本保险仍继续有效，保险责任按下列规定终止：

1. 被保险货物如在非保险单所载明的目的地出售，保险责任至交货时为止，但不论任何情况，均以被保险货物在卸货港全部卸离海轮后满 60 天为止。

2. 被保险货物如在上述 60 天期限内继续运往保险单所载原目的地或其他目的地时，仍以运达原计划仓库时间为保险责任终止时间。若收货人提货后，并不运往仓库，就对货物进行分配、转运等，则保险责任终止于分配、转运之时。

（二）海运战争险的起讫期限

海运战争险的承保责任的起讫期限采用“岸至岸条款”。

战争险的责任起讫与基本险的责任起讫不同，不采用“仓至仓条款”，其责任起讫期限仅限于水上危险。它规定保险责任从货物装上保险单上所载明的启运港的海轮或驳船时开始，直到卸离保险单上所载明的目的港海轮或驳船为止。如果货物不卸离海轮或驳船，则保险责任最长延至货物抵达目的港之当日午夜起算满 15 天为止。如在中途港转船，则不论货物在当地卸载与否，保险责任以海轮抵达该港或卸货地点的当日午夜起算满 15 天为止；待货物再装上续运的海轮时，保险公司仍继续负责。

（三）罢工险的责任起讫

罢工险承保责任起讫采用“仓至仓条款”。

（四）扩展保险期限规定

被保险人可以要求扩展保险期限。例如，我们对某些内陆国家的出口业务，如在港口卸货转运内陆，无法按保险条款规定的保险期限在卸货后60天内到达目的地时，即可申请扩展，经保险公司出具证明予以延长，但需加收一定的保险费。但是，在办理扩展责任时，必须注意，在买卖合同的保险条款中对扩展期限和扩展地点应作出明确、具体的规定。对于没有铁路、公路、内河等正常运输路线的地区，除非事先征得保险公司同意，一般不能规定扩展保险责任，对于散装货一般也不办理扩展责任。

我国的空运、陆运货物保险简介

根据《中国保险条款》(CIC)，适用于陆上、航空的险别主要有以下几种：

一、陆上货物运输保险

根据陆上货物运输保险条款（火车、汽车）(PICC 2009版)，陆运保险的基本险别有陆运险(Overland Transportation Risks)和陆运一切险(Overland Transportation All Risks)。另外制定的陆运冷藏货物的专门险别——陆上运输冷藏货物险，也属于基本险。在投保陆运基本险的基础上，还可以根据情况，加保附加险。附加险与海运货物保险一样，分为一般附加险和特殊附加险。例如，陆上货物运输战争险（火车）就是一种特殊附加险。

（一）陆运险的承保范围

这个险别类似于海运保险中的“水渍险”。保险公司负责赔偿被保险货物在运输途中遭受自然灾害或由于陆上运输工具（仅限于火车和汽车）遭受碰撞、倾覆或出现出轨以及驳船在驳运过程中因遭受搁浅、触礁、沉没、碰撞，或由于遭受隧道坍塌、崖崩或失火、爆炸等意外事故所造成的全部或部分损失。此外，被保险人对遭受承保责任内风险的货物采取抢救，防止或减少货损而支付的合理费用，在不超过该批被救助货物保险金额的条件下，保险公司也负责赔偿。陆运险的承保范围不包括附加险。

（二）陆运一切险的承保范围

这种陆运险别的责任范围相似于海运保险中的“一切险”。即保险公司除承担上述陆运险的赔偿责任外，还负责货物在运输途中由于外来原因造成的全部或部分损失，即包括一般附加险。

此外，还有冷藏货物险，也具有基本险的性质，其责任范围除包括陆运险的责任外，还负责赔偿由于冷藏设备在运输途中损坏而导致货物变质的损失。

（三）陆上货物运输保险的除外责任

1. 被保险人的故意行为或过失所造成的损失；

2. 属于发货人责任所引起的损失；

3. 在保险责任开始前，被保险货物已存在的品质不良或数量短差所造成的损失；

4. 被保险货物的自然损耗、本质缺陷、特性以及市价跌落、运输延迟所引起的损失或费用；

5. PICC 陆上货物运输战争险条款和货物运输罢工险条款规定的责任范围和除外责任。

（四）陆上货物运输保险责任起讫期限

陆运险的责任起讫期限也采用"仓至仓条款"。保险人的责任自被保险货物运离保险单所载明的起运地仓库或储存处开始生效，包括正常陆运及有关水上驳运，直至该货物运达保险单所载明的目的地收货人的仓库或储存处或被保险人用作分派、分配的其他储存处所为止。如未运抵上述仓库或储存处，则保险责任以被保险货物运抵最后卸载的车站满 60 天止。如在中途转车，不论货物在当地卸车与否，保险责任从火车到达中途站的当日午夜起满 10 天为止。如果被保险货物在 10 天内重新装车续运，则保险责任继续生效。

在投保陆上货运保险时，还可加保一种或若干种附加险。例如，陆运战争险（火车），是指承保直接由于战争、类似战争行为以及武装冲突所造成的损失。保险人的具体责任同海运战争险基本相似，即仅以铁路运输为限，其责任起讫不是"仓至仓条款"，而是以货物置于运输工具为限。加保陆运战争险时，保险人的责任起讫期限为自货物装上火车时开始，到在目的地卸离火车为止。如果被保险货物不卸离火车，保险责任则以火车到达目的地当日午夜起算，满 48 小时为止。

此外，陆上货物运输罢工险也是一种陆运附加险，其保险手续的办理也与海运货物罢工险相同，即在加保战争险的同时加保罢工险，不另收费；若仅要求加保罢工险，则按战争险费率收费。

二、航空货物运输保险

PICC 航空货物运输保险条款（2009 版）规定：航空货物运输保险分为航空运输险（Air Transportation Risks）和航空运输一切险（Air Transportation All Risks）两种主险。在两种主险的基础上，还可以加保航空货物运输战争险，这也是一种附加险。

（一）航空运输险

本险别负责赔偿：

1. 被保险货物在运输途中遭受雷电、火灾或爆炸或由于飞机遭受恶劣气候或其他危难事故而被抛弃，或由于飞机遭受碰撞、倾覆、坠落或失踪意外事故所造成的全部或部分损失。

2. 被保险人对遭受承保责任内危险的货物采取抢救，防止或减少货损的措施而支付的合理费用，但以不超过该批被救货物的保险金额为限。

（二）航空运输一切险

除包括上列航空运输险的责任外，该险别还负责被保险货物由于外来原因所致的全部或部分损失。

（三）除外责任

本险别对下列损失，不负赔偿责任：

1. 被保险人的故意行为或过失所造成的损失；

2. 属于发货人责任所引起的损失；

3. 保险责任开始前，被保险货物已存在的品质不良或数量短差所造成的损失；

4. 被保险货物的自然损耗、本质缺陷、特性以及市价跌落、运输延迟所引起的损失或费用；

5. PICC 航空货物运输战争险条款和货物运输罢工险条款规定的责任范围和除外责任。

（四）航空货物运输保险责任起讫期限

航空货物运输保险的保险责任起讫也采用“仓至仓条款”，即自被保险货物运离保险单所载明的起运地仓库或储存处所开始运输时生效，包括正常运输过程中的运输工具在内，直到该项货物运达保险单所载明目的地收货人的最后仓库或储存处所或被保险人用作分配、分派或非正常运输的其他储存处所为止。如未运抵上述仓库或储存处所，则保险责任以被保险货物在最后卸载地卸离飞机后满 30 天为止。如在上述 30 天内被保险的货物需转送到非保险单所载明的目的地时，则以该项货物开始转运时终止。

在投保航空运输险时，还可以加保战争险等附加险别。如果被保险货物不卸离飞机，战争险的责任起讫期限则以载货飞机到达目的地当日午夜起算满 15 天为止。

（五）航空货物运输战争险条款（2009 版）

1. 责任范围

本险别负责赔偿：

(1)直接由于战争、类似战争行为和敌对行为以及武装冲突所致的损失；

(2)由于上述第(1)款引起的捕获、拘留、扣留、禁制、扣押所造成的损失；

(3)各种常规武器，包括炸弹所致的损失。

2. 除外责任

本保险对下列各项不负赔偿责任：

(1)由于敌对行为使用原子或热核制造的武器所致的损失和费用；

(2)根据执政方、当权者或其他武装集团的扣押、拘留引起的承保航程的丧失和挫折而提出的任何索赔。

3. 责任起讫

本保险责任自被保险货物装上保险单所载起运地的飞机时开始，到卸离保险单所载目的地的飞机为止。如果被保险货物不卸离飞机，本保险责任最长期限以飞机到达目的地的当日午夜起算满 15 天为止。如被保险货物在中途港转运，保险责任以飞机到达转运地的当日午夜起算满 15 天为止，等装上续运的飞机后再恢复有效。

第三节 英国伦敦保险协会的《协会货物保险条款》

在国际保险业中，英国是一个保险产业历史较悠久的国家，它所制定的保险条款对世界各国影响很大。目前，世界上不少国家在海上保险业务中直接采用英国伦敦保险协会所制定的《协会货物保险条款》(Institute Cargo Clauses, ICC)。

《协会货物保险条款》最早制定于 1912 年。后来经过历次修订，伦敦保险协会于 2009 年元旦开始实施新的 ICC 保险条款。新条款共有六种险别，它们分别是：

1. 协会货物险条款(A)[Institute Cargo Clauses(A),ICC(A)]。
2. 协会货物险条款(B)[Institute Cargo Clauses(B),ICC(B)]。
3. 协会货物险条款(C)[Institute Cargo Clauses(C),ICC(C)]。
4. 协会战争险条款(货物)[Institute War Clauses (Cargo)]。
5. 协会罢工险条款(货物)[Institute Strikes Clauses (Cargo)]。
6. 恶意损害险条款(Malicious Damage Clauses)。

在六种险别中，ICC(A)、ICC(B)、ICC(C)是主险，协会战争险、协会罢工险和恶意损害险为附加险。前五种险都可以单独投保，第六种险(恶意损害险)不可以单独投保。恶意损害险在(A)险条款的承保责任范围内,在(B)、(C)险条款中被列为一般除外责任。

自我国加入WTO以来,不少外资保险公司陆续进入我国,其中经营海运保险业务的包括美国友邦(AIA)保险有限公司、东京海上日动火灾保险(中国)有限公司、美亚(AIG)财产保险有限公司、三星火灾海上保险公司等。这些外资保险公司一般默认使用《协会货物保险条款》承保。在我国进出口业务中,特别是以CIF条件出口时,有些国外商人会要求我国出口公司按伦敦保险协会ICC投保。

一、ICC(A)的承保风险与除外责任

由于ICC(A)的承保责任范围最为广泛,不便把全部承保风险一一列出,采用列出“除外责任”的方式,即除了除外责任外,其他风险损失均予负责,它大体上相当于CIC保险条款当中的一切险(All Risk)。ICC(A)的除外责任有下列四类。

(一)一般除外责任

一般除外责任包括:

1. 被保险人故意的不法行为所造成的损失或费用。

2. 由于保险标的的包装或配装不足或不当引起的无法承受运输中发生的通常事故而产生的灭失、损害和费用。这里的包装是指由被保险人或其受雇人完成的,或该包装(配装)系在保险责任开始之前完成。

3. 保险标的自然渗漏、重量或容量自然损耗或自然磨损。

4. 保险标的内在缺陷或特性所造成的损失和费用。

5. 由于船舶所有人、经营者、租船人破产或不履行债务造成的损失和费用。

6. 由于使用任何原子武器或热核武器造成的损失和费用等(此条系保护保险人条款,由于万一出险,破坏面巨大,如规定承保势必造成保险公司面临巨额赔偿而破产倒闭)。

(二)不适航、不适货除外责任

不适航、不适货除外责任是指被保险人在保险标的装船时已知该船已经不适航,以及船舶、运输工具、集装箱等不适货的情况。

(三)战争险除外责任

战争险除外责任包括:由于战争、内战、敌对行为等所造成的损失和费用;由于捕获、拘留、扣留等(海盗除外)所造成的损失;由于漂流水雷、鱼雷所造成的损失。

(四)罢工除外责任

罢工除外责任主要包括:由于罢工、被迫停工所造成的损失或费用;由于罢工者、被迫停工工人等造成的损失或费用;任何恐怖主义者或出于政治动机而行动的人所致

损失、费用。

二、ICC(B)的承保风险和除外责任

ICC(B)的承保责任范围小于ICC(A)，采用“列明风险”的方式，与CIC条款中的水渍险(WPA)比较，增加了船舶搁浅和倾覆、陆上运输工具倾覆或出轨、地震或火山爆发、浪击入海等条款，对不属于共同海损行为中的抛货责任和海水、湖水或河水进入船舶、驳船、运输工具的风险也可负责。

(一)ICC(B)的承保风险

ICC(B)的承保是采用“列明风险”的方式。其承保的风险如下所述：

1. 火灾、爆炸所造成的灭失和损害。
2. 船舶、驳船的触礁、搁浅、沉没、倾覆。
3. 陆上运输工具的倾覆或出轨。
4. 船舶、驳船或其他运输工具同除水以外的任何外界物体碰撞。
5. 在避难港卸货。
6. 地震、火山爆发或雷电。
7. 共同海损牺牲。
8. 抛货。
9. 浪击落海。
10. 海水、湖水或河水进入船舶、驳船、运输工具集装箱、大型海运箱或储存处所。
11. 货物在船舶或驳船装卸时落海或跌落，造成整件的全损。

(二)ICC(B)的除外责任

ICC(B)的除外责任除对“海盗行为”和恶意损害险的责任不负责外，其余均与ICC(A)的除外责任相同。

三、ICC(C)的承保风险和除外责任

ICC(C)的承保风险只包括“重大意外事故”(Major Casualties)的风险，采用“列明风险”的方式，主要包括：

1. 火灾、爆炸。
2. 船舶或驳船触礁、搁浅、沉没或倾覆。
3. 陆上交通工具倾覆和出轨。
4. 船舶、驳船或其他运输工具同除水以外的任何外界物体碰撞。
5. 在避难港卸货。
6. 共同海损牺牲。

7. 抛货。

ICC(C)比 CIC 中平安险(FPA)的责任范围小,采用"列明风险"的方式,它仅对"重大意外事故"(Major Casualties)风险负责,对非重大事故风险和 ICC(B)中的自然灾害风险均不负责。与 ICC(B)比较,免除了由于地震、火山爆发、雷电、浪击落海、海水、潮水或河水进入船舶、驳船、运输工具等造成的损失,以及货物在装卸时落海或跌落造成的整件全损等。

ICC(C)的除外责任与 ICC(B)完全相同。

ICC 三种基本险别(A)、(B)、(C)的保险责任起讫期限相同,仍然采用"仓至仓条款"。

四、ICC 战争险、罢工险和恶意损害险条款

ICC 战争险的保障期限仍采用"水上危险"原则("岸至岸条款")。同时,ICC 罢工险的保险期限与 ICC(A)、ICC(B)、ICC(C)的保险期限完全相同,也即采用"仓至仓条款"。

恶意损害险是 20 世纪后期增加的附加险别,承保除被保险人以外的其他人(如船长、船员等)的故意破坏行为所造成的被保险货物的灭失或损坏,但出于政治动机的人的行为则应属于罢工险的承保范围。恶意损害的风险在 ICC(A)中未列为除外责任,故应作为承保责任,但在 ICC(B)和 ICC(C)中均列为除外责任。因此,在投保 ICC(B)或 ICC(C)时,如欲取得这种风险的保障,应另行加保恶意损害险。

第四节 进出口货物运输保险投保和索赔

在进出口货物运输保险业务中,被保险人需要选择确定投保险别及保险金额、办理投保手续和交付保险费、领取保险单据以及在货损时办理保险索赔等。

一、确定投保险别及保险金额

(一)保险险别的选择

保险公司承担的保险责任是以投保的险别为依据的。对于不同的险别,保险公司承担的责任范围不同,保险费率也不同。因此投保人在确定投保险别时,应掌握两个原则:一是保障的充分性,即该投保的不漏保,否则在货物受损失时将得不到损失赔偿;二是保障的合理性,即不该投保的不投保,否则会造成浪费。具体来说,选择投保险别时应考虑下列因素:

1. 风险与损失的关系及货物的残损规律。投保人应考虑被保险货物与运输中可能招致的风险与损失之间的关系以及货物的残损规律。因为不同种类的货物,在运输

途中遭遇意外事故，其损失情况和程度是不同的（例如，裸装轮胎通常不怕海水浸湿和剧烈震荡，铜锭通常不受火灾影响等），所以在选择投保险别之前，应分析各种风险对于货物致损的影响程度，以确定适当的险别。保险公司对于货物潜在的缺点及运输途中的自然损耗，一般是不承保的。

2. 货物的特性与包装。投保人要考虑货物的特性与包装状况，特别是一些容易破损的包装，对货物致损影响较大，选择险别时要考虑这一点。由于包装不良或由于包装不适合国际贸易运输的一般要求而使货物受损，保险公司是不负责任的。

3. 航行路线和停靠港口。投保人要考虑运输方式和运输路线及港口情况以及国际形势的变化等因素的影响。例如，某些航线途经热带地区，如运输怕热货物且载货船舶通风又不良，就必然会增大货损；冬天从我国华东地区港口发往日本的货物，遭遇台风等灾害的概率很小；途经亚丁湾、马六甲等区域的轮船，遭遇海盗劫持的可能性较大；等等。

按《2010 年通则》规定，卖方有办理保险义务的只有两个贸易术语——CIF 和 CIP。按 CIF 或 CIP 术语成交，货物在运输途中的风险由买方承担，但由于货价的构成中包含了货运保险费，所以办理货运保险手续、支付保险费是卖方的义务。买卖双方约定的险别通常为平安险、水渍险、一切险三种基本险别中的一种，还可在此基础上加保一种或若干种附加险。在买卖双方未约定投保险别的情况下，按惯例，卖方可投保保险公司承保责任范围最小的险别。在 CIF 或 CIP 术语的货价构成中，一般不包括战争险等特殊附加险的费用（注：《2020 年通则》并非如此）。以其他贸易术语成交，投保人是为自己承担的运输风险投保，不构成合同义务。但在实践中，这依然是运输保险的主要业务。

（二）保险金额的确定

保险金额（Insured Amount）又称投保金额，是指被保险人向保险公司投保的金额，既是保险公司承担的最高赔偿金额，也是计算保险费的基础。保险金额由投保人根据保险价值在投保时向保险公司申报，并由保险人与被保险人约定，保险金额不得超过保险价值，超过保险价值的，超过部分无效。保险价值一般包括货价、运费、保险费以及预期利润等。按 CIF 或 CIP 术语成交，买卖双方应该在合同中约定保险金额，保险金额通常为在发票金额的基础上增加一定的百分率，即所谓的“保险加成率”。如未约定，按惯例，保险金额通常按 CIF 或 CIP 总值加成 10%计算，并以合同货币投保。加成的 10%是作为买方的经营管理费用和预期利润。

保险金额的计算公式如下：

$$保险金额=CIF(或\ CIP)价\times(1+投保加成率)$$

我国进出口货物的保险金额，在原则上虽也按进口货物的 CIF 或 CIP 货值计算，但在目前，我国进口合同不少采用FOB(或FCA)成交。为简化手续、方便计算，一些外贸企业和具有进出口经营权的企业与保险公司签订预约保险合同，共同议订平均运费率(也可按实际运费率计算)以及平均保险费率。计算公式通常为：

保险金额＝FOB(或FCA)价格×(1＋平均运费率＋平均保险费率)

保险金额＝CFR×(1＋平均保险费率)

(三)保险条款的选择

不同的保险条款，其责任有所不同。我国通常以中国人民财产保险公司2009年发布生效的货物运输保险条款为依据。但有时国外客户要求按照英国伦敦保险协会制定的《协会货物保险条款》为准，我方也可以融通接受。此外还有太平洋财产保险公司的海运货物保险条款等，与人保的条款内容较为近似。

二、办理投保手续和交付保险费

(一)办理投保手续

在CIF或CIP条件下，出口企业在向当地的保险公司办理投保手续时，应根据买卖合同或信用证规定，在备妥货物并确定好装运日期和运输工具后，按规定格式逐笔填制投保单，并交付保险费。

投保应在风险转移至买方之前办理。保险用于保障被保险的标的在遭受意外风险时获得补偿，所以投保人应当在风险可能出现之前办理投保。进出口货物运输保险一般是按照“仓至仓条款”承保。

1. 在CIF条件下，出口货物应在运离装运地仓库进入码头准备装船之前办理投保；

2. 在CFR或FOB条件下，出口货物是由买方办理投保的，但货物在装运港装船之前这一段的保险基于卖方为自己商业利益和风险考虑，仍需卖方自行办理；

3. 进口货物的投保，应在风险转移给进口人承担之前办理为宜。

被保险人向保险公司投保，是一种签订契约的法律行为。被保险人习惯上多以书面形式提出，即填写“货物运输险投保单”。投保单一式两份，一份由保险公司签署后交卖方作为接受承保的凭证；另一份则由保险公司留存，作为缮制、签发保险单据的依据。

各国保险公司的投保单格式不尽相同，但基本内容一致，一般都包括被保险人名称、运输标志、包装及数量、保险金额、运载工具、投保险别等事项。卖方填制投保单时，应遵循“最大诚信原则”，将有关保险货物的情况如实告知。投保单内容应与合同或信用证规定相符。

向保险公司办理货物运输保险时，有两种做法：一种是逐笔投保方式，另一种是预约保险方式。

逐笔投保方式是传统的一种做法，是卖方或买方直接向保险公司提出投保申请，填写启运通知书(或投保单),并发送至保险公司。保险公司同意承保后,在投保单上盖章,进出口商缴纳保险费用后,保险公司出具保险单,保险合同开始生效。

预约保险方式通常是进口商事先和保险公司签订一份总的预约保险合同,按照预约保险合同的规定,所有预约保险合同项下将来(合同覆盖期限内)的按照 FOB 或 CFR 等术语进口货物的保险,均由该保险公司承保。在预约保险合同上对各种货物投保的险别作出了具体规定,所以投保手续比较简单。在程序上,进口商在收到境外的装船通知书后,将"预约保险启运通知书"发给保险公司(主要包含船名、提单号、预计启运日、商品名称和数量、装运港、目的港等信息),即视为已办妥保险手续。

(二)交付保险费

保险费是保险公司经营业务的基本收入。投保人交付保险费,是保险合同生效的前提条件。保险费的计算公式如下:

保险费＝保险金额×保险费率＝CIF 价×(1＋加成率)×保险费率

＝CIF 价×110％×保险费率

例如,某外贸企业按 CIF 条件出口一批货物,CIF 总值为 80 000 美元,按发票金额加成 10％投保一切险、战争险(一切险费率为 0.3％,战争险费率为 0.04％),保险费计算如下:

保险金额＝CIF 价×(1＋投保加成率)

＝80 000×(1＋10％)＝88 000(美元)

保险费＝保险金额×保险费率

＝88 000×(0.3％＋0.04％)＝299.2(美元)

保险费率是按照不同货物、不同目的地、不同运输工具和保险险别,由保险公司根据货物损失率和赔付率来制定的。目前,我国出口货物保险费率分为"一般货物费率"和"指明货物加费费率"两大类;前者适用于所有的货物,后者仅适用于特别指明的货物。保险公司收到保险费后,应提供保费收据。

预约保险方式以进口货物的装船通知书等文件为依据,多数是由保险公司每月一次计算保险费金额后向投保方收取。

三、领取保险单据

保险单据既是保险公司对被保险人的承保证明,也是保险公司与被保险人之间的保险合同,它具体规定了保险公司与被保险人的权利和义务。在被保险货物遭受损失时,保险单据既是被保险人索赔的依据,也是保险公司理赔的主要依据。

(一)保险单据的种类

1. 保险单(Insurance Policy)。保险单俗称"大保单",是投保人与保险公司之间订立的正式的保险合同。它除了在正面载明证明双方当事人建立保险关系的文字、被保险货物的情况、承保险别、理赔地点以及保险公司关于所保货物如遇险可凭本保险单及有关证件给付赔款的声明等内容外，在背面还对保险人和被保险人的权利和义务作了规定。保险单是使用相对最广、正式性较强的保险单据。

2. 保险凭证(Insurance Certificate)。保险凭证俗称"小保单"，是一种简化了的保险合同。它与正式保险单的区别在于：保险凭证只有正面的内容，无背面条款，一般标明按照正式保险单上所载保险条款办理。这种凭证除背面不载明保险人与被保险人双方的权利和义务等保险条款外，其余内容均与保险单相同，它与正式的保险单具有同样的法律效力，对双方当事人均有约束力。但近年来，为实现单据格式规范化以及减少纠纷考虑，不少保险公司已暂停此类保险凭证的使用。

3. 预约保险单(Open Policy)。预约保险单又称"开口保险单""预约保险合同"，是指经常有相同类型货物需要陆续分批装运时所采用的一种保险单。严格地讲，它是一种没有总保险金额限制的预约保险总合同，是保险人对被保险人将要装运的属于约定范围内的一切货物负自动承保责任的总合同。订立这种合同的目的是为了简化保险手续，又可使货物一经装运即可取得保障。在我国，预约保险单常用于进口业务。

4. 联合凭证(Combined Certificate)。联合凭证又称"联合发票"，是一种将发票和保险单相结合、比保险凭证更为简化的保险单证。保险公司将承保的险别、保险金额以及保险编号加注在投保人的发票上，并加盖印戳，其他项目均以发票上列明的为准。联合凭证主要针对向我国香港、澳门地区以及新加坡、马来西亚等国出口的货物的运输保险。

5. 批单(Endorsement)。保险单签发后，投保人如需要补充或变更其内容时，可根据保险公司的规定，向保险公司提出申请，经同意后即另出一种凭证，注明更改或补充的内容，这种凭证即称为批单。保险单一经批改，保险公司即按批改后的内容承担责任。

(二)保险单的缮制说明

保险单的填制主要有以下 13 个栏目。

1. "The Insured"(被保险人名称栏)。该栏是保险单的抬头，一般填写出口商公司名称，若信用证另有规定的，按信用证规定填写。例如国外来证规定："… issued to the order of ×× Bank"，则保险单的抬头必须填写"To the order of ×× Bank"。

2. "Marks & Nos"(运输标志栏)。该栏一般参照发票上的货物标记填写。目前保险公司采取打上"As per Invoice No. …"的做法，这是因为在办理保险索赔时，必须提供商业发票，可以参照发票进行核对。

3. "Quantity"(包装及数量栏)。该栏参照商业发票的相应项目填写。

4.“Description of Goods”(货物名称栏)。该栏应与信用证或商业发票上的名称一致。如果一张保险单上不止一种商品,当货物名称很多时,可只使用大类商品名称。

5.“Amount insured”(保险金额栏)。该栏应在CIF基础上按信用证规定的加成计算,小数点后尾数一律进为整数,使用的币制与信用证的货币相同。大写金额与小写金额必须一致。

6.“Premium and Rate”(保费和费率)。该栏一般填写“As arranged”。若信用证要求标明保费及费率的,则应按要求填上具体的金额和费率。

7.“Per conveyance s. s.”(运输工具)。该栏如果是海运的,须注明船名、航次。如果是转运的,并已知二程船名,则在一程船名后加写二程船名;否则,在一程船名后填写“&/or steamers”。使用其他运输方式的,则分别填写“By Train”“By Airplane”“By Mail”等。使用“陆海联运”,则在一程船名后填写“&/or other conveyance”。

8.“Sailing on or About”(开航日期)。若有确切日期的,应填写确切日期。若无确切日期的,海运方式,填写“As per B/L”;其他运输方式,填写相应的运输单据。

9.“From … to”(运输起讫地)。一份保险单只能有一个装运港和一个目的港。如中途转船的,必须注名转运港名称,或填写“With Transshipment”。

10.“Conditions”(承保险别)。该栏按信用证上保险单条款列明的险别、加成填写。

11.“Insurance Agent”(保险代理人)。保险公司在目的地的代理人,应列有代理人名称、详细地址,以便收货人出险后提赔。

12.“Claims payable at/in”(赔付地点及货币名称)。这两项应按信用证规定填写。

13.“Date and Place”(保险单签发日期和地点)。保险单日期应不迟于货物装上运输工具的日期。根据UCP600规定,保险单据日期不得晚于装运日期,除非保险单据表明保险责任不迟于发运日生效。

保险单在填制时,还应注意以下几点:

第一,为了使进口商在取得货物所有权的同时,也取得该项保险的受益人地位,即使信用证未明确规定受益人必须对保险单进行背书的,受益人也必须将保险单背书给进口商,除非保险单已明确无须背书,其他人也可取得赔偿。如果信用证规定:“endorsed to the order of ×× Co.”,则该受益人在保险单背面空白处填写“To the order of ×× Co.”,并盖章。

第二,理赔代理人的赔付地点必须是最终目的地,保险公司的代理人在该地赔付;若在当地没有,可填写附近代理人。

第三,超过合同规定的附加险或超额保险费用,应事先与进口人商定,争取由对方负担;或征求代理商同意,在其佣金中扣除。

图 7—1 为中国人民财产保险股份有限公司的国际货物运输保险单(空白)式样。

PICC 中国人民财产保险股份有限公司
PICC PROPERTY AND CASUALTY COMPANY LIMITED

总公司设于北京 Head Office Beijing　　一九四九年创立 Established in 1949　　保险单号(POLICY NO.)

货物运输保险 保险单 CARGO TRANSPORTATION INSURANCE POLICY

发票号(INVOICE NO.)　　提单号(B/L NO.)
合同号(CONTRACT NO.)　　信用证号(L/C NO.)

被保险人(THE INSURED):

中国人民财产保险股份有限公司(以下简称本公司)根据被保险人要求,以被保险人向本公司缴付约定的保险费为对价,按照本保险单列明条款承保下述货物运输保险,特订立本保险单。

THIS POLICY OF INSURANCE WITNESSES THAT PICC PROPERTY AND CASUALTY COMPANY LIMITED (HEREINAFTER CALLED "THE COMPANY") AT THE REQUEST OF THE INSURED AND IN CONSIDERATION OF THE AGREED PREMIUM PAID TO THE COMPANY BY THE INSURED, UNDERTAKES TO INSURE THE UNDERMENTIONED GOODS IN TRANSPORTATION SUBJECT TO THE CONDITIONS OF THIS POLICY AS PER THE CLAUSES PRINTED OVERLEAF.

标记(MARKS & NOS.)	包装及数量(PACKAGE & QUANTITY)	保险货物项目(GOODS)	保险金额(AMOUNT INSURED)

ORIGINAL

总保险金额(TOTAL AMOUNT INSURED):

保险费(PREMIUM):　　启运日期(DATE OF COMMENCEMENT):

装载运输工具(PER CONVEYANCE):

自(FROM):　　经(VIA):　　至(TO):

承保险别(CONDITIONS):

所保货物如发生保险单项下可能引起索赔的损失,应立即通知本公司或下述代理人查勘,如有索赔,应向本公司提交正本保险单(本保险单共有____份正本)及有关文件。如一份正本已用于索赔,其余正本自动失效。

IN THE EVENT OF LOSS OR DAMAGE WHICH MAY RESULT IN A CLAIM UNDER THIS POLICY IMMEDIATE NOTICE MUST BE GIVEN TO THE COMPANY OR AGENT AS MENTIONED. CLAIMS, IF ANY, ONE OF THE ORIGINAL POLICIES WHICH HAS BEEN ISSUED IN ____ORIGINAL(S) TOGETHER WITH THE RELEVANT DOCUMENTS SHALL BE SURRENDERED TO THE COMPANY IF ONE OF THE ORIGINAL POLICIES HAS BEEN ACCOMPLISHED, THE OTHERS TO BE VOID.

保险服务请联系:
CONTACT INFORMATION OF INSURANCE SERVICE:

电话(TEL):
传真(FAX):
EMAIL:
地址(ADD):

赔款偿付地点 (CLAIM PAYABLE AT)　　保险人:
签单日期(ISSUING DATE)　　UNDERWRITER:

GENERAL MANAGER

网址(WEBSITE): www.piccnet.com.cn　单证识别码 (POLICY ID CODE) AEYIIA2012Z00　流水号NO. 31101900005588

图 7—1 中国人保的国际货运保险单(空白)式样

（三）保险单的转让

在国际贸易中，海运保险单是可以经背书转让的单据。根据《2010 年通则》的规定，在 CIP 和 CIF 条件下，卖方必须向买方提供保险单或其他保险证据，以使买方或任何其他对货物具有保险利益的人可直接向保险人索赔。在这种情况下，通常卖方是保险单的被保险人，他通过背书将保险单转让给买方，从而使得买方可以凭保险单向保险公司索赔。

保险单的转让是指保险权益的转让，即被保险人将保险单所赋予的损害索赔权及相应的诉讼权转让给受让人。这种权利的转让与被保险货物本身所有权的转让是两种不同的法律行为。买卖双方交接货物并转移货物所有权，并不能自动转移保险单的权利，而必须由被保险人在保险单上以背书表示转让的意思，才能产生转让的效力。

从保险单据的背书形式上看，一般保险单据的背书有两种：空白背书和记名背书。

从不同形式背书的做法与作用看：空白背书的具体做法是在保险单据背面打上被保险人公司的名称或盖上公司图章，再加上背书人签字。此外不再做任何批注。如果信用证规定"Endorsed in Blank"或"Blank Endorsed"，就必须这样做；如果信用证对保险单据的背书无明确规定，也应做成空白背书。保险单据做成空白背书，意味着被保险人或任何保单持有人在被保货物出险后，享有向保险公司或其代理人索赔的权利并得到合理的补偿。

记名背书的具体做法是除了在保险单据背面做成上述"空白背书"外，还应在被保险人的名称上面打印"Delivery to (The Order of) ×× Bank (Co.)"，即"交由凭××银行（或公司）的指示（的受让人）"。

记名背书必须以银行或公司为背书人，记名背书在日常业务中较少使用。

各国海上保险法律，关于保险单的转让一般有以下原则：

1. 海运货物保险单可以不经保险公司同意而自由转让。

2. 海运货物保险单的转让，必须在保险标的所有权转移之前或转移的同时进行。如果所有权已经转移，事后再办理保险单的转让，这种转让是无效的。这是因为，被保险人将保险标的所有权转移给他人之后，他对保险标的已丧失了可得利益，保险单的转让也就失去了依据。

3. 在海运货物保险单办理转让时，无论损失是否发生，只要被保险人对保险标的仍然具有可保利益，保险单均可有效转让。

4. 保险单的受让人只能享有与原被保险人在保险单下所享有的相同的权利和义务，他不能取得优于原被保险人的权利。

5. 保险单转让后，受让人有权以自己的名义向保险人进行诉讼；保险人也有权如同对待原被保险人一样，对保险合同项下引起的责任进行辩护。

6. 保险单的转让，可以采取由被保险人在保单上背书或其他习惯方式进行。按照习惯做法，采用空白背书方式转让的保险单，可以自由转让；采用记名背书方式转让的保险单，则只有被背书人才能成为保险单权利的受让人。

四、保险索赔

保险索赔(Insurance Claim)是指当被保险的货物在保险责任有效期内发生属于保险责任范围内的损失时，被保险人可向保险公司提出索赔。保险公司相应的行为称为理赔。

(一)被保险人提出索赔应具备的条件

1. 被保险人(或索赔人)是保险单的合法持有人。

2. 被保险人(或索赔人)要求赔偿的损失必须是承保责任范围内风险造成的损失，所遭受的损失与发生的风险之间具有直接的因果关系。

3. 被保险人(或索赔人)必须拥有可保利益。例如，在按 FOB 或 CFR 贸易术语成交条件下，保险是由买方办理的，而买方是在货物装船后才承担风险，亦即此时他才享有可保利益。

4. 依照“仓至仓条款”，被保险货物遭受损失的时间和地点是在保险期间之内。

(二)保险人索赔时应注意做好的几项工作

被保险人或其代理人向保险人索赔时，应做好下列几项工作：

1. 分清责任

当被保险货物运抵目的地，被保险人或其代理人提货时发现货物有明显的受损痕迹或短少等情况时，首先应分清责任，并向有关责任方提出索赔。例如，被保险人或其代理人在提货时发现货物包装有明显的受损痕迹，或整件短少或散舱货物已经残损，除向保险公司报损外，还应立即向承运人、海关、港务当局等索取货损货差证明，及时向有关责任方提出索赔，并保留追偿的权利，必要时还要申请延长索赔时效。

2. 及时向保险公司发出损失通知

当被保险人得知或发现货物已遭受保险责任范围内的损失，应及时通知保险公司，并尽可能保护现场。保险公司在接到损失通知后，即可采取相应措施，如会同有关方面进行检验、勘察损失程度，调查损失原因，确定损失性质和保险责任，查核发货人或承运人责任，采取必要的施救措施，并签发联合检验报告。检验报告是被保险人向保险公司索赔的重要证件。

3. 采取合理的施救措施

保险货物受损后，被保险人和保险人都有责任采取可能的、合理的施救措施，以防止损失扩大。因抢救、阻止、减少货物损失而支付的合理费用，保险公司负责补偿，但以不超过该批被救货物的保险金额为限。被保险人能够施救而不履行施救义务，保险人对于扩大的损失甚至全部损失有权拒赔。

4. 备齐索赔单证

被保险人在向保险人或其代理人索赔时，应提交索赔必需的各种单证，否则会使索赔的过程复杂化。按照保险惯例，被保险人在索赔时通常需要提交的单证包括保险单或保险凭证正本、运输单据、商业发票、装箱单、磅码单、货损货差证明、货物残损检验报告、海事报告摘录、向承运人或其他第三者请求赔偿的有关文件和来往函电、费用清单及索赔清单等单据。单证具体包括：

(1)保险单或保险凭证。即保险人的承保证明，保险人是否负赔偿责任，就是依据保险单及其所列具体条款来确定的。

(2)运输单据、发票、提单、装箱单或磅码单。即证明被保险货物原有状况的依据，对于货物残损情况有重要参考价值。

(3)货物残损检验报告。即检验机构对受损货物实地检验的客观记录，以证明被保险货物损失情况。货物残损检验报告既是被保险人索赔的客观证据，也是保险人了解货物损失情况的重要依据。

(4)海事报告摘录。即载货船舶在航行途中遭遇恶劣天气、意外事故或其他海难时，船长据实记录的报告。其目的在于证明航程中遭遇海难，船舶或货物可能招致损失，并且声明船长及船员已经采取一切必要措施，是人力不可抗拒的损失，船方应予免责。海事报告对于海难情况、货损原因以及采取的措施都有证明，对于确定损失原因和保险责任都有重要的参考作用。

(5)向承运人或其他第三者请求赔偿的有关文件和来往函电。保险人可根据损失情况和理赔需要，要求被保险人提交其他证据。这些单据和文件是被保险人提赔的依据，保险人是否承担赔偿责任，除根据现场调查搜集的资料外，主要是依据这些文件进行判断。它是保险人审核理赔案件的重要内容之一。

(6)费用清单及索赔清单。即被保险人为保全被保险货物而采取合理措施所支付的费用以及货物残损检验费用的开支及各类其他费用明细说明。根据保险条款规定，这些费用均可从保险人处获得补偿。

5. 应了解索赔免赔的相关规定

当货物发生全损时，应赔偿全部保险金额，如果是部分损失，则应合理确定赔偿比例。对易碎和易短量货物的索赔，应了解是否有免赔的规定。保险业有两种规定办法：一种是不论损失程度均予赔偿，另一种是规定免赔率。免赔率是指保险人对于保险货物在运输途中发生的货损货差，在一定比率内不负赔偿责任。这是因为，有些货物由于商品本身的特点或在装运作业过程中必然会发生少许损失，这是正常现象，而非偶然事故,保险公司不予赔偿。

关于免赔率的若干规定

免赔率分为相对免赔率(Franchise)和绝对免赔率(Deductible)两种。

(1)相对免赔率。相对免赔率是指如果货损或货差的程度超过免赔率,保险公司在赔偿时不扣除免赔率,全部予以赔偿。

(2)绝对免赔率。绝对免赔率是指如果货损或货差超过免赔率,保险公司在赔偿时要扣除免赔率,只负责赔偿超过免赔率的部分。

相对免赔率和绝对免赔率的相同点是:如果损失数额不超过免赔率,均不予赔偿。两者的不同点是:如果损失数额超过免赔率,相对免赔率不扣除免赔率,全部予以赔偿;绝对免赔率要扣除免赔率,只赔超过免赔额部分。

6. 有关代位追偿和委付的问题

在保险业务中,当货物遭受承保范围内的损失,但损失应由第三方负责时,为了防止被保险人双重获益,保险人在全部赔偿或部分赔偿后,要求被保险人转让其对造成损失的第三者责任方要求全损赔偿或相应部分赔偿的权利,这种权利就是代位追偿权。

当进出口货物处于推定全损状态时,被保险人向保险人发出通知,愿将本保险承保的被保险人对保险标的的全部权利和义务转让给保险人,而要求保险人以全部损失予以赔偿,这就是委付。如果被保险人不发出委付通知,保险人只按部分损失赔偿;如果保险人发出委付通知并经保险人接受,则保险人按推定全损赔偿,并取得处理残损货物的权利。

根据国际保险业的惯例和保险条款,保险索赔或诉讼的时效为自货物在最后卸离运输工具时起算,最多不超过2年。被保险人应在索赔时效内提出索赔或诉讼。中国人民财产保险股份有限公司为便利我国出口货物运抵国外目的地后及时检验损失,能够就地获得赔偿,已在100多个国家建立了检验或理赔代理机构。至于我国进口货物的索赔事宜,则由有关的专业进出口公司或其委托的收货代理人在港口或其他收货地点,向保险单上载明的保险公司当地分公司要求赔偿。

第五节　进出口合同中的货物保险条款

保险条款是进出口合同的重要组成部分。通常情况下,买卖双方应当针对以下保险信息在合同中明确表示：

一、保险险别

买卖双方针对保险投保险别的确认，除了要考虑货物特性、包装状况、运输路线等因素，通常情况下按 CIF 或 CIP 术语成交时，默认卖方投保最低责任的基本险险别即可。

二、投保人

当合同以 FOB 或 CFR 术语成交时，保险条款通常只订明“保险由买方自理”(Insurance: to be covered by the buyer)。以 D 组术语成交的合同，保险条款可订为：“保险由卖方自理”(Insurance: to be covered/effected by the seller)。

以 CIF 或 CIP 术语成交时，应当由卖方办理投保，保险条款中应当明确规定投保险别、保险金额的确定方法，以及是适用 CIC 条款还是 ICC 条款投保等信息。例如：

由卖方投保，按照 2009 年生效的《中国保险条款》投一切险和战争险。保险金额为 CIF 发票金额的 110%，如索赔，则以本合同币种在目的地办理索赔和理赔。

Insurance to be effected by the seller for 110% of CIF invoice value covering all risks & war risk as per China Insurance Clauses(2009). Claim payable at destination in the currency of this contract.

三、保险公司和保险条款

由于在运输途中万一出险，一般多是买方在到货地向保险公司索赔，所以买方一般会要求卖方向信誉相对良好、索赔较为方便的保险公司投保。有时在 CIF 或 CIP 成交的业务中，境外的买方可能会指定卖方向××外资保险公司投保，并规定采用的保险条款。

四、保险金额和投保货币

以 CIF 或 CIP 术语成交的合同，若在海洋运输下，其保险条款可订立为：“保险由卖方按发票金额的 110%投保××险，以中国人民财产保险股份有限公司 2009 年的有关海洋货物运输保险条款为准。”投保货币币种一般与贸易合同货币一致。

五、信息告知义务

如果没有卖方托运交货的一些必要信息的话，买方是无法做到有效投保的，所以当遇到 EXW、FOB、CFR 等术语的合同中需要由买方投保时，可以作如下规定：

由买方负责投保，装运后24小时内要给买方传真装运通知，通知装运的货物名称、金额、数量和毛重，以及装运的船名、提单号、装船日期。

Insurance to be effected by the buyer and shipping advice should FAX to buyer within 24 hours after shipment. Advising the name/value/quantity/gross weight of the goods, the name of the vessel, number of B/L, date of shipment.

练习题

一、判断改错题

1. 所谓“仓至仓条款”，是指船公司负责将货物从装运地发货人的仓库运送到目的地收货人仓库的运输条款。

2. 某班轮海上行驶过程中，闪电击中甲板上的某集装箱导致起火，船方赶紧将火扑灭。等天气转好之后，船方发现该集装箱内是三家货主的不同拼箱货物，分别是衬衫、棉布、打印纸，有的被大范围烧坏熏黑，有的被水泡湿，这三家货主的货物都遭受了损毁。所以货物的此番损失均属于共同海损。

3. 国际海运货物保险业务中，被保险人必须在投保时对保险标的具有保险利益，方可同保险人签订保险合同。

4. 海上风险并不包括在海上发生的一切风险，又不局限于在航海中所产生的风险。

5. ICC条款中的6种险别，只有A、B、C三种险能够单独投保，其他3种不能单独投保。

二、单项选择题

1. 根据《中国保险条款》(CIC)规定，一切险覆盖责任范围包括________。

(A)平安险加11种一般附加险　　(B)水渍险加11种一般附加险

(C)特殊附加险加11种一般附加险　　(D)所有发生并造成货损的海上风险

2. 出口日用陶瓷制品，投保时规定相对免赔率为5%，货物在运输过程中发生碰损，损失率为8%，则保险公司应当赔偿________的损失。

(A)5%　　(B)3%　　(C)8%　　(D)0%

三、案例分析题

1. 浙江某玩具生产企业出口一批电动玩具，以CIF术语成交。单证员盛女士投保时将“被保险人”写成境外进口企业的名称。其理由是，即使在海上出险，货到目的地也是进口方去索赔。请问：盛女士的想法主要错在什么地方？忽视了什么风险？

2. 有精密仪器一台属于投保对象，货值为 15 000 美元。运载该货的海轮在航行中同另一海轮发生互撞事故，由于船身的剧烈冲击，而使该台仪器受到损坏。事后经专家鉴定，认为该台仪器如修复原状，则需修理费用 16 000 美元；如拆卸为零件出售，尚可收回 5 000 美元。请问：在上述情况下，这台受损仪器应属何种损失？保险公司通常应如何处理这一损失案件？

第四篇

进出口贸易货款的收付

【导读】在一般贸易中,货款的收付是关系到进出口双方切身利益的大事。经历了两百多年的实践后,国际贸易的买卖双方和银行等金融机构逐渐探索出了一套可以在买卖双方不直接见面的前提下相对较为完善的货款支付制度。货款的结算主要涉及支付工具、付款时间与地点、支付方式等问题。本篇内容包括结算工具、结算方式、不同结算方式的选择使用、货款结算保障以及国际贸易结算风险与防范。新兴跨境电子商务的小额货款结算将在其他章节讲述。

第八章　货款结算票据

国际贸易货款的收付，采用现金结算的较少，大多使用非现金结算，即通过银行转账和(或)使用票据代替现金作为流通手段和支付手段的信贷工具来结算国际的债权债务。票据是国际通行的结算和信贷工具，是可以流通转让的债权凭证。票据可分为汇票(Bill of Exchange)、本票(Promissory Note)和支票(Cheque，Check)。在国际货款结算中，主要使用汇票，有时也使用本票和支票。

第一节　支票和本票

国际贸易中，采用汇付方式结算货款的交易，常常使用支票和本票。支票和本票的支付流程和原理相对较容易理解，且银行支票和银行本票均属于有价证券范畴，两者的空白票据设计印刷权归所属银行。

一、支票

支票是指银行存款人针对银行开立的，授权银行对某人、某人的指定人或持票人即期支付一定金额的无条件书面支付命令。具体的支票对应的具体银行支付款项来源在于该存款人暨出票人在银行账户的存款。

(一)支票的当事人

根据定义，支票有三个当事人，分别是出票人、付款人和收款人。

1. 出票人。是在付款银行设有存款账户并有足够存款的储户(通常是企业等机构)，支票的出票人通常属于债务人。

2. 付款人。是出票人在该处设有往来存款账户，并承担付款的银行。

3. 收款人。是支票上指定的接收款项的人。如系现金支票，收款人可以凭支票向银行直接提取现款；如系转账支票，多数情形下收款人在该银行也须开有存款账户。

我国企业间支票结算使用示例说明

为了方便读者理解支票结算的流程和当事人，现以我国境内企业间使用支票结算为例阐述本节内容，除了国际结算支票票据语言文种不同等之外，该国内结算流程和原理基本同国际贸易的支票使用。

例：A公司需要采购一台硬盘录像监控设备，现已和附近的B公司谈妥，由B公司供应一台该设备，价款为5 000元。由于A公司采购财务制度规定不能由采购者持现金去买设备，故确定使用支票购买。

1. A公司财务人员取出冠名××银行转账支票的空白支票一张，在上面打印好5 000元金额（汉字大写和阿拉伯数字）及收款人B公司全名，并加盖A公司财务专用章和法人代表章（或财务负责人名章）；

2. 财务将支票交给吴先生，并叮嘱该支票不可污损和折叠；

3. 吴先生开车赴B公司，将支票交给B公司财务，B公司财务开具发票给吴先生，吴先生将设备装上车返回A公司，并将发票交给A公司财务入账；

4. B公司财务人员持支票去××银行柜台，银行柜台出纳收走支票入账，并从A公司账户扣除5 000元金额，作为转账资金划转入B公司账户。

由此可见，支票能顺利使用的前提之一是该案例中A公司的存款金额要大于5 000元。如果出票人签发的票面金额大于在该银行的存款数，这样的支票就称为“空头支票”(Dud Cheque)，空头支票将遭到银行的拒付，且开出空头支票的人（法人）要负法律责任。

（二）支票的基本内容

支票应包括的基本内容有下列几项：

1. 标明“支票”字样；

2. 无条件的支付委托；

3. 确定的金额；

4. 出票日期和地点；

5. 出票人签章；

6. 付款银行名称、地址；

7. 收款人或其指定人。

（三）支票的种类

1. 按是否可以支取现金分类

按是否可以支取现金，支票可以分为现金支票（Open Cheque）和划线支票

(Crossed Cheque)。前者可以直接支取现金;后者只能通过银行转账收款,是由在支票正面划两条平行线而得名,我国的做法则是在支票正面记载"转账"字样,所以划线支票相当于我国的转账支票在国际贸易中的别称。

划线支票又可分为以下两种:

(1)普通划线(General Crossing)支票。即在支票上仅划两条平行线,这种划线支票收款人可以委托任何银行向付款行收取票款;如果平行线中加记"不可流通"(Not Negotiable),则出票人只对支票上写明的收款人负责;如果平行线中加记"收款人账户"(Account Payee),则收款银行只能将票款付入该指定账户而不得直接付现。

(2)特殊划线(Special Crossing)支票。即在平行线中记载收款银行的名称,收款人只能通过该指定银行向付款行提示付款。

2. 按有无收款人记载分类

按有无收款人记载,支票可以分为记名支票和不记名支票。前者写明收款人姓名,在流通时以背书形式转让,取款时必须有收款人签章;后者无收款人记载或仅记载"付来人"(To Bearer,即支票持有者),付款人仅凭支票向持票人付款,转让时可以直接转让,也可以背书转让。

二、本票

本票是一个人向另一个人签发的,保证于见票时或定期或在可以确定的将来的时间,对某人或其指定人或持票人支付一定金额的无条件的书面承诺。简言之,本票是出票人对收款人承诺无条件支付一定金额的票据。

本票可分为商业本票和银行本票:由工商企业或个人签发的称为商业本票或一般本票;由银行签发的称为银行本票。商业本票有即期和远期之分,银行本票则都是即期的。在国际贸易结算中使用的本票,大多是银行本票。《中华人民共和国票据法》规定,本票专指银行本票。

有的银行发行见票即付、不记载收款人名称的本票或是来人抬头的本票,其流通性与纸币相似,局部领域可代替现金流通,流通的范围一般仅限于出票银行所在地。我国清代时期不少地区钱庄签发给做买卖商人跨省使用的"银票",其性质就类似于今天的银行本票。

相比其他票据来说,本票具有如下特点:

1. 性质:本票允诺由自己(本票持有人)收款,而不是命令他人付款。

2. 当事人:本票只有出票人和收款人两个当事人,银行本票的付款人就是出票人(即银行)。

3. 承兑:由于本票的出票人与付款人是同一人,远期本票由其本人签发,就等于本人已经承诺在本票到期日付款,所以远期本票无须承兑。

4. 份数:本票只能开出一式一份。

5. 付款责任:本票的出票人始终是本票的主债务人,承担在规定期限内付款的责任。

第二节 汇 票

汇票作为一种票据,能准确无误地表达当事人的债权债务关系,并得到法律的有效保障。无论是银行汇票还是商业汇票,在国际贸易的结算中都被普遍运用。

一、汇票的定义

《中华人民共和国票据法》第 19 条对汇票的定义是:汇票是出票人签发的,委托付款人在见票时或者在指定日期无条件支付确定的金额给收款人或者持票人的票据。

《英国票据法》对于汇票作出如下定义:汇票是一人向另一人签发的,要求即期或定期或在将来可以确定的时间,为某人或其指定来人或执票来人支付一定金额的无条件书面支付命令。

在此需要明确的是:我国国内贸易中使用的银行汇票,以及在国际贸易汇付中用票汇方式使用的银行汇票均属于有价证券性质,其流通的方向是从买方到卖方(称为顺汇),出票人暂时属于债务人;但在国际贸易托收或信用证结算方式中使用的汇票性质则有所不同,其本质上是一种指示收款凭证,出票人属于债权人。

二、汇票的基本内容

按照各国票据法的规定,汇票的要项必须齐全,否则受票人有权拒付。根据日内瓦统一票据法的有关规定,汇票一般应包括下列基本内容:

1. 应写明“汇票”字样,国际贸易使用的汇票通常以“Exchange”或“Draft”表示。

2. 无条件支付一定金额的命令。

3. 付款人(Payer),又称受票人(Drawee)。国际贸易中通常是进口商或进口商指定的银行;如果是信用证结算使用的汇票,UCP600 规定汇票的付款人不能是开证申请人(一般指进口方),而通常应当是开证行。

4. 收款人(Payee)。汇票上“收款人”栏目内容通常也称为“抬头”。汇票的收款人既可做成“记名抬头”(写明具体公司名等),也可做成“指示抬头”(Pay to the order of …),有些情况下还可做成“来人抬头”(Payable to Bearer)。在进出口业务中,收款人通常是出口商或其指定的银行。其中，如果是使用信用证结算的出口业务，在我国多以中国银行等议付行作为汇票的收款人。

5. 付款期限。常见的有即期(At Sight)付款、见票后定期付款、出票后定期付款和指定日期付款。

6. 出票人(Drawer)签字。汇票只有经有权签发的人签发才生效。作为有价证券的银行汇票，其出票人就是银行；在国际贸易托收或信用证结算方式中所使用的汇票，其出票人就是出口方。

7. 背书(Endorsement)。背书是转让票据权利的重要方式，是作为有价证券的汇票的持有人在汇票背面签名或盖章，有时再加上受让人的名称，并把汇票交给受让人的一种行为。托收或信用证结算方式中所使用的汇票暂不涉及背书。

8. 出票日期(Date of Issue)和出票地点。

三、汇票的种类

(一)按票据原因关系分类

国际贸易结算使用的汇票按照票据原因关系的不同，可以分为顺汇汇票和逆汇汇票。

1. 顺汇汇票。这属于一种“对己汇票”，它由票据原因关系中有付款义务的人向应接收款项的人签发。例如，在国际贸易票汇结算方式中，买方(委托银行)向卖方签发的由买方(通过银行)付款的银行汇票，这种汇票一般是有价证券。

2. 逆汇汇票。也称“指己汇票”，是以票据原因关系中的权利人为“出票人”、以票据原因关系中有付款义务的人为“付款人”而签发的汇票。在国际贸易托收或信用证结算方式中常使用这种汇票，票据原因关系中的权利人是出口方或银行，这种汇票一般不属于有价证券。

关于“变式汇票”的知识

依据汇票当事人是兼充还是分离，可以将汇票分为一般汇票与变式汇票。汇票上三个基本当事人分别由不同的人充当的汇票称为一般汇票；三个当事人中有两个或三个是由同一人(法人)充当的汇票称为变式汇票。

变式汇票又可分为指己汇票、对己汇票、付受汇票等四种。其中，指己汇票是出票人兼为收款人的汇票，国际贸易托收或信用证结算用的汇票就属于指己汇票；对己汇票是出票人兼为付款人的汇票，这种汇票在本质上与本票相同。中国人民银行《支付结算办法》第 53 条第 2 款规定：“银行汇票的出票银行为银行汇票的付款人。”所以，我国用于境内结算的银行汇票属于对己汇票。

(二)按有无附属货运单据分类

按照是否附有货运单据，汇票可分为光票汇票(Clean Draft)和跟单汇票(Documentary Draft)。

1. 光票汇票是指流转时不附带货运单据的汇票。光票的出票人既可以是工商企业或个人，也可以是银行，付款人同样也可以是工商企业、个人或银行。银行出具的顺汇汇票(汇付结算使用)多是光票汇票；此外国际贸易的从属费用、货款尾数、佣金等小额资金的托收或支付时所使用的逆汇汇票由于一般不附带提单等单证，也属于光票汇票。

2. 跟单汇票又称押汇汇票，是指附有货运单据的汇票。跟单汇票的付款以附交货运单据，如提单、发票、保险单等单据为条件。汇票的付款人要取得货运单据提取货物，必须付清货款或提供一定的保证。跟单汇票体现了钱款与单据对流的原则，对进出口双方提供了一定的安全保证。因此，在国际货款结算中，托收或信用证使用的逆汇汇票通常是跟单汇票。

(三)按付款期限不同分类

按付款期限不同，汇票可以分为即期汇票和远期汇票。

1. 即期汇票是指在提示或见票时立即付款的汇票。如果汇票上没有记载付款日期，则视为见票即付。

2. 远期汇票是指一定期限或特定日期付款的汇票。远期汇票的付款时间，有以下几种规定办法：

(1)见票后若干天付款(At … days after sight)；

(2)出票后若干天付款(At … days after date of draft)；

(3)指定日期付款(Fixed date)。

(四)按汇票签发者不同分类

按汇票签发者不同，汇票可以分为银行汇票和商业汇票。

1. 银行汇票是指出票银行签发的，由其在见票时按照实际结算金额无条件支付给收款人或者持票人的票据。银行汇票的出票银行同时也是该汇票的付款人。

2. 商业汇票。国际贸易中的商业汇票定义与会计学中所称的“商业汇票”有所不同。国际贸易上的商业汇票(多在托收场合使用)是指出票人为企业法人、公司或个人，付款人为其他法人机构、公司、个人或银行的汇票。这种汇票亦可由企业或银行承兑。

会计领域中所称的商业汇票是指由付款人或存款人(或承兑申请人)签发，由承兑人承兑，并于到期日向收款人或被背书人支付款项的一种票据。这种汇票属于一种支付承诺，在国际贸易结算中使用得不多。

四、汇票的使用

汇票的使用有出票、提示、承兑、付款等；如需转让，通常经过背书行为转让。汇票遭到拒付时，还要涉及制成拒绝证书和行使追索权等法律问题。

（一）出票

出票（To Draw/Issue）是指出票人在汇票上填写付款人、付款金额、付款日期和地点以及收款人等项目，经签字后交给收款人的行为。在出票时，收款人通常有三种写法：

1. 限制性抬头。例如，“仅付××公司”或“付××公司，不准流通”。这种抬头的汇票不能流通转让，只有××公司可收取货款。限制性抬头的汇票金额只能付给特定的抬头人。

2. 指示性抬头。例如，“付××公司或其指定人”（Pay to the Order of …）。这种抬头的汇票，除××公司可以收取票款外，也可以经过背书转让给第三者，且由于需经原债权人背书，有一定的安全性，使用较广泛。

3. 持票人或来人抬头。例如，“付给来人”（Pay Bearer）。这种抬头的汇票无须由持票人背书，仅凭交付汇票即可转让，流通性最强，但安全性最差，凡在抬头人一栏中有“来人”（Bearer）字样，无论在其前后是否还有其他内容，均构成持票来人抬头。

（二）提示

提示（Presentation）是指持票人将汇票提交付款人要求承兑或付款的行为。付款人见到汇票称为见票（Sight）。提示可以分为两种。

1. 付款提示（Presentation for Payment）。即持票人向付款人提交汇票，要求付款。

2. 承兑提示（Presentation for Acceptance）。即远期汇票持票人向付款人提交汇票，付款人见票后办理承兑手续，到期时再付款。

无论是承兑提示还是付款提示，特别是远期汇票的承兑提示和即期汇票的付款提示，均应在规定的有效期内进行，否则丧失对其前手的追索权。

《中华人民共和国票据法》规定，即期汇票和见票后定期付款汇票自出票日后1个月提示付款汇票或提示承兑；定日付款汇票或出票后定期付款汇票应在到期日前向付款人提示承兑；已经承兑的远期汇票的提示付款期限为自到期日起10日内。

（三）承兑

承兑（Acceptance）是指付款人对远期汇票表示承担到期付款责任的行为。付款人在汇票上写明“承兑”（Accepted）字样，注明承兑日期，并由付款人签字，交还持票人。付款人对汇票作出承兑，即成为承兑人。承兑人有在远期汇票到期时付款的责任，不得以任何理由否认汇票的效力，拒绝对该汇票付款。

（四）付款

付款人向持票人支付汇票金额的行为称为付款（Payment）。对即期汇票，在持票人提示汇票时，付款人即应付款；对远期汇票，付款人经过承兑后，在汇票到期日付款。付款后，汇票上的一切债权债务即告结束。持票人获得付款时，应当在汇票上签收，并将汇票交给付款人作为收据存查。

逆汇的汇票通常开立一式两份分别寄发，以防遗失，但付款人只对其中一份承兑或付款。因此，汇票上都分别注明"付一不付二"和"付二不付一"字样。

（五）转让和背书

远期汇票在付款人承兑后至付款到期之前，可以在票据市场上流通转让。持票人转让（Transferable）汇票的目的是为了提前得到票款。能转让的远期汇票有指示性抬头汇票和来人抬头汇票。前者转让时需经收款人背书（Endorsement）；后者转让时则无须背书。

背书是转让汇票权利的一种法定手续，就是由汇票持有人（背书人）在汇票背面签上自己的名字，或再加上受让人即被背书人的名字，并把汇票交给受让人的行为。经背书后，汇票的收款权利便转移给受让人。汇票可以经过背书不断转让下去。对于受让人来说，所有在他以前的背书人以及原出票人都是他的"前手"；而对出让人来说，所有在他让与以后的受让人都是他的"后手"。"前手"对"后手"负有担保汇票必然会被承兑或付款的责任，如果受让人遇汇票无法承兑或付款，受让人有权向背书人追索债务。

背书的方式有以下三种：

1. 限制性背书（Restrictive Endorsement）。限制性背书即不可转让背书。

2. 空白背书（Blank Endorsement）也称不记名背书。票据背面只有背书人名称而无受让人签名。此类背书只凭交付即可转让。

3. 记名背书（Special Endorsement）。即汇票背面既有背书人签名，又注明被背书人。受让人可继续背书将汇票转让。

在国际市场上，一张远期汇票的持有人如想在付款人付款前取得票款，可以经过背书将汇票转让给银行或贴现行或金融公司，由它们从票面金额中扣减按一定贴现率计算的贴现息后，将余款付给持票人，这称为贴现（Discount）。银行贴现票款后，就成为汇票的持有人。银行或者在市场上继续转让，或者在到期日向付款人索取票款。

（六）拒付和追索

无论是即期汇票还是远期汇票，均有可能遭到拒付（Dishonour）。所谓拒付，包括拒绝付款和拒绝承兑两个内容。对汇票的拒付行为不一定要付款人正式表示不付款或不承兑，在付款人或承兑人死亡、逃匿、被依法宣告破产或因违法被责令停止业务活动等情况下，付款在事实上已不可能时，也作为拒付。在付款人对票据虽不明示拒付，但迟迟不付款或不承兑时，持票人也可认为票据已被拒付。

汇票被拒付，如拒付的汇票已经承兑，出票人可凭此向法院起诉，要求承兑汇票的承兑人付款。汇票被拒付，持票人除可向承兑人追偿外，还有权向其前手追索（Recourse），包括所有的前手，直至出票人。持票人行使追索权时，应将拒付的事实书面通知其前手，并提供被拒绝承兑或被拒绝付款的证明或退票理由书。在国外，通常要求持票人提供拒绝证书。按《日内瓦统一票据法》规定，拒绝证书或称拒付证书是一种由付款地的法定公证人或其他依法有权制作这种证书的机构，如法院、银行公会等所制作的证明付款人拒付的文件。持票人请求公证人做成拒绝证书，应将票据交出，由公证人持票向付款人再行提示；如遇拒付，公证人即按规定格式制作一张证明书，连同票据交还持票人，持票人凭此向前手追索。

练习题

一、单项选择题

1. 承兑是指________对远期汇票表示承担到期付款责任的行为。

(A)付款人　(B)收款人　(C)出口人　(D)议付银行

2. 银行汇票大多是________。

(A)跟单汇票　(B)即期汇票　(C)远期汇票　(D)光票

3. 托收方式下，出口方开具汇票上的付款人是________。

(A)进口方　(B)托收行　(C)代收行　(D)需要时代理

二、案例分析题

1. 甲交给乙一张经付款银行承兑的远期汇票，作为向乙订货的预付款，乙在票据上背书后转让给丙以偿还原欠丙的借款，丙于到期日向承兑银行提示取款，恰遇当地法院公告该行于当天起进行破产清理，因而被退票。丙随即向甲追索，甲以乙所交货物质次为由予以拒绝，并称已于10天前通知银行止付，止付通知及止付理由也同时通知了乙。在此情况下，丙再向乙追索。乙以票据系甲开立为由推诿不理。丙遂向法院起诉，被告为甲、乙与银行三方。请问：法院将如何依法判决？理由何在？

2. 有学员认为，银行承兑汇票属于银行汇票。请问：这种看法对吗？为什么？

第九章　汇付与托收

国际货款支付方式主要有汇付(Remittance)、托收(collection)和信用证(Letter of Credit，L/C)三种。本章主要介绍汇付和托收两种支付方式以及它们在国际贸易中的应用。

第一节　汇　付

汇付(汇款)由于手续简单、银行手续费较少,日益成为国际贸易和非贸易结算的一种重要支付手段。

一、汇付的定义

汇付又称汇款,是指付款人委托所在国银行,将款项以某种方式付给收款人的结算方式。在国际贸易中如采用汇付,通常是由买方按照合同约定的条件和时间,通过银行将货款交给卖方。

二、汇付方式的当事人

汇付方式涉及四个基本当事人,即汇款人(Remitter)、汇出行(Remitting Bank)、汇入行(Receiving Bank)和收款人(Payee,Beneficiary)。

1. 汇款人即付款人,在国际贸易中,通常是进口人,是买卖合同的买方。

2. 汇出行是接受汇款人的委托或申请,汇出款项的银行,通常是进口人所在地的银行。

3. 汇入行又称解付行(Paying Bank),即接受汇出行的委托,解付汇款的银行。汇入行通常是汇出行的代理行、出口人所在地的银行。

4. 收款人在国际贸易中,通常是出口人,即买卖合同的卖方。

汇款人在委托汇出行办理汇款时,要出具汇款申请书。汇出行一经接受申请,就有义务按照汇款申请书的要求通知汇入行。汇出行与汇入行之间事先订有代理合同,在代理合同规定的范围内，汇入行对汇出行承担解付汇款的义务。

三、汇付方式的种类

汇付方式可分为电汇(Telegraphic Transfer，T/T)和票汇(Remittance by Banker's Demand Draft，D/D)两种。此外还有一种汇付方式称为信汇(M/T)，但如今信汇使用已不多。

(一)电汇

电汇是指汇出行应汇款人的申请，拍发电传或使用SWIFT给在另一国家的分行或代理行指示解付一定金额给收款人的一种汇款方式。两者的不同主要在于，汇出行通知汇入行的通信方式不同。由于电信方式速度快，银行占用汇款人汇款资金的时间短，所以电汇在业务中被广泛使用，当然电汇的银行手续费也相对较高。

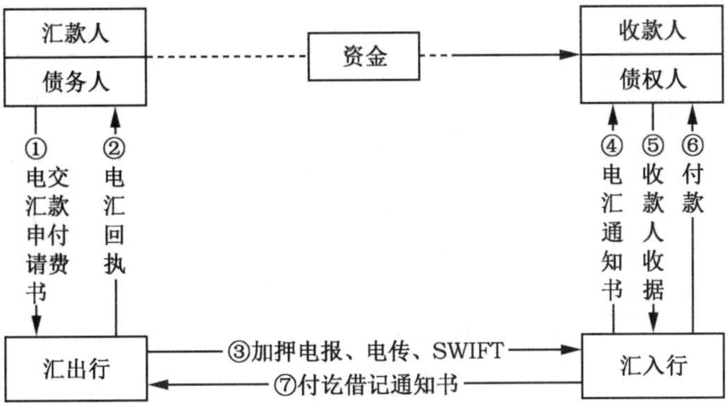

图9—1　电汇业务程序示意图

如图9—1所示，电汇业务程序编号说明如下：

①汇款人填写汇款申请书并交款付费；

②汇出行返给汇款人电汇回执；

③汇出行通过SWIFT等方式向汇入行发出电汇委托书，委托付款；

④汇入行向收款人发出汇款通知书；

⑤收款人向汇入行开出收据；

⑥汇入行将货款支付给收款人；

⑦汇入行向汇出行发出付讫借记通知书。

(二)票汇

票汇，即汇款人(进口人)使用汇票、本票或者支票等支付工具将货款主动交付收款人(出口人)。票汇中以使用银行即期汇票最为常见，一般是指汇出行应汇款人的申请而开立以其在出口人所在地的分行或代理行(即汇入行)为付款人的银行即期汇票，并交予进口人，进口人再将该汇票交付给出口人，出口人可凭此向汇入行取款(或办理转账)。

票汇除使用银行汇票外，近年来使用其他票据，如本票、支票等也较常见。在我国出口业务中使用票汇方式时，当收到国外进口商寄来的票据后，如付款银行在国外，出口企业均须委托当地银行通过付款地的国外代理行代为向付款行收款。只有在收到国外代收行的收妥通知后，方可据以结汇。

票汇与电汇不同的地方在于，票汇的汇入行无须通知收款人前来取款，而是收款人持票向汇入行取款；汇票经收款人背书后可以在市场上转让流通，而信汇委托书则不能转让流通。

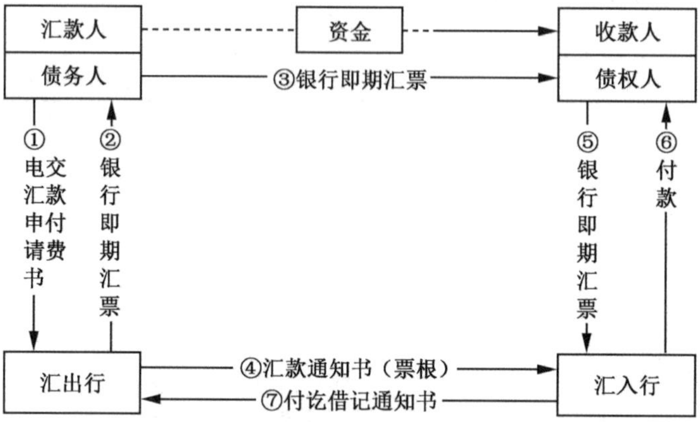

图 9—2 票汇业务程序示意图

如图 9—2 所示，票汇业务程序编号说明如下：

①汇款人填写票汇申请书并交款付费；

②汇出行作为出票行，开立以其账户行或代理行为解付行的银行即期汇票；

③汇款人将银行即期汇票寄给收款人；

④汇出行将汇票通知书(票根)寄给汇入行；

⑤收款人背书后，将汇票交给汇入行；

⑥汇入行审核无误后，将货款支付给收款人；

⑦汇入行付款后，向汇出行发出付讫借记通知。

四、汇付的性质

汇付属于一种顺汇的结算方式，采用汇付方式，是否按照合同规定履行付款义务和何时履行，完全依赖于卖方或买方的信用，银行在其间完全是付款人(买方)的代理，只提供服务，不承担付款责任，因此汇付属于商业信用。实际工作中，汇付方式主要用于关联企业以及其他联系密切、信用良好的企业间的赊销交易，或者是预付定金、分期付款等较为复杂的交易。

五、汇付在国际贸易中的使用

在国际贸易中，进出口双方通过汇付安排付款与交货的方法主要有以下几种。

（一）常规结算凭单付汇

这种汇付方式适用于非初次贸易的厂商之间的交易结算，客观上需要银行开设此种业务。进口方通过银行将款项汇给出口方所在地银行，并指示该行凭出口方提供的某些商业单据或某种装运证明把货款付给出口方。凭单付款是"有条件的汇款"，对进口方来说，要比预付汇款多了一层保证。

在当代，凭单付汇（Cash against Documents，CAD）这种方式还衍生出了另一种较简便快捷的汇付操作方式，即非首次贸易的卖方将已装船提单副本的扫描件 JPG 图片（采用图像处理隐去部分提单号数字等信息）发给买方看，买方即直接汇款给卖方，卖方收到款后将提单的正本副本原件连同发票装箱单等寄给买方，到货后买方去提货即可。这种方式主要适用于买方曾赴卖方所在地验厂考察且金额不太大的跨境贸易。卖方往往会主张贸易术语采用卖方租船订舱的 C 组术语，并且提单不能采用电放形式；买方则会要求海运提单必须是不可转让的记名提单或采用空运方式，且买方需信任卖方没有伪造提单扫描件图片。

（二）预付货款

预付货款（Payment in Advance）是指卖方要求买方先将货款的全部或一部分通过银行采用电汇、信汇、票汇的方法汇交卖方，卖方收到货款后，根据买卖双方事先签订的合同，在一定时间内或立即将货物发运并寄交货运单据至买方的支付方式。

预付货款在实践中用得很少，可能会用于以下几种情况：①买卖的商品是进口商市场上急需的抢手货，进口商为取得高额利润，不惜预付货款；②进出口双方关系十分密切，有时，进口商是出口商在国外的联号；③卖方货物紧俏，但卖方对买方的资信不了解，为收汇安全，卖方提出将预付货款作为发货的前提条件。

（三）随单付款

随单付款（Cash with Order，CWD）是指买方在向卖方发出订单后，立即汇付货款给卖方。随单付款大多被应用于客户提出特殊加工要求的特殊商品，如手工艺品或小额贸易等。买方对于那些市场畅销而又稀缺的商品，也乐意采用这种方法，从而优先取得供应。当然前提是，买方对于卖方绝对信任（例如，卖方是业务良好的大型企业，且贸易额不大）。

(四)货到付款

货到付款(Payment after Arrival of the Goods)是指在订立合同后,出口商先发货,货物到达目的地后,买方收到货即汇付款项,或收到货以后一段时间再付款。这种操作方式需要卖方信任买方,所以跨国公司的子公司之间内部交易可以用这种方法;当商品市场竞争激烈并处于买方市场时,有时也会采用货到付款。

第二节 托 收

托收是指出口人先行发货后,委托银行向进口人收款的一种方法。托收方式对买方比较有利,手续费用低,风险小,有时可以取得卖方的资金融通。因此,在贸易磋商中,进口方往往希望采用托收这种结算方式。有关托收业务处理有专门的规则,各银行在处理跨国(跨境)托收业务时通常遵循国际商会《托收统一规则》。

《托收统一规则》(URC522)简介

国际商会为统一托收业务的做法,减少托收业务各有关当事人可能产生的矛盾和纠纷,曾于1958年草拟《商业单据托收统一规则》(The Uniform Rules for Collection, ICC Publication No. 522);1995年再次修订,称为《托收统一规则》(国际商会第522号出版物,URC522),1996年1月1日起实施。

《托收统一规则》自公布实施以来,被各国银行所采用,已成为托收业务的国际惯例。然而需要注意的是,该规则本身不是法律,因而对一般当事人没有默认情况下的约束力。只有在有关当事人事先约定的条件下,才受该惯例的约束。

一、托收的定义

托收是指由接到委托指示的银行处理金融单据和/或商业单据,以便取得承兑或付款,或者凭承兑/付款交出商业单据,或者凭其他条件交出单据。托收的定义包含以下几层意思:

1. 托收是指银行收到的指示。

2. 单据是指金融单据和/或商业单据。

3. 光票托收是指不附商业单据的金融单据的托收;跟单托收是指对附有商业单据的金融单据或不附金融单据的商业单据的托收。

二、托收方式的当事人

托收方式的基本当事人有四个，即委托人(Principal)、托收行(Remitting Bank)、代收行(Collecting Bank)和付款人(Payer)。

1. 委托人是指开出汇票(或不开汇票)委托银行向国外付款人收款的出票人，通常就是合同中的卖方。

2. 托收行是指委托人的代理人，是接受委托人的委托，转托国外银行向国外付款人代为收款的银行，通常为出口地银行。

3. 代收行是指托收行的代理人，是接受托收行的委托代向付款人收款的银行，通常为进口地银行。

4. 付款人通常就是合同的买方，是汇票上的付款人。

三、托收的种类

托收分为光票托收(Clear Collection)和跟单托收(Documentary Collection)两种。其中，跟单托收按交付货运单据条件的不同，分为付款交单和承兑交单两种。付款交单又包括即期付款交单和远期付款交单。

(一)光票托收

光票托收是指不附有商业货运单据的纯金融单据(汇票、支票、本票或其他取款凭证)的托收。现实中，有的托收附有的单据不是整套的货运单据，而是商业发票、垫付清单等，这种托收也被视为光票托收。光票托收一般用于佣金垫付费用等贸易从属费用或货款尾数、样品费等小额货款。

(二)跟单托收

根据国际商会《托收统一规则》(URC522)的定义，跟单托收是指对两类单据的托收：一类是附有商业单据的金融单据；另一类是不附金融单据的商业单据。

跟单托收按交付货运单据条件不同，分为付款交单(Documents against Payment，D/P)和承兑交单(Documents against Acceptance，D/A)两种。

1. 付款交单

付款交单是指卖方的交单须以买方的付款为条件，即出口人将汇票连同货运单据交给银行托收时，指示银行只有在进口人付清货款时才能交出货运单据。如果进口人拒付，就不能从银行取得货运单据，也无法提取单据项下的货物。付款交单按支付时间不同，又可分为即期付款交单(D/P at sight)和远期付款交单(D/P at … days after sight)两种。

(1)即期付款交单

即期付款交单是指出口人通过银行向进口人提示汇票和货运单据，进口人见票（或见单）即须付款，在付清货款后，领取货运单据。

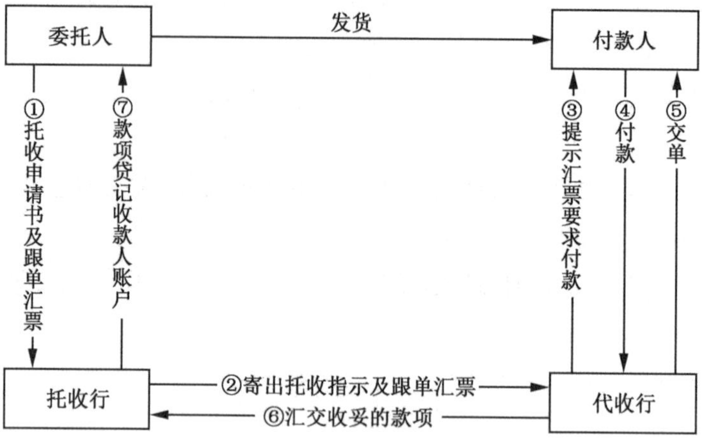

图 9—3　即期付款交单业务程序示意图

如图 9—3 所示，即期付款交单业务程序编号说明如下：

①出口人（委托人）按买卖合同规定装货后，填写托收申请书，开立即期汇票，连同货运单据（或不开立票据，仅将货运单据）交托收行委托代收货款；

②托收银行根据托收申请书缮制托收委托书，连同汇票（或没有汇票）、货运单据寄交进口地代收银行委托代收；

③代收行按照委托书的指示向进口人提示汇票与单据（或仅提示单据）；

④进口人审单无误后付款；

⑤代收行交单（包括提单、商业发票等）；

⑥代收行通知托收行，款已收妥并办理转账；

⑦托收行向出口人（委托人）交款。

（2）远期付款交单

远期付款交单是指出口人通过银行向进口人提示汇票和货运单据，进口人即在汇票上承兑，并于汇票到期日由代收银行再次向其提示时，经付款后向代收银行取得单据。在汇票到期付款前，汇票和货运单据由代收行掌握。

远期付款交单的业务程序说明如下：

①出口人按买卖合同规定装货后填写托收申请书，开立远期汇票，连同货运单据交托收行，委托代收货款；

②托收银行根据托收申请书缮制托收委托书，连同汇票、货运单据寄交代收行委托代收；

③代收行按照委托书的指示，向进口人提示汇票与单据，进口人经审核无误在汇票上承兑后，代收行收回汇票与单据；

④进口人到期付款；

⑤代收行向进口人交单；

⑥代收行通知托收行款已收妥并办理转账；

⑦托收行向出口人交款。

从上述内容可以看出，无论是即期付款交单还是远期付款交单，进口商都必须先付清货款，然后才能取得货运单据。在远期付款交单的条件下，若货物已到目的港，经承兑后的汇票和单据已退回代收行，此时行市看涨。买方为了抓住有利的行市，可以通过两种方法提前提货转售：一是在付款到期日之前付款赎单；二是出具一张信托收据，向代收行借出单据。其中以第二种较为常见，它是各国银行对进口人融资的通常做法。

2. 承兑交单

承兑交单是指出口人的交单以进口人的承兑为条件。进口人承兑汇票后，即可向银行取得货运单据，待汇票到期日才付款。承兑交单只适用于远期汇票的托收。

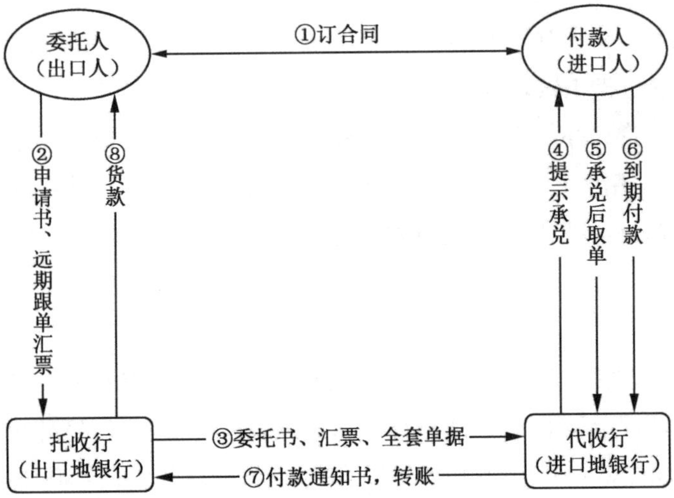

图 9—4　承兑交单业务程序示意图

如图 9—4 所示，承兑交单业务程序编号说明如下：

①进出口双方签订合同，并约定采用承兑交单结算货款；

②出口人按买卖合同规定装货后填写托收申请书，开立汇票，连同货运单据交托收行，委托代收货款；

③托收银行根据托收申请书缮制托收委托书，连同汇票、货运单据寄交代收行委

托代收；

④代收行按照托收委托书的指示，向进口人提示汇票和单据；

⑤进口人在汇票上承兑，代收行在收回汇票的同时，将货运单据交给进口人；

⑥进口人到期付款；

⑦代收行通知托收行，托收款项已收到；

⑧托收行向出口人提交货款并收取手续费。

四、托收的性质和特点

同汇付一样，托收方式亦属于商业信用，银行办理托收业务时，只是按委托人的指示办事。银行虽然处理金融票据和商业单据，但是，它完全是根据出口人的指示来处理，最终银行是否能收到货款，完全依赖买方的信用。即使银行不能从买方那里实际收到货款，银行只要已按照出口人的指示行事，它就不必承担任何责任。

托收方式对买方比较有利，费用低、风险小，有时可以取得卖方的资金融通。对卖方来说，即使是付款交单方式，因为货已发运，万一对方因市价低落或财务状况不佳等原因拒付，卖方将遭受来回运输费用的损失，或货物不得已被迫就地低价转售或拍卖的损失。

远期付款交单和承兑交单，卖方承受的资金负担很重。而承兑交单风险更大，因为买方只要承兑远期汇票，就可以取得运输单据，从而提取货物；一旦买方到期拒付，卖方可能要承担货、款两失的风险。我国外贸企业以托收方式出口，主要采用付款交单方式，一般不采用承兑交单。在进口业务中，尤其是对外加工装配和进料加工业务中，有时会对进口料件采用承兑交单方式付款。

五、使用托收时应注意的问题

托收对出口人有一定风险，特别是承兑交单风险更大，但对扩大出口有利。进口人可以免交开证押金和手续费，还可享预借单据提货的便利。在我们的出口业务中，应该根据不同货物的销售情况，以及不同客户、不同国家的贸易习惯，适当使用托收方式。为确保收汇安全，我国企业在出口贸易中使用托收方式结算时，应注意以下问题。

1. 调查了解进口人的资信情况、经营能力和经营作风。根据具体情况确定授信额度、成交金额与交货进度，避免买方借故资金紧张延期付款。国外代收行的选择，要经过托收行的同意，才能利用。我方应该在调查研究的基础上，选择资信好的和经营作风正派的国外商人作为采用托收方式的交易对象，尽量不使用承兑交单。

承兑交单风险案例

某年4月9日，某托收行受理了一笔付款条件为D/P at sight的出口托收业务，金额为USD100 000.00，托收行按出口商的要求将全套单据整理后撰打了托收函并一同寄给美国一家代收行。单据寄出一星期后，委托人声称进口商要求托收行将“D/P at sight”修改为“D/A at 60 days after sight”。托收行在强调D/A的风险性后，委托人仍坚持要修改，最后托收行按委托人的要求发出了修改指令，此后一直未见代收行发出承兑指令。

当年8月2日，应委托人要求，托收行通知代收行退回全套单据。8月19日托收行收到代收行寄回的单据，发现3份正本提单只有2份。委托人立即通过美国有关机构了解到，货物已经被进口商提走。此时托收行据理力争，要求代收行要么退回全套单据，要么承兑付款。但是代收行始终不予理睬，货款始终没有着落，而委托人又不愿意通过法律程序解决，事隔数年，货款仍未收回。

评析：D/P为付款交单(Documents against Payment)的简称，D/A为承兑交单(Documents against Acceptance)的简称，两者均属托收方式，但D/A比D/P风险更大。在D/A项下，进口人只要在汇票上承兑之后，即可取得货运单据，凭此提取货物；如果进口人到期不付款，出口人便会遭到款、货两失。此案中委托人应该意识到，D/P改为D/A的风险在于，进口方将把付款赎单改为承兑交单，即进口方在不付款只承兑的情况下就可以取得货运单据、获得货物，并且提单是以进口方为收货人，使得进口方很容易提货。根据URC522的有关规定，只要委托人向托收行作出了明确的指示，银行对由此产生的任何后果不负责任，即后果由委托人自行承担。此外更有甚者，有时少数银行会与外商勾结，造成出口方款、货两失。

1. 托收的性质为商业信用，银行不承担付款人必须付款的义务，出口人收款的保障取决于进口人的信用，因此，出口方在选择托收方式结算时，前提条件是买卖双方互相信任。只有在进口方信誉比较好的情况下，方能选择此方式。

2. 采用托收方式成交，提单不应做成“记名抬头”，即以进口人为收货人，最好采用“空白指示抬头”，即“To Order”，空白背书，避免进口方直接提货，如原进口方不付款赎单，出口方需要将货物就地转卖给其他厂商时，便于银行处理提单的转让。

3. 即使确定选用托收方式结算时，最好选择D/P付款条件，D/A付款比D/P付款风险大。在实际操作中，对于大额出口业务，可采用信用证和托收方式结合使用，切忌大额出口业务全额资金采用托收结算方式。

2. 对贸易管制和外汇管制较严的国家，在使用托收方式时要特别谨慎。对于进口需要领取许可证的商品，在成交时应规定进口人将领到的许可证或已获准进口外汇的证明在发运有关商品前寄达，否则不予发运，以确保安全。

3. 要了解进口国家的贸易习惯，以免影响安全迅速收汇。例如，有的国外代收行只接受即期付款交单的托收委托，而把远期付款交单当作承兑交单处理，不承担任何责任和风险；有的国家银行对D/P概念很陌生，常常要求将D/P远期改为D/A；还有的国家商人在即期付款交单情况下，要按“当地习惯”，即在货物到达目的港后，而不是代收行提示后即行“见票”，这种“习惯”在欧洲和非洲都有。按此“习惯”，万一货物到达不了目的港，进口商就可永不“见票”、永不付款。因此，为避免进口商以“当地习惯”为借口迟付或逃避付款，除应在出口合同中加列利息条款外，尚应明确规定进口商应在汇票第一次提示时即行付款或承兑。还可以在合同中明确规定“自装船后××天交单付款”。

4. 原则上应由我方办理保险，即争取以CIF或CIP条件成交，订立合同。如限于对方所在国的规定，必须由买方办理保险的交易，除应在货物装运后及时通知对方投保外，为保障我方利益，可由我方另行加保“卖方利益险”，以防万一货物遇险，买方未投保又不付款赎单时，可由我方自己向保险公司索赔。

5. 采用托收方式成交，提单不应直接以进口人为收货人，最好采用“空白抬头、空白背书”提单，为了维护我方出口利益，在取得代收行同意的条件下，也可以代收行作为提单抬头人。

6. 托收的单据种类、内容、份数应严格按照买卖合同规定办理，否则买方有权拒付。

7. 为防止少数居心不良的进口方蓄意寻找资信差的船公司订舱，货到港后通过串通手段让船公司无单放货给自己。确定合同贸易术语时，应当尽量选用出口方订舱的术语。

8. 对托收方式的交易，要建立完善的管理制度，定期检查，及时催收清理，发现问题后应及时采取措施，以避免或减少可能发生的损失。

练习题

一、判断改错题

1. 在采用票汇付款的情况下，由买方购买银行汇票直接寄给卖方，因此这种付款方式属于银行信用。

2. 在采用托收方式结算时，出口企业应当尽量争取FOB术语成交。

二、单项选择题

1. 汇付是国际贸易结算的基本方式之一，以下不属于汇付的基本种类的是________。

(A)电汇　(B)票汇　(C)押汇　(D)信汇

2. 以下属于顺汇方法的支付方式是________。

(A)汇付　(B)托收　(C)信用证　(D)银行保函

三、思考题

1. 在采用托收方式结算时，站在卖方利益角度考虑，为何提单上的“收货人”栏不宜直接打印收货人企业名称(即做成记名提单)?

2. 在采用托收方式结算时，以 CFR 术语成交和以 CIF 术语成交，对卖方而言，两者的具体风险区别主要在哪里?

3. 远期付款交单和承兑交单的主要区别在哪里?

4. 按照外贸企业职员经验，为什么易变质、不宜久存的货物出口不适合使用托收方式结算?

第十章　信用证

与汇付、托收结算方式不同的是，信用证方式建立在银行信用的基础上。信用证方式结算环节较为严密，特别适用于双方缺少熟悉和信任的传统国际贸易业务。

第一节　信用证的基本概念

信用证是随着商品经济和国际贸易的发展，在银行参与国际贸易结算时从仅提供服务，逐步演变为既提供服务又提供信用和资金融通的过程中形成的。目前，信用证已成为传统国际贸易结算中被广为使用的一种结算方式。

一、信用证的定义

信用证(Letter of Credit，L/C)是指开证银行应申请人的要求并按其指示，向第三者开具的载有一定金额、在一定期限内凭符合规定的单据付款的书面保证文件。

信用证是国际货物买卖中常用的支付方式。与托收一样，信用证也分为光票信用证和跟单信用证两大类。由于在货物进出口中一般都使用跟单信用证，因此，通常所指的信用证是跟单信用证。

根据 UCP600(国际商会 2007 年修订本)的解释，信用证是“一项不可撤销的安排，无论其名称或描述如何，该项安排构成开证行对相符交单予以承付的确定承诺”。简单来讲，信用证是一种银行开具的有条件承诺付款的书面文件。

信用证的支付方式把由进口人履行付款责任转为由银行来履行付款责任，从而保证出口人能安全、迅速地收到货款，买方按时收到货运单据，在一定程度上解决了进口人与出口人之间互不信任的矛盾，同时也为进出口双方提供了资金融通的便利。

二、信用证的当事人

信用证的基本当事人有 6 个，即开证申请人(Applicant)、开证行(Opening Bank，Issuing Bank)、通知行(Advising Bank，Notifying Bank)、受益人(Beneficiary)、议付行

(Negotiating Bank)和付款行(Paying Bank,Drawee Bank)等。现分别阐述如下：

1. 开证申请人,简称开证人。它是指向银行申请开立信用证的人,即进口人或实际买主。如由银行自己主动开立信用证,此种信用证所涉及的当事人中没有开证申请人。

2. 开证行。它是指接受开证申请人的委托,开立信用证的银行。它承担保证付款的责任,一般是进口人所在地银行。信用证一经开出,按信用证规定的条款,开证行负有承担付款的责任。

3. 通知行。它是指受开证行的委托,将信用证转交出口人的银行。它只证明信用证的真实性,并不承担其他义务。通知行一般是出口人所在地银行而且通常是开证行的代理行(Correspondent Bank)。

4. 受益人。它是指信用证上所指定的有权使用该证的人,即出口人或实际供货人。受益人通常也是信用证的收件人(Addressee),有按信用证规定签发汇票向所指定的付款银行索取价款的权利,在法律上以汇票出票人的地位对其后的持票人负有担保该汇票必获承兑和付款的责任。

5. 议付行。它是指愿意买入受益人交来的跟单汇票的银行。在信用证业务中,议付行通常是以受益人的指定人和汇票的善意持票人的身份出现的,因此,它对作为出票人的信用证受益人的付款有追索权。

6. 付款行,又称受票行(Drawee Bank)。它是指信用证上指定的付款银行。付款行通常是汇票的受票人。它一般是指开证行,也可以是指定的另一家银行,根据信用证条款的规定来决定。

信用证的当事人除上述六个之外,根据需要还可能涉及的当事人有保兑行(Confirming Bank)、转让行(Transferring Bank)与偿付行(Reimbursing Bank)等。

保兑行是指应开证行请求在信用证上加具保兑的银行。它具有与开证行相同的责任和地位,对受益人独立负责,在付款或议付后,不论开证行发生什么变化,都不能向受益人追索。业务中通常由通知行兼任,也可由其他银行加具保兑。

转让行是指应受益人的委托,将信用证转让给信用证的受让人即第二受益人的银行。转让行一般为通知行、付款行或保兑行。

偿付行也是付款行的付款代理,它不负责审单,只是代替开证行偿还议付行垫款的第三国银行。偿付行的付款不能视为开证行的付款。当开证行收到单据发现不符而拒绝付款时,仍可向索偿行(一般是议付行)追索。

三、信用证的主要内容

在国际贸易中,各国银行开出的信用证并没有统一的格式,但基本内容大致相同,即国际货物买卖合同的有关条款与要求受益人提交的单据，再加上银行保证。通常包括以下内容：

1. 信用证本身的说明。信用证编号、开证日期、到期日(有效期)和到期地点、交单期限等。

2. 兑付方式。选择是即期付款、延期付款，还是承兑。

3. 信用证的种类。是否可以撤销、是否经另一家银行保兑、可否转让等。

4. 信用证的当事人。开证申请人、开证行、受益人、通知行等。此外，有些信用证还有指定的付款行、偿付行、承兑行、指定议付行等。

5. 汇票条款。包括汇票的种类、出票人、付款人、付款期限、出票条款和出票日期等。

6. 货物条款。包括货物的名称、规格、数量、包装、价格等。

7. 单据条款。通常要求提交商业发票、运输单据和保险单据。此外，还有包装单据，如装箱单、重量单，以及产地证、检验证书等。

8. 支付货币和信用证金额。包括币别和总额。币别通常应包括货币的缩写与大写，总额一般分别用英语文字和阿拉伯数字同时打印。信用证金额是开证行付款责任的最高限额，有时信用证还规定一定比率的上下浮动幅度。

9. 装运与保险条款。装运港或启运地、卸货港和目的地、装运期限、可否分批装运、可否转运以及如何分批装运、转运的规定；以 CIF 或 CIP 贸易术语达成的交易项下的保险险别、投保的金额和保险条款等。

10. 特殊条款。主要根据每笔业务的不同需要而规定的一些条款，如要求××银行加以保兑、限制××银行议付等。

第二节　信用证的一般收付程序

一、即期跟单信用证收付程序

跟单信用证有不同的类型，其业务程序也各有特点，但就其基本流程而言，大体要经过申请开证、开证、通知、交单、付款、赎单这几个环节。现以最常见的即期跟单议付信用证为例，说明其业务程序。

如图 10－1 所示，即期跟单信用证收付程序流程编号说明如下：

①订立买卖合同。进口人与出口人双方先就国际货物买卖的交易条件进行磋商，达成交易后订立国际货物买卖合同，明确规定进口人以信用证方式支付货款。其中，

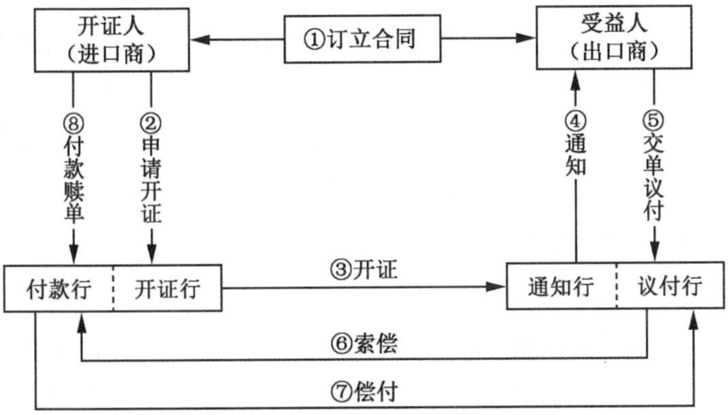

图 10—1 即期跟单信用证收付程序示意图

一般还应规定开证银行的资信地位、信用证的类型、金额、到期日、信用证开立并送达卖方的日期。

②申请开证。开证申请人即为合同的进口方,应按合同规定的期限向所在地银行(开证行)申请开证。申请开证时,申请人填写并向银行递交开证申请书,开证申请书的内容包括两个方面:一是指示银行开立信用证的具体内容,内容应与合同条款相一致,包括信用证金额和种类、货物描述、单价、数量、应当提交的单据等;二是关于信用证业务中申请人与开证行之间权利和义务关系的声明。其基本内容包括申请人承认开证行有权接受"表面上合格"的单据、保证单据到达后申请人如期付款赎单等。同时,申请人一般向开证行交付一定比例的押金或其他担保品。

③开证行开立信用证。开证行接受申请人的开证申请后,据以开立以出口人为受益人的信用证,并邮寄或电传或通过 SWIFT 电信网络送交出口地的代理行(通知行),请通知行代为通知或转交受益人。

④通知行通知受益人。通知行收到信用证后,经核对签字印鉴或密押无误,立即将信用证转至受益人,并留存一份副本备查。

⑤交单议付。受益人对信用证的内容审核无误,即可根据信用证的规定发运货物,缮制并取得信用证规定的全部单据,开立汇票(或不开汇票,视信用证规定),连同信用证正本和修改通知书(如果有修改通知书),在信用证规定的有效期和交单期内,递交给通知行或与自己有往来的银行办理议付。议付是指由受益人向上述当地银行递交信用证规定的全套单据,银行在单证一致的前提下,扣除预付款的利息和手续费后,购进受益人出具的汇票和全套单据,因此俗称"买单",又称"出口押汇"。议付是可以追索的。

⑥索偿。议付行办理议付后,根据信用证规定,凭单向开证行或其指定的银行(付

款行或偿付行)请求偿付的行为。其具体做法是:由议付行按信用证要求将单据连同汇票和索偿证明(证明单据符合信用证规定)分次以航邮寄给开证行或其指定的付款行。

⑦偿付(Reimbursement)。信用证中的偿付是指开证行或被指定的付款行或偿付行向议付行进行付款的行为。开证行或其指定的银行收到单据后,核验认定单证相符,即将票款偿付议付行;如有不符可以拒付,应在不迟于收到单据的次日起5个营业日内通知议付行表示拒绝接受单据。

⑧申请人(进口方)付款赎单。开证行在向议付行偿付后,即通知申请人付款赎单。申请人应到开证行审核单据,若单据无误,即应付清全部货款与有关费用;若单据和信用证不符,申请人有权向开证行拒付。申请人付款后,即可从开证行取得全套单据。

二、信用证业务中的银行结汇方式

信用证项下的出口单据经银行审核无误后,银行按照信用证规定的付汇条件,将外汇结付给出口企业,但是结付外汇的时间不一定都是出口企业交单议付的当期。在我国的信用证出口业务中,银行采用的结汇方式通常有三种,即除了买单结汇以外,还有收妥结汇和定期结汇。

(一)买单结汇

买单结汇也称出口押汇,是指出口企业(信用证受益人)在向银行提交信用证项下单据议付时,银行(议付行)根据企业的申请,凭企业提交的全套单证相符的单据作为质押进行审核,审核无误后,参照票面金额将款项垫付给企业,然后向开证行寄单索汇,并向企业收取押汇利息和银行费用并保留追索权的一种短期出口融资业务。

企业如向银行申请叙做(注:操作办理之意)出口押汇,须向银行各分支机构的国际结算部门或总行国际业务部提交包括法人营业执照及“出口押汇质押书”在内的多种资料。每次出口时出口商须填写“出口押汇申请书”,向银行提出融资申请,并将信用证或贸易合同要求的所有单据提交银行。银行审核相关单据并向出口商发放押汇款,银行对外寄单索汇,收汇后归还出口押汇。

(二)收妥结汇

收妥结汇也称收妥付款(或先收后结),是指议付行收到外贸公司的出口单据后,经审查无误,将单据寄交国外付款行索汇,待付款行将外汇付给议付行后,议付行才按当日外汇牌价结算成人民币交付给受益人(我国出口企业)。

这种结汇方式下,即使受益人提交的单据做到了“单证一致、单单一致”,其仍然不能在向银行交单的时候即得到货款。而议付行这样做的很大原因在于规避开证行的偿付风险，因此这种方式对于议付行较为有利，但对于出口企业并不太有利。

（三）定期结汇

定期结汇，是议付行根据向国外付款行索偿所需时间，预先确定一个固定的结汇期，到期后主动将票款金额折成人民币拨付给出口企业。该期限通常是根据不同国家、地区的银行收取外汇的时间长短来确定的。

定期结汇属于出口企业和议付行两者风险较为折中的一种方案。对于出口商而言，可以掌握收汇时间，合理地安排资金周转，而且不用像出口押汇那样向银行支付利息；而对银行来说，通过加速寄单收汇，尽快收回货款，用于银行资金融通，取得一定的利益。

三、信用证的修改流程

信用证的内容应当是合同内容的“翻版”，但是买方申请开立信用证时，有时会在信用证当中加入额外的要求，或者将信用证内容撰写得与合同有出入。由于信用证一经开出并生效，即在银行与买卖双方之间建立起一种独立于买卖合同的关系，银行“只凭信用证，不问合同”，所以受益人审核通知行发来的信用证时，就必须加以足够的重视，如果发现问题，应及时向对方提出要求修改的内容。根据国际惯例，修改信用证应遵循以下流程：

1. 将信用证必须修改的内容集中起来，一次性地明确提出，尽量避免由于考虑不周而多次提出修改要求所带来的麻烦。

2. 对不可撤销信用证中任何条款的修改，都必须在有关当事人全部同意后才能生效，这是各国银行公认的惯例。

3. 由于信用证如需修改，必须由开证人向开证行提出申请，所以受益人应当向买方提出修改的内容。如果受益人直接向开证行提出，则是无效的。

4. 卖方（受益人）向买方发出修改信用证的电子邮件后，买方如果同意修改信用证，则必须向开证行提出修改信用证的申请。

5. 开证行修改信用证，形成“信用证修改通知书”（或 MT707 格式电文），开证行再把“信用证修改通知书”寄给通知行（或 SWIFT 传输使用 MT707 格式电文）。

6. 通知行把信用证修改通知书交给卖方，卖方要么完全接受，要么完全不接受，不能只接受一半，只接受一半将被认为是拒绝。注意，有关信用证修改必须是通过原信用证通知行转达的才真实有效。

7. 卖方如果接受信用证修改通知书，须以书面形式表达确认。

8. 买卖双方必须明确修改费用由谁承担。

第三节 信用证的特点、性质和作用

本节将对信用证的特点、性质等作简要分析。其中，2007 年修订的 UCP600 第 4、第 5 和第 7 条对信用证的特点作了完整的说明。

一、信用证的特点

(一)信用证是一种银行信用(开证银行负有第一性付款责任)

信用证是开证行向受益人的付款承诺。UCP600 第 7 条明确指出：自信用证开立之时起，开证行即不可撤销地受到兑付责任的约束。第 15 条规定：当开证行确定提示相符时，就必须予以兑付。这表明信用证是一项约定(Arrangement)，按此约定，凭规定的单据在符合信用证条款的情况下，开证银行向受益人或其指定的人进行付款、承兑或议付。开证行处于第一付款人的地位，它的付款责任是首要的和独立的，即使进口人失去偿付能力或者拒绝付款，只要出口人提交的单据符合信用证条款，开证行也有义务付款。因此，信用证是一种由开证银行以自己的信用作保证的银行信用。

(二)信用证是一种独立的自足文件

信用证虽然是根据买卖合同开立的，但信用证一经开立，就成为独立于买卖合同以外的契约。信用证的各当事人的权利和责任完全以信用证中所列条款为依据，不受买卖合同的约束，出口人提交的单据即使符合买卖合同要求，但若与信用证条款不一致，仍会遭到银行拒付。所以，信用证是一项独立自主文件，开证银行和参与信用证业务的其他银行只按信用证规定履行自己的义务。

(三)信用证是一种纯单据业务

在信用证方式之下，实行的是凭单付款的原则。UCP600 第 5 条规定："在信用证业务中，各有关方面处理的是单据，而不是与单据有关的货物、服务或其他行为。"该惯例在第 15 条对此作了进一步的规定和说明，即银行处理信用证业务时，只凭单据，不问货物，它只审查受益人所提交的单据是否与信用证条款相符，以决定其是否履行付款责任。

值得注意的是，银行虽有义务"合理、小心地审核一切单据"，但这种审核只是用于确定单据表面上是否符合信用证条款。银行对任何单据表面的格式、完整性、准确性、真实性、伪造或法律效力或单据上规定的或附加的一般或特殊条件，一概不负责任；对于单据所反映的货物的描述、数量、品质、状态、包装、交货、价格，或货物的发货人、承运人、运输商、收货人或保险人或其他任何人的诚信或行为及/或疏漏、清偿能力、履行能力或资信情况,也概不负责。

虽然银行只是根据表面上符合信用证条款的单据承担付款义务,但这种要求却十分严格。

总之,信用证业务的特点就是"一个原则,两个只凭":"一个原则"是指"严格相符的原则",要求"单内相符、单单相符、单证相符";"两个只凭"是指银行"只凭信用证、不问合同"以及"只凭单据、不管货物"。

二、信用证的性质和作用

信用证是一种银行对出口人的有条件的付款承诺,是建立在银行信用基础上的,是一种银行信用。对出口人来说,其取得了银行信用,只要做到与信用证规定相符,"单证一致,单单一致",银行就保证支付货款。对进口商来说,他可以通过信用证的单据要求,在一定程度上确保出口人按时、按质、按量交付货物。

买方如何通过信用证来保证自己所采购货物的数量和品质

银行处理信用证业务时,只凭单据、不问货物。它只审查受益人所提交的单据是否与信用证条款相符,以决定其是否履行付款责任。但是买方可以在设计开证内容的时候,通过设计卖方需提交的装船前检验证书条款,来间接保证自己采购的货物的数量和品质。

例如,在信用证的单据条款中规定,卖方向银行交单议付的单据包括已装船清洁提单,以及××检验公司在出口地装船前对商品实施的数量检验、卫生检验、品质性能测试合格证书。这样,虽然银行不会去直接检验货物性能等指标,但银行只需要看卖方提供的单据即可。如果没有参加检验,或者检验结果不合格,那么卖方就无法提供符合该信用证要求的检验单据,也就无法顺利交单议付。

信用证在国际贸易中被如此广泛地使用,是因为它有以下一些积极的作用:

1. 信用证用银行信用取代商业信用,基本解决了买卖双方互不信任的矛盾。

2. 信用证便利了买卖双方向银行进行融通资金。银行可以通过打包贷款、叙做出口押汇向出口人融通资金,可以凭借信托收据借单、叙做进口押汇向进口人融通资金。

3. 信用证保障并促进了国际贸易的扩大与发展。

第四节 信用证的种类

当前,在国际货物买卖中所使用的信用证种类较多,现介绍其主要类别。

一、跟单信用证和光票信用证

根据信用证项下的汇票是否附有货运单据,信用证可分为跟单信用证(Documentary Credit)和光票信用证(Clean Credit)。

1. 跟单信用证是指凭跟单汇票或仅凭单据付款、承兑或议付的信用证。这里的"单据",是指代表货物所有权或证明货物业已装运的货运单据,包括运输单据、商业发票、保险单据、商检证书、产地证书、装箱单等。

2. 光票信用证是指开证行仅凭受益人开具的汇票或简单收据而无须附带货运单据付款的信用证。在国际贸易货款结算中,主要使用跟单信用证。

在国际货物买卖结算中,由于各种信用证的名称不同,它们在性质、银行责任、收汇快慢、安全程度等方面都存在着差别。因此,买卖双方在签订合同时,必须就信用证的种类予以明确。

二、保兑信用证与非保兑信用证

保兑(Confirmed)是指一家银行开立的信用证,由另一家银行加以保证兑付。保兑行和开证行一样,对受益人承担首要的和独立的付款责任。经保兑的信用证称为保兑信用证(Confirmed L/C);未经除开证行以外的其他银行保兑的信用证称为非保兑信用证(Unconfirmed L/C)。

经保兑的信用证意味着有两家银行向受益人负责,显然对受益人有利,可以说是一种最安全的信用证。但是,出口人是否要在合同中作出要求对方开立保兑信用证的规定,则应根据不同情况分别对待。

按照银行惯例,保兑银行出面保兑其他银行的信用证时都要收取一定的保兑费,这当然要增加买方的负担。而买方则往往通过压低合同价格的办法,将之转嫁给出口商。因此,从出口商的角度看,只要安全收汇有保证,就不必在规定对方开立信用证之外还要求保兑,以免在价格上吃亏。但如交易的金额较大,对开证行的资信又不十分了解或国际金融市场动荡,也可以要求使用保兑信用证,以确保安全。

三、即期信用证与远期信用证

按付款期限的不同，信用证可分为即期信用证（Sight L/C）与远期信用证（Usance L/C）两大类。

即期信用证是指按信用证的要求，凭卖方提示即期汇票和装运单据，或单凭装运单据开证行即予以付款的信用证。

远期信用证是指开证行或付款行收到符合信用证规定的单据后，不立即付款，而是待信用证规定的到期日再付款的信用证。

远期信用证又可分为两种，即银行承兑信用证（Acceptance L/C）和延期付款信用证（Deferred Payment L/C）。

银行承兑信用证是指开证行收到单据经审核无误后，在卖方开立的远期汇票上承兑，然后留下单据，承兑后的汇票则退回给受益人，等到期时再次提示付款。当然，受益人也可以在汇票到期之前，通过贴现收回货款。

延期付款信用证是指开证行在信用证上明确规定银行在受益人交单后若干天内付款或货物装船后若干天内付款。这种信用证无须开立汇票，因此也不具备贴现条件。

鉴于信用证的付款期限可以有不同的规定，因此在签订合同时，就必须明确，如凭即期信用证付款。如果约定远期付款，则必须明确付款期限、起算日期和一定的利息负担。

此外，在我国的进出口实践中，有时合同规定即期信用证付款，但在执行时，对方开立的信用证却要求受益人开立远期汇票，但明确指示银行按即期付款处理。有的则在证中列明由指定的银行负责承兑贴现，费用由开证行负担。这类信用证对受益人来说，仍然像开立即期汇票一样，在提示单据时立即收回货款，所以我国业务上习惯称之为假远期信用证（Usance Credit Payable at Sight）。买方之所以开立这种假远期信用证，有时是碍于进口国外汇管制办法不允许开立即期信用证。但从根本上看，这是开证行利用第三家银行资金的一种手段。

四、可转让信用证与不可转让信用证

可转让信用证（Transferable L/C）是指经出口商请求、进口商同意，由开证银行在信用证上注明“可转让”字样，即授权受益人（即第一受益人、出口商）可以将信用证所列金额的全部或部分转让给出口商以外的第三者（第二受益人），使其有权使用转让后全部或部分金额的信用证。可转让信用证只能转让一次，但允许第二受益人将信用证重新转让给第一受益人。

凡可转让信用证必须载明如下文句，以表明其功能：

1. 本信用证可转让。（This Credit is Transferable.）

2. 本信用证允许转让。（Transfer to be allowed.）

在国际上，可转让信用证多应用于由中间商出面签订的合同，可转让信用证中，通常第一受益人是中间商，第二受益人为实际供货商，由中间商把信用证转由实际供货商执行。中间商从国外接到订单并收到由国外进口商开具的可转让信用证，以中间商为受益人。第一受益人将订单交给生产厂，并将信用证金额的全部或部分转让给第二受益人。第一受益人不愿将提供货源的生产厂家地址及交易条件告知给进口商，是为保住商业秘密和商业竞争的机会。

凡信用证中未注明"可转让"字样的，则不可转让。为了防止将信用证转让给资信欠佳的第二受益人而影响合同的执行，我国企业在签订进口合同时一般不规定开立可转让信用证的条款。

进口人开立可转让信用证，意味着他同意出口人将交货、交单义务由出口人指定的其他人来履行，但这并不等于买卖合同也已被转让。如果发生第二受益人不能交货，或交货不符合合同规定、单据不符合买卖合同的要求时，原出口人仍要承担买卖合同规定的卖方责任。

不可转让信用证（Non-transferable Credit）是指受益人不能将信用证的权利转让给他人的信用证。凡信用证中注明"不可转让"（Non-transferable），或未注明"可转让"字样的，就是不可转让信用证。在常规国际贸易中使用的多数是不可转让信用证。

五、信开信用证与电开信用证

根据开立的手段或者说信用证的表现载体，信用证可分为信开和电开两种不同形式。

信开信用证是信用证诞生之初就有的开立形式，在电信技术还很落后的当时，开证行以纸质商业公函格式缮制打印信用证，并通过邮寄方式送达通知行，一般是一式两份或两份以上。为了防伪，这种信用证空白版往往会用较特殊的纸张印制，而且开证行会在信用证上留下密押（通常是一长串字母加数字的序列号，经过一系列内部掌握不公开的算法处理，可以同信用证的开证日期、信用证号等信息匹配上，不掌握此算法的人难以伪造这种序列号），通知行收到这种信用证后首先会按流程鉴别真伪。

信开信用证并未被废除，但如今已较少使用。

电开信用证也称电传方式信用证（Tele-transmission Credit），是指开证行以电子文本的形式开立信用证的有效文本，并用电信方式（现多使用 SWIFT 网络标准电文格式 MT700/701）传递给通知行的信用证。这是一种使用内部网络系统传输的带电子加密签章的信用证信息，通知行接收到以后将其自行打印出来即可。相比信开信用证而言，电开信用证使用方便快捷，SWIFT 方式下很少有伪造可能。

SWIFT 电开信用证的一大优势是条款查找一目了然，效率很高。例如，代码“59:”后面跟的信息是受益人的名称；“39B:”后面跟的信息是信用证金额的最高限额；“57A:”后面跟的信息是通知行名称；等等。

六、其他特殊信用证种类

（一）循环信用证

循环信用证（Revolving L/C）的特点是信用证被受益人利用后能够重新恢复原金额再被使用，周而复始，直到规定次数或总金额用完为止。循环信用证一般用于分批交货的长期合同，目的是为了简化手续和减少开证押金。在订约时应明确下列两方面问题。

首先，应明确金额恢复的办法。当前在这个问题上有三种做法，即自动恢复、非自动恢复和半自动恢复。

1. 自动恢复又称自动循环，即信用证在规定时期内被使用后，无须等待开证行通知，即自动恢复至原金额。

2. 非自动恢复又称非自动循环，即每使用一次后，须由开证行通知后恢复原金额。

3. 半自动恢复又称半自动循环，即信用证在被利用后，开证行如未在一定时期内提出不能恢复原金额的通知，即可自动恢复至原有金额。

其次，应明确信用证的金额是否可积累使用，即前一期的金额如未使用或留有余额，可否转入第二期继续使用。按照惯例，如信用证未明确可积累使用者，应理解为不能积累使用，即有的合同规定前空后不补的含义。因此，如果希望能积累使用，就应在买卖合同和信用证中予以明确。

（二）背对背信用证

背对背信用证（Back to Back Credit）又称转开信用证，是指原证的受益人以原证为担保品，要求银行以第三人为受益人另行开立的一张与原证内容相似的新的信用证。背对背信用证通常以中间商（原证的受益人）为申请人，可见，背对背信用证多数用于中间商转售他人货物或转口贸易的场合。目前，在两国或两个地区之间，由于种种原因，不能直接发生贸易的情况下，也经常利用这种信用证。背对背信用证的采用一般无须在合同中作出规定，但在洽谈过程中，必要时也可就此作为一种默契。

（三）对开信用证

对开信用证（Reciprocal L/C）是指两张信用证的开证申请人互以对方为受益人

而开立的信用证。对开信用证的特点是：第一张信用证的受益人（出口人）和开证申请人（进口人）就是第二张信用证的开证申请人和受益人；第一张信用证的通知行通常就是第二张信用证的开证行。两张信用证的金额可以大体相等，也可以不等；两证可同时互开、同时生效，也可先后开立、同时生效。

对开信用证多用于易货交易、来料加工和补偿贸易业务。交易的双方都可能担心对方凭第一张信用证出口或进口后，另外一方不履行进口或出口的义务，于是采用这种互相联系、互为条件的开证办法，彼此得以约束。

第五节　有关信用证的合同条款

采用信用证付款时，为了明确责任，买卖双方一般需要在合同中就下列问题作出规定。

一、对开证行的规定

信用证是一种银行信用，开证行的资信如何，对受益人来说意义重大。因此，谨慎的卖方往往要求在合同中对开证行作出规定。最常见的是，规定由卖方可以接受的银行开证。

二、对信用证金额的规定

在一般交易中，通常要求开立足额信用证，即信用证的金额应为合同的全部金额。如合同规定有溢短装条款，信用证金额也应有相应表现。对于以到岸品质/数量为准的合同，也可以规定开立不足额的信用证。例如，“合同金额的96%，其余额待到货后，由买方根据到货的品质和数量，予以弥补”，如果是这种交易，双方就需要在合同中明确规定信用证额度以及余额的支付办法。

三、信用证有效期和到期地点的规定

信用证的有效期，实际上就是开证行承诺付款的期限。超过有效期，银行即自动解除其付款承诺。为了使受益人在装船后能在合理的时间制单和办理议付的必要手续，一般都在合同中明确规定信用证的有效期。除规定有效期外，信用证还可规定交单期；如果没有规定，银行将拒绝接受迟于运输单据出单日期21天后提交的单据。

应该注意的是，信用证的到期地点与卖方可利用信用证的期限有密切的关系。目前，关于信用证的到期地点，基本上有两种规定办法：一是在出口地到期；一是在开证

行所在地到期。如果是后者，受益人的单据就必须赶在到期日之前送达开证行，这无疑缩短了有效期的天数，对卖方不利，因此卖方往往在合同中要求明确在出口地到期。

四、对买方开证义务的规定

在合同规定以信用证付款的条件下，买方就负有开立信用证的义务。按照国际上的惯例，买方开证是卖方履行交货的先决条件。买方如不开证，卖方有权不履行交货，并可提出要求损害赔偿。按照许多国家法律的解释，买方不履行开证义务是构成严重违约的行为，卖方要求的损害赔偿可以是包括预期利润在内的损失。

买方的开证义务还包括另一个重要内容，即必须按时开证。如果合同规定有开证时间，则必须在时限内开证；如果合同未规定时限，应在装运期开始前的合理时间内开证，以便卖方能够在约定装运期开始前，得到付款的保证和自由选择装运期限内的任何时间发运货物。假如买方拖延开证时间，同样构成重大违约行为，对此，卖方既可以主张不交货，要求损害赔偿，也可以要求相应延长交货期限，买方不得无理拒绝，否则就构成违约。

鉴于国际上在合同没有规定开证日期时，是以合理时间来衡量买方是否及时开证的，而所谓“合理时间”则是一个事实问题，其长短需视具体情况而定，执行起来容易因双方理解不同而发生纠纷，故为明确起见，应在合同中规定具体日期。例如，签约后××天，或装运期开始前××天，具体期限可视商品的性质及收购、制造情况而定。有的合同也有作出如订约后立即开证或尽快开证的规定。由于这类文句含义不清，缺乏统一解释，应避免使用。对于有些合同，尤其是FOB合同，买方为了避免过早开证造成资金积压和增加费用，可以规定在接到卖方货物备妥通知后若干天内开证。在这种情况下，卖方的通知就成为买方开证的先决条件。

五、关于自动延期的规定

在我国的出口合同中，有时也规定，如果卖方未能按期装船，信用证自动延期××天。这种规定实际上放宽了装船期限，有利于交货和节省改证的手续及费用。但必须在信用证上列入相应的文句，否则不能起到应有的作用。

六、其他规定

为了调和买卖双方在选用支付方式方面的矛盾，节省买方的费用，利用资金融通，促成交易，也可采用部分信用证、部分托收的方式支付货款。在采用这种办法时，合同中必须明确，全套货运单据随托收交付，在买方付清托收项下的货款后进行交单，以保证安全。

此外，双方还应规定卖方应予交付的单据。如系远期信用证，也可列利息条款。

第六节　《跟单信用证统一惯例》简介

国际商会为明确信用证有关当事人的权利、责任、付款的定义和术语，减少因解释不同而引起的各有关当事人之间的争议和纠纷，调和各有关当事人之间的矛盾，于1930年拟订一套《商业跟单信用证统一惯例》(Uniform Customs and Practice for Commercial Documentary Credits，UCP)，并于1933年正式公布。后经多次版本修订，现行的是《跟单信用证统一惯例》(Unifoum Castoms and Practice for Documentary Credits，国际商会第600号出版物)2007年修订版，简称UCP600。

UCP600的主要内容包括：

1. 明确开证行、通知行、受益人、申请人、保兑行等当事人的角色定义；
2. 明确信用证与合同的关系，明确开证行与保兑行的责任；
3. 明确信用证修改的流程规定；
4. 明确银行审核单据的标准，以及各种常见单据所应包含的栏目信息内容；
5. 关于信用证金额、商品数量和单价伸缩度的规定；
6. 关于分批装运、不可抗力等其他有关信用证事项的规定。

《跟单信用证统一惯例》是全世界公认的非政府商业机构制定的最为成功的国际惯例之一。目前世界上100多个国家和地区近万家银行在信用证业务方面声明适用UCP 600。我国于2006年元旦起施行的《最高人民法院关于审理信用证纠纷案件若干问题的规定》中也明文表示："……参照国际商会《跟单信用证统一惯例》等相关国际惯例，结合审判实践，就审理信用证纠纷案件的有关问题，制定本规定。"

练习题

一、单项选择题

1. 在信用证方式下，银行保证向信用证受益人履行付款责任的条件是________。

(A)受益人按期履行合同　　(B)受益人按信用证规定交货

(C)开证申请人付款赎单　　(D)受益人提交严格符合信用证要求的单据

2. 信用证业务中不涉及的当事人是________。

(A)Collecting Bank　　(B)Beneficiary

(C)Applicant　　(D)Issuing Bank

3. 下列关于信用证的修改说法不正确的是________。

(A)修改应由开证申请人向开证行办理

(B)修改须经开证行和受益人同意才能生效

(C)受益人可以对修改通知书中内容有选择性地接受

(D)原证条款在受益人向通知行发出接受修改前仍然有效

4. 在国际贸易中,用于统一解释和调整信用证当事人之间关系的国际惯例是________。

(A)INCOTERMS 2010 (B)UCP600

(C)URC522 (D)以上选项均不对

二、案例分析题

1. 我国某公司按 CIF 大阪向日本某企业出口一批货物,8 月 20 日由日本东京银行开来即期跟单信用证,金额为 50 000 美元,装船期为 9 月份。信用证中规定,偿付行为纽约花旗银行,中国银行收到证后于 8 月 22 日通知出口公司。8 月底我方公司获悉进口方因资金问题濒临破产倒闭。请问:在此情况下,我方应如何处理?并说明理由。

2. 我国某公司从国外进口大宗初级产品。合同中规定,允许分批装运,凭信用证方式支付。第一批货物装运后,卖方凭合格的单据取得货款。但买方提货后发现货物品质和数量均不符合合同规定,因而要求银行对后几批货物拒付。请问:这一要求是否合理?

3. 我国某公司向国外 A 商出口货物一批。A 商按时开来即期议付信用证,该信用证由设在我国境内的外资 B 银行通知并加具保兑。我公司在货物装运后,将全套合格单据交 B 银行议付,收妥货款。但 B 银行向开证行索偿时得知开证行因经营不善已宣布破产,于是 B 银行要求我公司将议付款退还,并建议我方直接向买方索款。请问:我方应如何处理?

4. 我国某出口公司按 CIF 新加坡条件出口一批工艺品,卖方按照规定找了一家船公司准备装运。此时买方来电称:现在急需此批工艺品,请改为空运,由此引起的卖方损失及空运和海运运费的差价均由买家承担。由于时间紧,来不及改证,这笔款项将在货到后付给卖方。卖方考虑到双方的友好关系,及时按要求发了货。发货后,卖方备齐全套单据向银行议付,却遭遇到开证行的拒付。请问:银行拒付问题可能会出在哪儿?

三、信用证翻译题

以下是一份信用证的主要部分内容的改编，请将其条款含义翻译成中文。

……		
FORM OF DOCUMENTARY	40A	IRREVOCABLE
DOCUMENTARY CREDIT NO	20	M42T7411NS123XX
DATE OF ISSUE	31C	2014/11/05
APPLICANT	50	WIND FORCE CO. LTD SEOUL，KOREA
BENEFICIARY	59	SHANGHAI AAA CO. LTD SHANGHAI，CHINA
CURRENCY CODE，AMOUNT	32B	USD 20000
DRAFTS AT	42C	AT SIGHT
DRAWEE	42A	SHINHAN BANK，SEOUL
PARTIAL SHIPMENTS	43P	ALLOWED
TRANSHIPMENT	43T	PROHIBITED
LATEST DATE OF SHIPMENT	44C	2015/01/03
DOCUMENTS REQUIRED	46A	SIGNED COMMERCIAL INVOICE IN TRIPLICATE； PACKING LIST IN TRIPLICATE； FULL SET OF CLEAN ON BOARD OCEAN BILL OF LADING； FTA CERTIFICATE OF ORIGIN（FORM K）IN DUPLICATE； CERTIFICATE FOR PRE－SHIPMENT INSPECTION IN DUPLICATE ISSUED BY CIQ.

第十一章　国际贸易结算的风险和防范

目前，国际贸易结算的基本方式有汇付、托收和信用证三种。汇付和托收方式下，买卖双方承担风险的高低取决于对方是否诚实守信，这两种结算方式都是基于商业信用。信用证方式是一种银行信用，开证银行承担第一付款人的义务，相对于汇付、托收来说，买卖双方如果使用信用证结算，承担的风险都比较小，信用证是目前最为流行的一种结算方式。然而，没有无风险的支付方式，面对风险，特别是欺诈风险，企业采取一定的防范措施可以避免或减少风险。因此，本章将分别介绍汇付、托收和信用证结算方式下的风险和防范。

第一节　汇付结算方式下的风险和防范

在进出口贸易采用汇付方式结算货款的过程中，银行只提供服务而不提供信用，所以这是一种商业信用。对于出口商来说，如果能够争取到预付货款方式，将对其极其有利；但如果是货到付款方式，出口商能否收到款项则完全取决于进口商的商业信用，如果进口商不恪守信用，则出口商最终可能会面临钱货两空的风险。对进口商而言，能够争取到货到付款的方式，对其是非常有利的；反之，如果采用预付货款的方式，进口商将面临钱货两空的风险。

一、汇付结算方式下的风险类型

(一)国家风险

由于国际政治关系局势的风云变幻，有些国家政策规定，禁止本国银行将款项汇至或转汇至对其敌视的国家。如果该政策规定早已有之，那么进出口商在签订合同时就应当避免使用汇付这种结算方式，或者应当选择让地处第三国的某子公司等企业代替本国公司执行贸易业务；如果该政策属于签订合同后出台的新规定，那么买卖双方应当积极协商，如无法履行合同，可协商撤销合同。

(二)技术风险

技术风险是指在汇付结算过程中，由于贸易商、银行等有关当事人的失误、工作差错及客观条件的限制等导致的国际贸易支付风险。

（三）外汇风险

外汇风险是指汇率或利率在一定时间内发生始料不及的变动，从而造成进出口商实际收益与预期收益或实际成本与预期成本发生背离，导致经济损失的可能性。

1. 交易风险。是指由于外汇汇率波动而引起企业应收账款与应付债务的价值发生变化的风险。例如，在进口贸易中，如果支付外币货款时，外汇汇率较合同签订时上涨了，进口商就会付出更多的本国货币或其他货币；而在出口贸易中，如果收进外币货款时，外汇汇率较合同签订时下跌了，出口商就会收进更少的本币或其他货币。

2. 会计风险。会计风险又称转换风险，是指由于汇率变化而引起企业资产负债表中某些外汇项目金额在折算成以本国货币表示的项目时可能产生账面损失的风险。

3. 经营风险。是指由于汇率变化而引起企业未来一定期间收益减少的一种潜在损失的风险。风险的大小取决于汇率变动对该企业产品的数量、价格及成本的影响程度。

（四）欺诈风险

这是汇付结算中较为常见的一种风险，具体风险类型包括：

1. 在先付款后发货或货到付款的汇付约定前提下，另一方收到了款却不发货或收到了货后以种种理由拖延付款。

2. 利用票汇的业务程序进行欺诈。

3. 利用电汇业务进行欺诈。例如，电汇中，欺诈者冒充汇出行向解付行发去电传，要求将汇款贷记某账户或付现金给某人。

4. 伪造已装船提单（包括提单的扫描件等）等凭证进行欺诈。

二、汇付结算方式下的风险防范措施

1. 慎重采用汇付方式，对出口商而言，尤其要了解进口国外汇政策。

2. 在客户资信不佳或不明时，尽量不采用汇付结算方式。如果采用汇付方式，应委托银行或专业咨询机构进行客户资信调查，绝不与资信不良或不明的客户来往。

3. 汇付一般不用于金额较大的交易。

4. 出口商一旦收到国外寄来的票据，应委托银行或专业机构检验其真实性，必要时等收妥款项后才能发货。

第二节　托收结算方式下的风险和防范

托收方式下，银行只提供服务，不提供信用。银行办理托收业务时，只是按委托人

的指示办事，银行虽然处理金融票据和商业单据，但它完全是根据出口人的指示来处理，银行最后是否能收到货款完全依赖于买方的信用；即使银行不能从买方那里实际收到货款，银行只要已按照出口人的指示行事，它就不必承担任何责任。托收方式对买方比较有利，费用低、风险小，有时可以取得卖方的资金融通。对卖方来说，即使是付款交单方式，因为货已发运，万一对方因市价低落或财务状况不佳等原因拒付，卖方将遭受来回运输费用的损失和货物不得已被迫低价转售或拍卖的损失。尤其是在远期付款交单和承兑交单方式下，卖方承受的资金负担很重，而承兑交单风险更大，因为买方只要承兑远期汇票，就可以取得运输单据，从而提取货物，一旦买方拒付，卖方就要承担货、款两失的风险。

一、托收结算方式下的风险类型

托收结算方式中，国家风险、技术风险和外汇风险与汇付方式类似。托收中还存在一种运输风险，即如采用 FOB 或 CFR 术语成交，尽管理论上货物在装运港装上船后风险转移由买方承担，但如果货物途中真的出险受损或灭失，而之前无人投保，买方(在知道出险的前提下)十之八九不会再去银行付款赎单了。

而关于具体的欺诈风险，在托收方式中有以下几种：

1. 进口商串通所在国的基层政府部门，以货物被借故没收或强行征用的名义使卖方货、款两空。

2. 出口方使用假提单、作废提单正本、假的商检证书等虚假单据欺骗进口方与银行。

3. 进口商虽然同意付款赎单，但是提出要求大幅度降价，迫使卖方同意。

4. 进口商并无资质或许可证进口该类商品(如药品等)，货物被进口国官方部门没收。

5. 进口商拖延付款太久，以至于货物在进口国港口仓库存仓时间过长，产生大量仓储费，甚至超过一定时间因无人提货而被进口国海关没收、拍卖。

6. 进口商串通所在国的船公司或货运代理企业，以无单提货方式使卖方货、款两空。

二、托收结算方式下的风险防范措施

1. 认真选择客户，掌握客户资信情况，选择资信较好的厂商作为交易对象。

2. 合理控制交易额。一般不超过进口商的经营能力和信用程度。

3. 企业内部明确，托收通常适用于市场价格相对稳定、货物不易变质的商品交易。

4. 出口企业慎做承兑交单(D/A)和远期付款交单(D/P 远期)。

5. 及时了解进口国贸易及外汇管理规定。

6. 密切关注交易商品的国际市场行情,在行情波动较大时慎做托收。

7. 建立完善的管理制度,定期检查,及时催收清理,发现问题后应及时采取措施,以避免或减少可能发生的损失。

8. 买方要求特制外观款式的、转卖他人客观上有困难的商品不宜采用托收结算。

第三节 信用证结算方式下的风险和防范

跟单信用证提供了一套可以普遍使用的独特方法,它具有诸多有利于买卖双方结算得以顺利进行的优点,是比汇付和托收更为安全的结算方式。然而,它也有自己的局限性。跟单信用证是银行有条件付款的书面文件。它是纯单据业务,银行虽有义务“合理、小心地审核一切单据”,但这种审核只是用于确定单据表面上是否符合信用证条款。银行对任何单据表面的格式、完整性、准确性、真实性、伪造或法律效力或单据上规定的或附加的一般/或特殊条件,一概不负责任;对于单据所反映的货物的描述、数量、品质、状态、包装、交货、价格,或货物的发货人、承运人、运输商、收货人或保险人或其他任何人的诚信或行为及/或疏漏、清偿能力、履行能力或资信情况,也概不负责。银行审核单据遵从“严格相符”的原则,但是该原则仅仅要求而且只能要求单据在表面上与信用证相符合,银行对任何单据的真实性和相应的法律效力等概不负责任。因此,信用证结算方式下同样存在种种风险隐患。

与汇付、托收相似,信用证结算风险包括国家风险、技术风险、外汇风险和欺诈风险。国家风险突出表现在外汇管制造成的拒付或少付以及贸易管制造成的进出口许可证问题。技术风险主要体现在单证不符,从而遭到银行的拒付。

有关欺诈风险,在信用证结算方式下种类繁多。对于出口商来说,开证银行破产,对方开立假冒信用证或“软条款”信用证是主要的信用证欺诈风险;对于进口商来说,如果遇到卖方伪造全套单据,或仅仅伪造单据的内容,都会对买方构成极大的不利影响。此外,少数出口方与船方勾结,出具预借提单或倒签提单,会对买方的按时收货构成影响。

一、出口商可能遇到的信用证欺诈风险

(一)开证银行破产

信用证是一种银行信用,然而,如果开证银行是资信度很低的银行,大多为实力较

弱的小银行，或是外汇短缺国家的银行，它们在开立信用证之后一旦倒闭或失信，对于出口商将产生很大影响。通常，出口商的付款请求权仅仅为普通破产债权人，而且法律程序复杂，最后出口商往往收不回货款。

(二)假冒信用证

假冒信用证是指那些缺乏成为有效信用证的必备条件而表现出自身虚假性的信用证。其主要特征表现在以下方面：

1. 电开信用证无密押或盗用密押，或声称使用第三家银行密押，而第三家银行确认电文没有加密；

2. 函开假冒信用证或伪造开证行有权签字人员的签字；

3. 信用证不经通知行通知而直接到达收益人手中，且信封无寄件人详细地址；

4. 信用证格式为陈旧或过时的格式；

5. 信用证条款自相矛盾或违背常规；

6. 开证行行名和地址不清楚。

通常，在买卖合同中列有出口商预付佣金或履约金等条款，且支付时间规定在出口商收到信用证后立即支付的情况下，少数进口商会以假冒信用证骗取佣金或履约金。

(三)进口商不按合同规定开证

信用证是银行根据开证申请人(即进口商)的要求或指示开立的，信用证的条款应与买卖合同一致。但在实际业务中进口商不依照合同开证，从而使合同的执行发生困难，或者使出口商遭受额外损失的情况并不少见。例如，进口商不按期开证或不开证；进口商在信用证中变更一些条件或增加对其有利的条款，以达到企图变更合同的目的；进口商在信用证当中作出许多新的限制规定；等等。

(四)“软条款”信用证

“软条款”信用证一般是指信用证表面上要式完备，但是规定了一些难以遵从的限制性条款，或者规定了一些含糊不清或责任不明的条款。这种信用证可随时因开证行或开证申请人单方面的行为而解除。“软条款”信用证使开证行的第一性付款责任大大削弱，使得进口商可以根据市场供求或自身资金余缺情况而随意拒绝付款或强行压价。

“软条款”信用证本质上属于进口商故意设置单据的障碍和陷阱，其具体表现形式包括：

1. 规定船公司、船名、装运日期、起运港、目的港等需要由开证申请人通知或同意，或者规定以信用证修改方式另行通知。

2. 无明确的保证付款条款，或明确表示开证行付款以进口商承兑汇票为前提。

3. 要求提供不易获得的单据(例如,要求进口国驻出口国大使馆商务参赞签署文书等)。

4. 信用证开出后暂不生效,待进出口许可证签发后或通知后才生效,或者货样经进口方确认后生效等。

5. 规定必须在货物抵达目的地后经买方检验后方予付款,或者规定须由进口商或开证行核实商检证上的签字与在开证行预留的印鉴相一致。

6. 设置表面上不难办,但实际上很难办甚至根本办不到的条款。例如,在海运提单中规定将内陆城市确立为装运港。

7. 信用证当中存在条款内容相互矛盾的单据要求,譬如规定禁止分批装运但又限定每批交货的期限等。

我国出口商因信用证"软条款"被骗履约保证金案例

某年8月,吉林省某外贸公司与美国纽约某企业公司签订了出口鹅卵石的合同。合同规定,中方收到信用证后须先付给美方25万元人民币履约保证金。9月,美方开来的信用证中要求由买方到口岸验货并签署质量检验证明,作为出口方交单议付的单证之一,出口方对此未提出异议。后来,美方一再拒绝派人检验,致使信用证逾期,给中方公司造成直接损失40余万元人民币。

二、信用证结算方式下出口商的风险防范措施

1. 慎重选择贸易伙伴。在签订买卖合同之前要了解对方的资信,选择与资信良好的伙伴进行贸易往来。资信良好包括两方面内容,既有履约能力,又能诚实守信地履约。进行资信调查,可以通过银行调查,也可以通过专门资信调查机构调查,或通过驻外机构以及国际贸易联系网络进行。

2. 重视对国外开证行资信审查。出口商可以委托国内通知行审核开证行资信,如果发现开证行资信可疑,应要求进口商调换资信较好的银行作为开证行,或者要求资信度较好的大银行加具保兑。

3. 慎重订立买卖合同中的信用证条款。信用证的有效期必须合理,这样才能使受益人有合理、充分的时间要求修改不合理条款以及安排装运,否则出口商很有可能没有充分时间要求修改不合理条款及安排装运,出口商很有可能要承担违反信用证条款责任,而使进口商达到欺诈目的。信用证有关条款不能含糊其词,尤其是单据条款和装运条款。此外,对卖方而言,总的原则是信用证越简单越好,烦琐条款越多就越有可能造成不符点的出现,越复杂的信用证中的"软条款"陷阱也会越多。

4. 提高本企业结算工作人员素质，鉴别国际贸易中的假冒信用证。尤其要注意的内容包括对方公司名称是否规范，地址、电话、传真号码是否真实、准确。

5. 要求本企业工作人员严格审核信用证，拒绝“软条款”信用证。在收到进口方开立的信用证之后，应明察秋毫，注意发现其中的“陷阱”条款，并坚决要求对方修改信用证上的此类条款。

三、进口商可能遇到的信用证欺诈风险

1. 全套单据是伪造的。信用证的受益人在货物根本不存在的情况下伪造出整套与信用证要求相符的单据，银行在审核的时候以表面上单证完全相符而无条件付款，继而进口商付款赎单，最后遭受损失。在伪造全套单据中，伪造提单是其中的核心内容，它是卖方在信用证方式下凭以结汇收取货款的主要单证。伪造提单通常有两种情况：一是伪造提单内容并以根本不存在的所谓某船公司的名义签发；二是设立假公司，伪造假提单。

2. 仅仅伪造单据的内容。这里是指，单据是真的，表面上都符合信用证要求，货物也是真的，但装运的货物不是信用证所要求的货物，而是残、次品或废品，或者是其他与信用证规定的货物毫不相干的物品。出口商以这种方式得逞的主要原因在于，承运人只有检查货物表面状况的权利而无权随意打开货箱检查，由此承运人无法知道货物的真实性而只要表面情况良好就给出口商开具清洁提单。

3. 预借提单和倒签提单。预借提单是指货物还没有装船甚至还没有到达装运港，卖方便通过某种手段拿到相应的符合信用证规定的有效期的提单；倒签提单是指当装运期晚于有效期，但卖方通过某种手段拿到相应的符合信用证规定的有效期的提单。不论是预借提单还是倒签提单，都掩盖了货物应该在有效期内装运而没有装运或晚装运的真相，买方将不能收到货物或晚收货物。如果不能收货，买方最后将钱货两空；如果晚收货物，买方就承担了市场价格下跌或货物变质的风险。

四、信用证结算方式下进口商的风险防范措施

1. 慎重选择贸易伙伴。在签订买卖合同之前要了解对方的资信，选择与资信良好的伙伴进行贸易往来。有必要的情况下，买方应当择机赴卖方厂家所在地参观考察。

2. 合理选择贸易术语，一般应争取用 FOB(或 FCA)贸易术语，如果选择了 CIF、CFR 贸易术语，应尽量要求卖方限于在世界知名且经营规模较大的几家船公司选择订舱，而且还要及时掌握船舶动向和行踪。

3. 随时保持警惕，多方了解出口方及船方信息。在发现问题后要迅速行动，查找

证据，并与本地银行保持密切联系，以便严格按照国际惯例和国际公法的准则处理问题。

五、信用证结算方式下开证行面临的风险与防范措施

1. 开证申请人由于种种原因不付款赎单。信用证开证时，开证申请人并不需要向开证行缴清全部货款，只需缴纳一定数量的保证金，而且保证金所占开证金额的比例较小，因而实际是由银行垫付大部分资金。当信用证到期，开证申请人无力支付或由于其他原因不支付银行垫款，银行的垫款将难以收回。

2. 利用远期信用证进行骗汇。由于进口信用证业务流程复杂、牵涉面广，其中一些当事人由于利益驱动勾结起来，买卖双方联手利用远期信用证进行金融诈骗，有目的地骗购外汇，侵占银行资金。

对此，开证行应当严格执行开证申请人的资信审查，加强保证金管理。开证行必须严格审查开证申请人近期业务经营状况、资信情况、资产质量、负债状况、偿付能力等，并参照信贷管理审查程序及制度给每位客户核实一个开证的最高授信额度。

对远期信用证，必须落实足额保证金或采取同等效力的担保措施。保证金收取比率应与进口商的资信、经营作风、资金实力及市场行情相结合。对风险较大的业务，可考虑收取100%的保证金或质押。

牟××利用信用证诈骗案例

20世纪90年代，南德经济集团及其法定代表人牟××等为长期非法占有国家资金，伙同他人共谋，共同策划以虚构进口贸易的方式，通过对外循环开立180天远期信用证，达到非法获取银行资金的目的；并指使其他人配合实施诈骗。从1995年8月15日至1996年8月21日，南德经济集团凭借虚构的进口货物合同、交通银行贵阳分行对合同的“见证意见书”，通过湖北省轻工业品进出口公司在中国银行湖北分行共计骗开信用证33份，议付31份，获取总金额7 507.4万美元。除用于偿还集团债务及业务支出外，余额用于循环开立信用证、支付利息及手续费，造成中行湖北分行实际损失3 549.95万美元，严重破坏了国家金融管理秩序，其行为均已构成信用证诈骗罪。

牟××信用证诈骗案的主要特点有：

1. 通过对外循环开立180天远期信用证，有一个较长的时间差，隐蔽性大，不易被人察觉，能配合其他条件实施诈骗。

2. 里外勾结。即国内不法诈骗分子为信用证的开证申请人，境外不法外商为信用证的受益人，两者互相勾结，用连环套实施诈骗。本案中，开证申请人就是南德经济集团及其总裁牟××，信用证受益人是提供假单据并进行贴现的香港东泽科技贸易公司。

3. 为掩护实施诈骗，虚构炮制假进口合同。

附：我国《刑法》第 195 条规定，有下列情形之一，进行信用证诈骗活动的，处 5 年以下有期徒刑或者拘役，并处 2 万元以上 20 万元以下罚款；数额巨大或者有其他严重情节的，处 5 年以上 10 年以下有期徒刑，并处 5 万元以上 50 万元以下罚金；数额特别巨大或者有其他特别严重情节的，处 10 年以上有期徒刑或者无期徒刑，并处 5 万元以上 50 万元以下罚金或者没收财产：

(1)使用伪造、变造的信用证或者附随的单据、文件的；

(2)使用作废的信用证的；

(3)骗取信用证的；

(4)以其他方式进行信用证诈骗活动的。

练习题

案例分析题

1. 我国某公司向尼日利亚 N 公司出口电视机，付款方式为 D/P，由尼日利亚 C 银行作为代收行，买方付款赎单后该银行丧失信誉，未及时将货款汇付卖方，该笔资金被 C 银行占用数月后，经我国公司上百次交涉方才返还。请问：这起案例留给我国出口企业的教训是什么？

2. 我国广东某公司向美国出口一批地砖，采用信用证结算，贸易术语为 FOB 深圳，由美方指定货代公司和船公司并承担海运费用，后通知行转发来的信用证上显示要求提单须以电放提单形式出具。请问：这种信用证的条款一般称为什么条款？其中有什么风险性？

第十二章 国际货款结算保障

国际贸易的货款结算存在不可预知的风险，这种风险对于买卖双方都是存在的。从风险产生的原因来看，有的风险是由于买卖双方中的一方主观欺诈动机所产生的，也有的风险是由于宏观经济政策和市场风向改变等外来因素导致的。政府部门或银行等金融机构考虑到企业规避风险的这种需求，推出了一些货款结算保障的服务项目。

第一节 出口信用保险

一、出口信用保险概述

出口信用保险(Export Credit Insurance)也称出口信贷保险，是各国政府为提高本国产品的国际竞争力，推动本国的出口贸易，保障出口商的收汇安全和银行的信贷安全，促进经济发展，以国家财政为后盾，为企业在出口贸易、对外投资和对外工程承包等经济活动中提供风险保障的一项政策性支持措施。出口信用保险属于非营利性的保险业务，是政府对市场经济的一种间接调控手段和补充，也是世界贸易组织(WTO)补贴和反补贴协议原则上允许的支持出口的政策手段。

出口信用保险诞生于19世纪末的欧洲，最早在英国和德国等地萌芽。1919年英国建立了出口信用制度，成立了第一家官方支持的出口信贷担保机构——英国出口信用担保局(ECGD)。西班牙、瑞典、美国、加拿大和法国分别于1929年、1933年、1934年、1944年和1946年相继建立了以政府为背景的出口信用保险和担保机构，专门从事对本国的出口和海外投资的政策支持。1950年，日本政府在通产省设立贸易保险课，经营出口信用保险业务。60年代以后，众多发展中国家纷纷建立自己的出口信用保险机构。中国出口信用保险公司(SINO SURE，以下简称中信保)于2001年12月18日正式挂牌运营，服务网络覆盖全国。自2013年开始，中国人保(PICC)也开始经营短期的出口信用险。

出口信用保险承保的对象是出口企业的应收账款，承保的风险主要是人为原因造成的商业信用风险和政治风险。商业信用风险主要包括买方因破产而无力支付债务、买方拖欠货款、买方因自身原因而拒绝收货及付款等；政治风险主要包括因买方所在国禁止或限制汇兑、实施进口管制、撤销进口许可证、发生战争和暴乱等买卖双方均无法控制的情况，导致买方无法支付货款。以上这些风险是无法预计、难以计算发生概率的，也是商业保险经营人无法承受的，所以承保人大多要靠政府支持来经营。

二、中信保的主要经营业务

（一）短期出口信用保险

短期出口信用保险为以信用证或非信用证方式对中国出口的货物、服务提供应收账款收汇风险保障，承保业务的信用期限一般为一年以内。其具体险别包括综合保险、统保保险（针对非信用证结算）、信用证保险、特定买方保险、买方违约保险和出口前附加险等。

1. 承保商业风险范围

（1）买方破产或无力偿付债务；

（2）买方拖欠货款；

（3）买方拒绝接收货物；

（4）开证行破产、停业或被接管；

（5）单证相符、单单相符时开证行拖欠或在远期信用项下拒绝承兑。

2. 承保政治风险范围

（1）买方或开证行所在国家、地区禁止或限制买方或开证行向被保险人支付货款或信用证款项；

（2）禁止买方购买的货物进口或撤销已颁发给买方的进口许可证；

（3）发生战争、内战或者暴动，导致买方无法履行合同或开证行不能履行信用证项下的付款义务；

（4）买方或开证行付款须经过的第三国颁布延期付款令。

短期出口信用保险的被保险人可以是出口企业，也可以是银行。当银行为了避免在买入出口企业的应收账款（银行出口保理业务）后，因国外买方的商业风险及其所在国政治风险导致直接损失时，银行可以向中信保投保出口信用保险（银行）保险；当银行为了避免在福费廷业务项下无追索权地买入出口企业在远期信用证项下已经承兑或承诺付款的未到期债权后，因国外开证行到期不付款导致的直接损失时，银行可以向中信保投保出口信用保险（福费廷）保险。

短期出口信用保险的损失赔偿比例为：破产、无力偿付债务、拖欠等其他商业风险所造成损失的最高赔偿比例为90%；买方拒收货物所造成损失的最高赔偿比例为90%；政治风险所造成损失的最高赔偿比例为90%。

(二)短期出口买方违约保险

短期出口买方违约保险是指向中国出口企业提供的，承担因政治风险和商业风险导致的商务合同项下成本投入损失的短期出口信用保险产品，适用于机电产品、成套设备、工程承包、船舶等行业。该险别损失赔偿比例可由被保险人自由选择，最高赔偿比例为90%。

1. 承保商业风险范围

(1)买方破产或无力偿还债务；

(2)买方单方面解除合同；

(3)买方恶意变更合同；

(4)买方拒绝付款。

2. 承保政治风险范围

(1)买方所在国家或地区颁布法令或采取行政措施，禁止或限制汇兑货款；

(2)买方所在国家或地区颁布法令或采取行政措施，禁止货物进口或撤销进口许可证；

(3)买方所在国家或地区颁布延期付款令，影响货款支付；

(4)买方所在国家或地区被禁运或制裁；

(5)买方所在国家或地区发生战争等不可抗力因素，导致买方无法履行合同。

(三)中长期出口信用保险

中长期出口信用保险主要是为金融机构、出口企业或融资租赁公司收回融资协议、商务合同或租赁协议项下应收款项提供风险保障，承保业务的保险期限一般为2～15年。其具体险别包括出口买方信贷保险(主要是保障银行)、出口卖方信贷保险(主要是保障出口企业)、再融资保险(主要是保障银行)、海外融资租赁保险等。

三、出口信用保险的特点和作用

投保出口信用保险可确保企业收汇的安全性，扩大企业国际结算方式的选择面(如L/C外还可采用T/T、D/P、D/A等)，从而增加出口成交机会。同时，投保后可提高出口企业信用等级，有利于获得银行打包贷款、托收押汇、保理等金融支持，加快资金周转。出口信用保险公司还可为企业提供客户信用调查、账款追讨等其他业务。

企业按时申报适保范围内的全部出口，如发生保单所列的风险，企业可按规定向出口信用保险公司索赔。根据支付方式、信用期限和出口国别的不同，保费费率(大致数字)从0.23%至2.81%不等，平均为0.9%。买家拒付、拒收的，通常赔付比例为实际损失的80%左右,其他风险为90%。信用保险公司在赔付卖方后,向境外买方追讨的收益,视情况按一定比例再分配给投保企业。

中信保不赔付货物质量问题引起的纠纷,所以卖方在实践中最好掌握质量合格的相应证明。

(一)统保制度简介

当前我国规定出口信用保险必须采用"统保"的方式。所谓统保,是指承保出口商所有的出口业务,亦即出口企业在一定时期或一定区域市场上所有业务都要一次性办理出口信用保险。从承保人的角度来看,这一规定使承保面扩大,有利于分散风险。

(二)授信额度制度简介

授信额度主要根据企业投保的既往历史和企业规模等信息确定,如果某大中型企业已在中信保投保过多年出口信用保险,从历史记录来看,出险率总体较低,则其在中信保可以获得较高的授信额度。授信额度是赔付额的重要影响因素,例如,中信保核定的买方授信额度为50万美元,90%赔付比例,但卖方出口70万美元的货,如果这70万美元都收不回来,虽然损失有70万美元,但只能赔到50万美元(赔不到63万美元,因为授信额度只有50万美元)。此外同理,出口信用保险赔付一次后,承保人以后就会针对该卖方和买方(只要其中一方将来信息匹配上)提高相应保费费率。

第二节　银行保理和福费廷业务

一、银行保理业务

保理(Factoring)全称保付代理,又称托收保付,是一种金融术语,指卖方将其现在或将来的基于其与买方订立的货物销售/服务合同所产生的应收账款转让给保理商(在此提供保理服务的金融机构),由保理商向其提供资金融通、买方资信评估、销售账户管理、信用风险担保、账款催收等一系列服务的综合金融服务方式。

本节所涉及的保理,特指银行的出口保理业务。这种保理是指出口商(债权人)以赊销(O/A)、承兑交单(D/A)为付款条件,由保理商(通常是银行)向其提供包括贸易融资、买方资信调查、坏账担保、贷款催收以及销售分类账管理等综合性金融服务。国际保理业务也属于银行信用的一种。

(一)银行出口保理的实质

以赊销(O/A)、承兑交单(D/A)为付款条件的出口贸易,即使在进口方正常守信的情况下(假设无保理业务),卖方也不能在出口的当期收到货款。因此,出口保理实质上相当于在货物装运后，出口方立即将发票、汇票、提单等有关单据卖断给保理商(银行)，提前得以收到全部或大部分货款，从而取得贸易资金融通的业务。

国际保理业务的运作有单保理和双保理两种方式。仅涉及进出口商一方保理商的称为单保理方式，涉及双方保理商的则称为双保理方式。单保理是只有出口银行与出口商签订保理协议，并对出口商的应收账款承做保理业务；双保理是进出口银行都与进出口商签订保理协议。由于单保理方式主要适用于出口商所在国没有保理商的国家和地区，所以本节主要阐述双保理业务。

(二)出口保理业务流程

双保理方式一般适用于进出口商双方所在国都有保理银行的国家和地区，买卖双方签订贸易合同时，需要约定采用保付代理结算。业务大体流程如下：

1. 出口商向出口保理银行申请办理出口保理业务，提供出口保理银行要求的资料。

2. 出口保理银行审核同意后，与出口商签订出口保理协议。

3. 出口商将进口商的有关情况及交易资料提交给出口保理银行。

4. 出口保理银行将资料整理后转送进口商所在国的经选定的进口保理银行。

5. 进口保理银行对进口商的资信进行调查和评估，确定进口商的信用额度，并将调查结果及可提供信用额度的建议通知出口保理银行。

6. 出口保理银行将通知转达出口商，如果该进口商资信可靠，则出口保理银行对进出口双方间的交易加以确认。

7. 进出口双方签订以保理方式结算的贸易合同。

8. 出口商按合同规定备货装运后，将发票及提运单等有关货运单据交给出口保理银行。

9. 出口保理银行按出口商要求，预付其一般不超过80%的货款或采用买断票据的形式，即按票面金额扣除利息等各项费用后，将这部分货款无追索权地付给出口商。(注：部分情况下保理银行有追索权。)

10. 出口保理银行随即将发票及单据转寄进口保理银行，后者入账，进行财务管理及负责催收货款。

11. 发票、汇票到期后，进口商按票面金额付款给进口保理银行。(注：如果进口商在发票到期日90天后仍未付款，进口保理银行做担保付款。)

12. 进口保理银行扣除服务费后，将余下货款划付给出口保理银行。

13. 出口保理银行在扣除预付货款、佣金、银行转账手续费及其他费用后，将余款(如果有的话)交给出口商；如果是买断的，则核销结账即可。

（三）银行出口保理业务特点

保理作为诞生较晚的国际贸易结算手段，已经有几十年的历史了，而且逐渐成熟，并被更多出口商采用。其主要是针对在日益激烈的市场竞争中，买方的付款条件更加苛刻，比如D/A远期，甚至赊销等情况下，为了适应出口商既能够保持出口需要，又要保证资金周转而产生的一种金融服务产品。但是，买方须有较好的信誉或信用，这样进口保理银行才能够为其核定一定的信用额度；而且该信用额度还须被出口保理银行核准认可，否则是不可能被银行同意的。保理业务的银行手续费相对较高。

在流程手续上，出口商必须在签订买卖合同之前，先与保理银行签订保理协议，并在保理银行允许的额度内与买方签订买卖合同；否则，保理银行不承担付款的责任。

二、福费廷业务

本节所讲的福费廷主要是指出口福费廷业务。出口福费廷也称包买票据或票据买断，是指银行作为包买商，从出口商手中无追索权地购买由银行承兑/承付或保付的远期汇票的融资业务。出口福费廷业务包括信用证下福费廷（常指远期信用证）和票据保付项下福费廷（主要用于跟单托收结算），以应用于信用证结算的福费廷较为常见。

出口福费廷是提前获得货款的一种资金融通形式。相对于其他贸易融资业务，福费廷业务的最大特点在于无追索权，即出口企业通过办理福费廷业务，无须占用银行授信额度，就可从银行获得100%的便利快捷的资金融通，改善其资产负债比率。同时，还可以有效地规避未来的利率、汇率、信用等各种风险，为在对外贸易谈判中争取有利的地位和价格条款、扩大贸易机会创造条件。

除非出现出口商的欺诈行为，否则福费廷项下承兑行必须到期付款，票据的买入行也不能向出口商追索。

福费廷业务项下，银行对出口商放弃追索权的前提条件是，出口商所出售的债权是合法有效的。因此，银行通常在与出口商签订的福费廷业务协议中约定，如因法院止付令、冻结令等司法命令而使该行未能按期收到债务人或承兑/承付/保付银行的付款，或有证据表明出口商出售给该行的不是源于正当交易的有效票据或债权时，银行将对出口商保留追索权。

保理和福费廷业务的区别

福费廷与保付代理业务虽然都是由银行买断汇票或远期票据，但两者之间还是有区别的：

1. 保付代理业务多在中小企业之间进行，成交的多属于一般进出口商品，交易金额不大，付款期限在1年以下；而福费廷业务，成交的商品多为大型设备，交易金额大，付款期限长，并在较大的企业间进行。

2. 保付代理业务无须进口商所在地的银行对汇票的支付进行保证或开立保函；而福费廷业务则必须履行该项手续。

3. 国际保理的应收款周期多为6个月以内；而福费廷业务融资期限多在6个月以上，最长可达10年之久。

如果使用信用证结算，出口福费廷业务手续办理大体流程如下：

1. 买卖双方签订进出口合同与福费廷合同，同时进口商申请银行担保。

2. 出口商发货，并将单据和汇票寄给进口商。

3. 进口商将自己承兑的汇票或开立的本票交给银行要求担保。银行同意担保后，担保函和承兑后的汇票或本票由担保行寄给出口商。

4. 出口商将全套出口单据(物权凭证)交给包买商(一般指银行)，并提供进出口合同、营业执照、近期财务报表等材料。

5. 收到信用证开证行有效承兑后，包买商扣除利息及相关费用后贴现票据，无追索权地将款项支付给出口商。

6. 包买商将包买票据经过担保行同意后向进口商提示付款。

7. 进口商付款给担保行，担保行扣除费用后把剩余货款交给包买商。

第三节 银行保函

银行保函是根据契约一方当事人的请求向受益人承诺，在委托人违约时由银行按照保函规定的条件履行经济赔偿责任的一种信用保障手段。它可以适用于有风险的结算方式，也可以适用于比较复杂的结算方式，更可以适用于任何经济交易中，为承受风险的一方提供保障。

一、银行保函的定义

银行保函又称银行保证书(Banker's Letter of Guarantee,L/G),是指银行向受益人开立的保证文件。由银行作为担保人,以第三者的身份保证委托人如未对受益人履行某项义务时,由担保银行承担保函中所规定的付款责任。除非另有规定,银行保函一经开立,不可撤销,也不得转让。

二、银行保函的当事人

银行保函的基本当事人主要有以下三个:

1. 委托人(Principal)。即申请人,是与受益人订立合同的执行人和债务人,也是向银行提出申请,要求银行开立保函的一方。

2. 保证人(Guarantor)。又称担保人,即开立保函的银行或其他金融机构。保证人根据委托人的申请,并在由委托人提供一定担保的条件下向受益人开立保函,担保在保函规定的付款条件满足时即行向受益人付款。

3. 受益人(Beneficiary)。是在他与委托人之间订立合同的债权人,即当委托人未履行合同时可通过保函取得货款或赔款的人。

银行保函除了以上三个基本当事人以外,有时候还可能有转递行、保兑行和转开行等当事人。转递行是根据保证银行的请求,将保函转递给受益人的银行。保兑行是在保函上加具保兑的银行。转开行是接受保证银行的请求,向受益人开立保函的银行。

三、银行保函的基本内容

一般来说,银行保函包括以下内容:

1. 基本栏目。包括保函的编号,开立时间,当事人的名称、地址,有关工程项目或其他标的物的名称,有关合同或标书的编号和签约日期等。

2. 责任条款。这是银行保函中最重要的条款。

3. 保证金额。保证金额是出具保函的银行所承担责任的最高金额。

4. 有效期。即最迟的索赔期限,或称到期日,可以是一个具体的日期,也可以是某一行为或某一事件发生后的一个时期。

5. 索偿方式。一种是见索即付的保函;另一种是附有某些条件的保函。银行保函通常是按不同情况,规定不同的索偿条件。目前常用的是见索即付银行保函。

四、银行保函的种类

银行保函在实际业务中，不仅适用于货物的买卖，而且适用于其他国际经济合作的领域。

（一）履约保函和还款保函

根据保函保证的行为，银行保函可分为履约保函和还款保函。

1. 履约保函(Performance Guarantee)是指银行应申请人的请求，向受益人开立的保证申请人履行某项合同项下义务的书面保证文件。在保函有效期内如果发生申请人违反合同的情况，银行将根据受益人的要求向受益人赔偿保函中所规定的金额。在国际货物买卖中的履约保函，又可具体分为进口保函(Import Letter of Guarantee)和出口保函(Export Letter of Guarantee)：

(1) 进口保函是指银行应进口人的申请开给出口人的信用文件，保证在出口人按买卖合同交货后，进口人一定如期付款，否则由保证银行负责一定金额的款项；

(2) 出口保函是指银行应出口人的申请开给进口人的保证文件，明确规定，如出口人未能交货，银行负责赔偿进口人一定金额的款项。

2. 还款保函(Repayment Guarantee)主要用于国际间金额较大的成套设备或工程项目交易中。出口方常要求进口方预付一定金额的订金，进口方为了保障自己的利益，在支付订金前，要求出口方提供银行的还款保函，以担保出口方履行合约；否则，出口方银行负责将预付订金及利息退还给进口方。

（二）无条件保函和有条件保函

根据担保人所承担的责任，银行保函可分为无条件保函和有条件保函。

1. 无条件保函是指担保人收到符合保函的索赔书和保函规定的其他文件后，即承担付款责任。银行保函大多属于“见索即付”(无条件保函)，是不可撤销的文件。

2. 有条件保函通常是指保函上规定受益人在索赔时必须附以一定的证明委托人(被保证人)违约事实的证明文件等附件，保证人才予以付款，在此担保人承担的是第二性的付款责任。

除了上述履约保函和还款保函以外，还可根据其他作用和用途的不同，划分其他种类的保函，如投标保函、补偿贸易保函、来料加工保函、维修保函等。

练习题

一、判断改错题

1. 任何一份银行保函都有保兑行这一基本当事人。

2. 出口商签订了买卖合同后，可以申请银行的保理业务。

3. 福费廷业务主要应用于食品、日用品等金额交易量不太大的国际贸易。

二、思考题

1. 出口信用保险对于由货物质量引起的卖方收不到款，是否给予赔偿？谈谈你对其中原因的理解。

2. 银行保函的申请人就是将来因违约受损失而要求银行赔偿的人吗？

第十三章　不同结算方式的选择和结合使用

汇付、托收和信用证等是基本的结算方式。在一般的国际货物买卖具体合同中，通常只单独使用一种方式。但在特定情况下，也可在同一笔交易中把两种甚至两种以上的不同方式结合起来使用。

第一节　选择结算方式应考虑的因素

各种不同的结算方式对国际货物买卖中的进出口人而言，各有利弊。以某种具体的结算方式为例，不能笼统地讲其风险是大还是小，因为对卖方风险小的结算方式（如先汇款、后发货）对买方而言，风险可能就很大。贸易合同中双方需要就结算方式达成一致意见，所以一方提出的结算方式，若必须为另一方所接受，就不能够使另一方承担的风险过高。在实际业务中，应针对不同国家（地区）、不同客户、不同交易的具体情况全面衡量后决定。

在比较不同结算方式利弊的诸因素中，安全是第一重要问题，其次是占用资金时间的长短，至于办理手续费的简繁、银行费用的多少等因素也应给予适当的注意。以下是我们在选择结算方式时经常需要考虑的一些问题。

一、客户信用

客户信用是依法订立的合同能否顺利圆满地得到履行的决定性因素。因此，要在出口业务中做到安全收汇、在进口业务中做到安全用汇，即安全收到符合合同的货物，就必须事先做好对国外客户的信用调查，以便根据客户的具体情况，选用适当的结算方式，这是选用结算方式成败的关键和基础。对于不了解的客户或者相对信用不良的客户进行交易时，就应考虑选择风险较小的方式甚至取消签约计划。事实上，进出口企业自身的规模和信用也很关键，如果企业自身属于信用良好的驰名品牌企业，那么出口货物一律限定款（至少80%的资金额度）到发货也是一种可行的方案。

二、市场形势

选用支付方式，应结合企业的经营意图和市场总体最新形势进行考虑。在交易磋商过程中，支付条件也是需要买卖双方反复磋商且经常影响交易能否达成的重点问题。例如，在货物畅销时，卖方不仅可以提高价格，还可以选择对自己最有利的结算方式；而在货物滞销时，不仅售价可能要降低，而且在结算方式上也需要作出必要的让步，否则就可能难以达成交易。

三、贸易术语

国际货物买卖合同中采用不同的贸易术语，它所表明的交货方式和适用的运输方式是不同的。在实际业务中，并不是每一种交货方式和运输方式都能适用于任何一种结算方式。因此，根据不同的交易情况，选择适当的贸易术语也是很重要的。

四、运输单据

如货物通过海上运输或多式联运时，出口人装运货物后得到的运输单据一般为可转让的海运提单或可转让的多式联运单据。这些单据属于物权凭证，可适用于信用证和托收方式结算货款。如货物通过航空、铁路或邮政运输时，出口人装运货物后得到的运输单据为航空运单、铁路运单或邮包收据，这些都不是货物所有权的凭证，因此，在这些情况下就不适宜做托收。

表 13—1 为汇付，托收、信用证三种结算方式的比较。

表 13—1　　汇付、托收、信用证三种结算方式的比较

结算方式	手续繁简	银行收费	资金负担	买方风险	卖方风险
预付货款(汇付)	简单	最小	不平衡	最大	最小
货到付款(汇付)	简单	最小	不平衡	最小	最大
付款交单(托收)	稍多	适中	不平衡	较小	较大
承兑交单(托收)	稍多	适中	不平衡	很小	很大
信用证	较复杂	较高	较平衡	较大	较小

第二节　不同结算方式的结合使用

为保证安全、迅速收取外汇，加速资金周转，促进贸易的发展，进出口双方可以选择对自己有利的支付方式。在实际业务中，除使用某一种支付方式外，有时也可以将几种不同的支付方式结合起来使用，如信用证与汇付、信用证与托收等结合使用。

一、信用证与汇付相结合

信用证与汇付方式都可单独使用，但有时也可结合使用。部分货款用信用证支付，余额用汇付方式结算。采用这种方式，一般是数量有机动幅度的大宗产品交易，金额一时不能确定，双方事先约定，按信用证方式支付发票金额若干成，余额待货运到目的地后根据检验结果，按实际品质或重量计算，用汇付方式支付。例如，成交的契约货物是散装物，如矿砂、煤炭、粮食等，进出口商同意采用信用证支付总金额的 90%；其中余额部分 10%，待货到后经过验收，确定其货物计数单位后，将货款采用汇付的办法支付。

二、信用证与托收相结合

托收方式可以单独使用，但托收和信用证也经常结合使用，这种结合运用的做法又称作"部分信用证、部分托收"，即一笔交易的货款部分用信用证支付，部分用托收支付。一般做法是，信用证规定出口人开立两张汇票，属于信用证部分的货款凭光票付款，而全套商业和货运单据附在托收部分汇票项下，按即期付款交单或远期付款交单方式托收。

这种模式的原理主要是，如果进口商开证额度不够，信用证和托收相结合可以减少进口商的开证保证金和开证额度的占用，另一部分采用信用证支付可以降低全部货款采用托收支付的收汇风险，属于一种折中的组合方案。

为了更有效地防范部分托收款项的风险，在操作上应该规定开证行只有在收到有关托收款项后，才向进口商交单，即采用托收中的 D/P 方式。信用证中可列明如下条款，以示明确：

货款的 50%应开具信用证，其余额 50%见票付款交单。全套货运单据应附在托收下部分项下，于到期时全数付清发票金额后方可交单。

50% of the value of goods by irrevocable letter of credit and remaining 50% on collection basis at sight. The full set of shipping documents are to accompany the collection item. All the documents are not to be delivered to buyer until full payment of the invoice.

三、托收与汇付相结合

出口人在采用托收方式收款的同时，要求进口人在货物发运前使用汇款方式预付一定金额的定金作为保证。当货物发运后出口人委托银行办理跟单托收时，在托收的货款中扣除已经预付部分的货款，如果托收金额被拒付，出口人可以将货物运回或就地将货物处理，以预付的部分抵偿货物运回的运费或降价就地处理。

四、汇付、托收、信用证三者相结合

在成套设备、大型机械产品和交通工具的交易中，因为成交金额较大，产品生产周期较长，一般采取按工程进度和交货进度分若干期付清货款，即分期付款和延期付款的方法；它们一般采用汇付、托收和信用证相结合的方式。

（一）分期付款

买卖双方在合同中规定，在产品投产前，买方可采用汇付方式，先交部分货款作为定金，在买方付出定金之前，卖方应向买方提供出口许可证影印本和银行开具的保函。除定金外，其余货款可以按不同阶段分期支付，买方开立的是信用证即期付款，但最后一笔货款一般是在交货或卖方承担质量保证期满时付清，货物所有权则在付清最后一笔货款时转移。在分期付款条件下，货款在交货时付清或基本付清。因此，按分期付款条件所签订的合同是一种即期合同。

（二）延期付款

在成套设备和大宗交易的情况下，由于成交的金额较大，买方一时难以付清全部货款，可采用延期付款的办法。其做法是，买卖双方签订合同后，买方一般要预付一小部分货款作为定金。有的合同还规定，按照工程进度和交货进度分期支付部分货款，但大部分货款是在交货后若干年内分期摊付，即采用远期信用证支付。延期支付的那部分货款，实际上是一种赊销，等于是卖方给买方提供的商业信贷，因此买方应承担延期付款的利息。在延期付款的条件下，货物所有权一般在交货时转移。

五、备用信用证与跟单托收相结合

备用信用证是指开证行对受益人承担一项义务的凭证。在此凭证中，开证行保证在开证申请人未能履行其应尽的义务时，受益人即可按照备用信用证的规定向开证行开具汇票，并随附开证申请人未履行义务的声明或证明文件要求开证行偿付。由此可见，备用信用证与信用证的作用不同：信用证用于履约收款；而备用信用证的作用却与银行保函相似，用于违约赔偿，是在开证申请人违约时取得补偿的一种方式。备用信用证的产生在一定程度上是因为有些国家限制银行保函的开立，银行就以开立备用信用证的办法来满足客户对担保业务的需求。

采用备用信用证与跟单托收相结合的方式，主要是为了在跟单托收项下的货款一旦遭到进口人拒付，可凭备用信用证利用开证行的保证追回货款，即在备用信用证项下，由卖方开立汇票与签发进口人拒付的声明书要求开证行进行偿付。为了表示其功能，在备用信用证中，必须明确载明如下条款：

凭即期付款交单与备用信用证相结合的付款方式，在备用信用证中应列明：以卖方为受益人，其金额为××并明确依××号信用证项下跟单托收：若付款人到期拒付，受益人有权凭本信用证签发汇票并出具托收被拒付的证明书，收取××号信用证项下的货款。

Payment available by D/P at sight with a Stand-by L/C in favor of seller for the amount of ×× as undertaking. The stand-by L/C should bear the cause: In case the drawee of the documentary collection under credit No. ×× fail to honor the payment upon due date, the beneficiary has the right to draw under this L/C by their draft with a statement stating the payment on credit No. ×× was not honored.

六、汇付与银行保函或备用信用证相结合

这种方式一般适用于交易金额大、生产周期长、采用分期付款或延期付款的商品，如大型设备、飞机、船舶等。较典型的具体做法包括以下两种：

(一)出口保函与汇付预付货款的结合

国际贸易货款支付若采用了预付货款，对出口商来说最为有利，但进口商风险较大，会担心出口商能否按期交货或交符合规定的货物，若出口商违约，则应该退回预付款。为了减少预付货款结算的风险，进口商可以要求出口商提供银行保函(有履约保函、预付金退还保函或质量保函)，当出口商不按期交货、交货不符、拒退预付款时，担保行则给予进口商保函规定金额内的赔偿。

(二)进口保函与货到付款(赊销 O/A)的结合

在买方市场的格局中，出口商为了扩大贸易、吸引客户，也会同意接受赊销等延期付款的方式。但为了防范风险，出口商可以要求进口商提供银行保函(如付款保函)，保证进口商在提货后的规定时间内按合同付款；若发生进口商拒付，担保行则负责保函规定价款的支付或赔偿。同样，保函还可以与托收、信用证综合使用来平衡贸易双方的利益风险。尤其是程序比较简单、花费时间少的见索即偿保函的应用，是汇付、托收等结算方式能够保持相当大的使用量的重要原因之一。

七、跟单托收与预付押金相结合

采用跟单托收并由进口人预付部分货款或一定比率的押金作为保证。出口人收到预付款或押金后发运货物，并从货款中扣除已收款项，将余额部分委托银行托收。托收采取付款交单方式。如托收金额被拒付，出口人可将货物运回，而从已收款项中

扣除来往运费、保险费、利息及合理的损失费用。关于预付金和一定数量预付押金的数目，应经协商而定。但为表示上述功能，在合同和信用证中，最好明确如下内容：

装运货物系以由电汇或信汇方式向卖方提交预付金××为前提。其余部分采用托收凭即期付款交单。

Shipment to be made subject to an advanced payment or payment amounting ×× to be remitted in favor of seller by T/T or M/T. And the remaining part on collection basis, documents will be released against payment at sight.

练习题

一、单项选择题

1. 关于信用证和托收相结合的支付方式，下列说法中正确的是________。

(A)代表全部货款的单据应当随信用证项下的汇票

(B)代表全部货款的单据应当随托收项下的汇票

(C)代表50%货款的单据随信用证项下的汇票，另代表50%货款的单据随托收项下的汇票

(D)代表全部货款的商业单据随信用证项下的汇票，资金单据随托收项下的汇票

2. 出口贸易中，采用信用证和托收方式收汇时，使用的汇票属于________。

(A)商业汇票　　(B)银行汇票　　(C)商业承兑汇票　　(D)光票

二、案例分析题

1. 我国某出口公司与美国进口公司有多年的贸易往来，2006年3月双方签订钢材的买卖合同。合同规定：买方于装运月份前30天开立并送达卖方不可撤销即期信用证，规定50%发票金额凭即期光票支付，其余50%即期付款交单(D/P)支付。请问：这样的支付条款是否妥当？

2. 宁波市某进出口公司对外推销某种货物，该商品在新加坡市场的销售情况日趋看好，逐渐成为抢手货。新加坡贸发公司来电订购大批商品，但坚持用汇付方式支付。此时，在宁波公司内部就货款支付方式问题产生不同的意见：一些业务员认为汇付的风险较大，不宜采用，主张使用信用证方式；但有些人认为汇付方式可行；还有一部分业务员人认为托收可行。请问：如果你是该进出口公司的业务员，应如何选择恰当的支付方式？

第五篇

争议的预防和处理

【导读】本篇主要介绍国际贸易中引起争议和发生索赔案件的原因，以及针对争议的预防和避免措施。由于各种不可控的因素存在，现实中的国际贸易仍然难免会产生争议，本篇就争议处理的国际惯例和做法进行了简要的解释。

第十四章　商品检验

商品检验是国际贸易发展的产物。随着国际贸易的发展，商品检验已成为国际货物买卖过程中的一个重要环节和买卖合同中不可缺少的一项内容。商品检验的直接目的是为了确认货物在装运地或到货地的实际状态，以明确买卖双方以及船方、保险人等各方的责任。

第一节　商品检验概述

国际贸易中，一般所指的商品检验有两种不同含义：

一种含义是指进口(或出口)国官方的专业政府机构对进出口商品实施的法定的带有强制性的检验检疫工作，暨法定检验检疫。凡列入法定检验检疫范围内的货物的特定的检验检疫项目如果不参检或检验检疫不合格，则不准进出境。在我国当前，这样的机构通常是各地的海关(2018 年以前为各地的出入境检验检疫局)；有少数种类商品，如药品检验等，由其他机构实施检验。

另一种含义是指买卖双方(其中主要是买方)出于各自的商业利益考虑，委托第三方的检验机构对卖方交付或者拟予交付的货物进行品质、数量和包装的鉴定，以确定其是否与合同规定相一致，对于某些商品，还包括进行卫生检验和动植物病虫害检疫，检验的依据主要是以买卖合同(包括信用证)中所规定的有关条款和检验标准为准。在我国，这样的“第三方检验机构”通常包括各地的海关，以及经过注册登记的商业性的专业检验公司等商检机构。本章内容主要讲述第二种含义，即委托检验、公正鉴定等。

一、商品检验的内容

商品检验工作是确定卖方交付的货物是否符合合同和法律要求的必不可少的环节。因此，在货物买卖合同中，应注意订好检验条款，明确检验时间和地点、检验机构、检验方法和标准，作为进行检验工作的依据。

（一）包装检验

包装检验是指根据外贸合同、标准和其他有关规定，对进出口商品的外包装和内包装以及包装标志进行检验。

包装检验首先核对外包装上的商品包装标志（标记、号码等）是否与进出口贸易合同相符。对进口商品，主要检验外包装是否完好无损，包装材料、包装方式和衬垫物等是否符合合同规定的要求。对外包装破损的商品，要另外进行验残，查明货损责任方以及货损程度。对发生残损的商品，要检查其是否由于包装不良所引起。对出口商品的包装检验，除包装材料和包装方法必须符合外贸合同、标准规定外，还应检验商品内外包装是否牢固、完整、干燥、清洁，能否达到长途运输和保护商品质量、数量的要求。

针对出口危险品的包装，不仅包装本身的质量性能要过关，而且包装是否使用得当也要在装船装车前进行鉴定。商检机构对进出口商品的包装检验，一般采取抽样或当场检验，或在衡器计重的同时结合进行。

（二）品质检验

品质检验又称质量检验，是指对进出口商品的品质、规格、等级等进行检验，以确定其是否符合外贸合同（包括成交样品）、标准等的规定。品质检验的手段有很多，包括感官检验、化学检验、仪器分析、物理测试、微生物学检验等。

品质检验的范围很广，大体上包括外观质量检验与内在质量检验两个方面。外观质量检验一般是指对商品的外形、结构、花样、色泽、气味、触感、疵点、表面加工质量、表面缺陷等的检验；内在质量检验一般是指对有效成分的种类含量、有害物质的限量、商品的化学成分、物理性能、机械性能、工艺质量、使用效果等的检验。同一种商品根据不同的外形、尺寸、大小、造型、式样、定量、密度、包装类型等，制定各种不同的规格。

（三）卫生检验

卫生检验主要是指对进出口食品进行检验，以确定其是否符合人类食用卫生条件，保障人民的健康和维护国家的信誉，该项目主要属于法定检验的范畴。根据 1995 年起施行的《中华人民共和国食品卫生法》规定："进口的食品，食品添加剂，食品容器、包装材料和食品用工具及设备，必须符合国家卫生标准和卫生管理办法的规定……进口前款所列产品，由口岸进口食品卫生监督检验机构进行卫生监督、检验。检验合格的，方准进口。"又规定："出口食品由国家进出口商品检验部门进行卫生监督、检验。海关凭国家进出口商品检验部门出具的证书放行。"当前我国由海关来履行食品卫生监督检验的职能。

（四）安全性能检验

安全性能检验是指根据国家规定和外贸合同、标准以及进口国的法令要求，对进出口商品有关安全性能方面的项目进行的检验，如易燃、易爆、易触电、易受毒害、易受伤害等，以保证生产使用和生命财产的安全。目前，除进出口船舶及主要船用设备材料和锅炉及压力容器的安全监督检验，根据国家规定分别由船舶检验机构和劳动部门的锅炉、压力容器安全监察机构负责监督检查外，其他进出口商品涉及安全性能方面的项目，由商检机构根据外贸合同规定和国内外的有关规定及要求进行检验，以维护人身安全和确保经济财产免遭侵害。

商品检验除上述内容外，还包括船舱检验、残损鉴定、监视装载、签封样品、签发产地证书和价值证书、委托检验等多项内容。

二、检验标准与检验方法

（一）检验标准

《中华人民共和国进出口商品检验法》规定，凡国家法律、行政法规规定有强制性检验标准或者其他必须执行的检验标准的进出口商品，依照法律、行政法规的检验标准检验；未规定检验标准的，依照对外贸易合同约定的检验标准检验。在进出口业务中，商品的检验标准主要有成交样品、合同标准等。但若合同中未规定检验标准或规定不明确的，则以国家标准作为检验依据；目前尚无标准的，一般参照同类商品的标准，或由国内生产部门与商检机构共同确定。值得注意的是，合同中约定的作为检验依据的检验标准不能同国家有关法律、行政法规的规定以及国际惯例等相冲突；否则，该项合同内容就是无效的。

（二）检验方法

关于检验方法，也是一个关键问题，应该要在签订合同时作明确规定。因为检验方法不同，其结果也往往不同，不明确检验方法，容易引起争议。在实践中，检验方法主要有感官检验、化学检验、物理检验、微生物学检验等。在我国，检验方法的标准一般是由原国家质检总局制定的。

三、进出口商品检验工作程序

国际货物买卖双方在交接过程中，通常有三个环节，即交付、检验或查看、接受或拒绝。除双方另有约定外，对货物进行检验是买方的一项基本权利。尽管如此，为明确起见，双方应在合同中作出具体规定。但是必须指出，买方对货物的检验权并非其接收货物的前提条件。买方对收到的货物可以选择是否进行检验；假如买方没有利用合理的机会对货物进行检验，就是放弃了检验权，也就丧失了拒收货物的权利。

我国由货物所在地海关完成的进出口商品检验工作，主要有四个环节，即接受报检、抽样、检验和签发证书（证单）。

1. 接受报检。报检是指对外贸易关系人向海关等检验检疫部门报请检验。报检时，需填写“报检申请单”，填明申请检验、鉴定工作项目和要求，同时提交对外所签的买卖合同、成交小样及其他必要的资料。

2. 抽样。商检机构接受报检之后，及时派员赴货物堆存地点进行现场检验、鉴定。抽样时，要按照规定的方法和一定的比例，在货物存放的不同部位抽取一定数量的、能代表全批货物质量的样品（标本）供检验之用。

3. 检验。商检机构接受报检之后，认真研究申报的检验项目，确定检验内容，仔细审核合同（信用证）对品质、规格、包装的规定，弄清检验的依据，确定检验标准、方法，然后进行抽样检验、仪器分析检验、物理检验、感官检验、微生物学检验等。

4. 签发证书（证单）。在出口方面，凡列入《出入境检验检疫机构实施出入境检验检疫的进出境商品目录》（以下简称《法检目录》）的出口商品，经商品检验检疫合格后，海关放行出口。另外，凡合同、信用证规定由我国检验检疫局检验出证的，或境外要求签发检验证书的，根据规定签发所需证书；《法检目录》以外的部分出口商品，规定应由海关检验的，经检验合格发给商检证书后，方可出运。在进口方面，进口商品经检验后，分别签发“检验检疫处理书”或“检验检疫证书”；法定检验检疫货物未经检验合格，不准销售使用。

第二节 商品检验机构和商检证书

检验检疫机构的监督管理，对于维护我国在国际贸易业务中的国家声誉、保障国际贸易中各有关方面的正当权益、促进我国对外贸易的发展有着重要的意义。

我国进行商品检验的主要法律依据有《中华人民共和国进出口商品检验法》（经2002年修正）、《中华人民共和国进出境动植物检疫法》等。

一、商品检验机构

（一）出入境检验检疫机构及其职责

我国的商检机构原为国家出入境检验检疫局（China Inspection and Quarantine，CIQ）及其设在全国各口岸的出入境检验检疫局。该机构由原国家进出口商品检验局、原卫生部卫生检疫局、原农业部动植物检疫局合并而成。原各机构相应的职责也统一由出入境检验检疫局负责。“三检合一”有利于消除口岸政出多门带来的重复管理、重复检验检疫、重复收费、通关效率低、企业负担重等一系列弊端。

2001年4月，国家质量监督检验检疫总局（AQSIQ）成立，简称国家质检总局，成为我国主管质量监督和检验检疫工作的最高行政执法机关。国家质检总局是主管全国出入境卫生检验、动植物检疫以及商品检验、鉴定、认证和监督管理的技术执法机构。原国家质量技术监督局和原国家出入境检验检疫局的职能合并入总局，但合并以后，检验检疫职能不变。总局下属各地方机构，仍分为质量技术监督局和出入境检验检疫局。

2018 年 4 月，出入境检验检疫管理职责和队伍正式划入海关总署，出入境检验检疫系统统一以海关名义对外开展工作，通关作业实现“一次申报、一次查验、一次放行”的“三个一”的标准。

海关分管检验检疫的部门的基本职责有三项，即对进出口商品实施法定检验检疫、办理进出口商品鉴定业务、对进出口商品的质量和检验工作实施监督管理。

1. 对进出口商品实施法定检验检疫

实施法定检验检疫是各地海关的主要任务之一，即根据国家有关法令规定，由检验检疫部门对大宗的、关系国计民生的重点进出口商品，容易发生质量问题的商品，涉及安全卫生的商品以及国家指定由检验检疫部门统一执行检验的商品等实施强制性检验检疫，以维护国家的信誉及利益。

海关的检验检疫部门依法对指定的进出口商品实施法定检验，检验的内容包括商品的质量、规格、重量、数量、包装及安全卫生等项目，经检验合格并签发证单以后方准出口或在境内销售使用。法定检验的商品范围包括：

(1)列入《法检目录》的有关商品；

(2)对进出口食品的卫生检验和进出境的动植物检疫；

(3)对装运出口易腐烂变质食品、冷冻品的船舱、集装箱等运载工具的适载检验；

(4)对出口危险货物包装容器的性能检验和使用鉴定；

(5)对有关国际条约规定或其他法律、行政法规规定须经商检机构检验的进出口商品实施检验。

国际货物买卖合同或信用证规定由我国海关实施检验时，当事人应及时提出申请，由海关按照合同规定对货物实施检验并出具检验证书。

2. 办理进出口商品鉴定业务

对外贸易鉴定业务是凭对外贸易关系人(贸易合同的买方或卖方、运输、保险、仓储、装卸等各方)的申请或委托，由第三方公证检验鉴定机构对申请内容进行检验鉴定，出具权威的检验鉴定证书，作为对外贸易关系人办理进出口商品交接、结算、计费、报关、纳税和处理争议索赔的有效凭证。鉴定业务的范围包括对进出口商品的质量、数量、重量、包装检验鉴定，集装箱检验，进口商品的积载鉴定，残损鉴定和海损鉴定，装载进出口商品运载工具的适载鉴定，出口商品的装运技术鉴定，价值证明及其他业务。鉴定业务与法定检验的一个主要区别是凭申请或委托办理，而非强制性。因此，各鉴定机构要想提高自己的知名度和信誉度、发展自己的业务，必须做到态度公正严谨、结果科学准确、服务良好周到。

海关发现液化气短重 助企业成功索赔

2019年1月30日，中石油天然气分公司广西天然气销售营业部申报进口一批来自比利时的液化天然气，提单重量为67 946.5吨。经南宁海关隶属北海海关检验鉴定，货物实际重量为65 827.4吨，短重2 119.1吨，短重率达31.2‰。该公司凭海关出具的“重量证书”索赔，挽回经济损失135.4万美元。

北海海关采用的是“水尺计重法”，即以船本身为计量工具，对船载货物进行计量的一种方法。该计量方法适用于价值不高或不易用衡器计重的海运散装商品。查验关员使用无人机或乘坐交通艇环绕船舶一周，通过读取船舶的六个水尺标线，经过复杂的公式运算后，再扣除船上的燃油、压舱水等，得出船舶货物重量。该方法具有快捷、省力、省费用的优点。

此前，2018年8月2日，某公司自毛里塔尼亚进口一批铁矿砂，提单标称151 886吨。经广西防城海关检验鉴定，该批铁矿砂湿态重量短少1 056吨，干态重量短少2 203.9吨，干态短重率达14.70‰。防城海关及时出具“短重索赔证书”，为我国企业避免了约15.09万美元的经济损失。

3. 对进出口商品的质量和检验工作实施监督管理

检验检疫部门依据国家法规，通过行政和技术手段对进出口商品的相关人员及检验检疫机构相关人员的检验工作实施监督管理。我国检验检疫机构从以下六个方面对进出口商品实施监督管理：

(1)对法定检验范围以外的进出口商品的抽查检验。

(2)对列入《法检目录》的出口商品进行出厂前的质量监督和检验。

(3)对进出口商品质量的认证工作，准许认证合格的商品使用质量认证标志。

(4)对经许可的检验机构的进出口商品检验鉴定业务活动进行监督。

(5)对重点的进出口商品及其生产企业实行质量许可制度。

(6)对经检验合格的进出口商品加施商检标志或封识等。

(二)国际贸易中的检验机构

国际贸易中从事商品检验的机构大致可分为三类。

1. 官方机构。官方机构即由国家设立的检验机构。世界各国为了维护本国的公共利益，一般都制定检疫、安全、卫生、环保等方面的法律，由政府设立监督检验机构，依照法律和行政法规的规定，对有关进出口商品进行严格的检验管理，这种检验称为

“法定检验”“监督检验”或“执法检验”，如美国食品药物管理局(FDA)、我国海关的检验检疫部门等。

2. 非官方机构。非官方机构即由私人或同行业公会、协会等开设的检验机构。国际贸易中的商品检验主要由民间机构承担，民间商检机构具有等同于公证机构的法律地位。比较著名的民间商检机构有中国检验认证集团检验有限公司(CCIC-INSP)、瑞士SGS通用公证行、日本海事检定协会(NKKK)、日本海外货物检验株式会社(OMIC)、美国保险人实验室(UL)等。

3. 生产企业、用货单位设立的检测部门等。在实际交易中，究竟选用哪种检验机构，取决于各国的规章制度、商品性质以及交易条件等。检验机构的选定，一般是与检验的时间、地点相联系的。在出口国工厂或装运港检验时，一般由出口国的检验机构检验；在目的港或买方营业处所检验时，一般由进口国的检验机构检验。买卖双方也可以约定由买方派人到供货的出口地检验或双方派人实施联合检验。

二、商检证书

出口商向银行提供已装船清洁提单，只能证明货物件数正确(集装箱整箱货除外)和包装基本完好，并不能说明货物品质和规格一定符合要求，所以买方和卖方常常要借助商检证书来维护自己的合法利益。进口方常常在信用证的交单要求条款中，将卖方须提交的商检证书的种类、达到的品质标准、证书签发机构等信息列入。

商检证书是各种进出口商品检验证书、鉴定证书和其他证明书的统称，是对外贸易有关各方履行契约义务、处理索赔争议和仲裁、诉讼举证中，具有法律依据的有效证件，也是部分情况下海关认定货物短卸和优惠减免关税(针对放行前受损的货物)的必要证明。国际贸易中商检证书的具体种类及其用途具体如下：

1. 品质检验证书。即出口商品交货结汇和进口商品结算索赔的有效凭证。法定检验商品的证书，是进出口商品报关、输出输入的合法凭证。商检机构签发的放行单和在报关单上加盖的放行章有与商检证书同等的通关效力；签发的“检验情况通知单”同为商检证书性质。

2. 重量或数量检验证书。即出口商品交货结汇、签发提单和进口商品结算索赔的有效凭证。出口商品的“重量证书”也是国外报关征税和计算运费、装卸费用的证件。

3. 兽医检验证书。即证明出口动物产品或食品经过检疫合格的证件。适用于冻畜肉、冻禽、禽畜罐头、冻兔、皮张、毛类、绒类、猪鬃、肠衣等出口商品，是对外交货、银行结汇和进口国通关输入的重要证件。

4. 卫生/健康证书。即证明可供人类食用的出口动物产品、食品等经过卫生检验或检疫合格的证件。适用于肠衣、罐头、冻鱼、冻虾、食品、蛋品、乳制品、蜂蜜等，是对外交货、银行结汇和通关验放的有效证件。

5. 消毒检验证书。即证明出口动物产品经过消毒处理，保证安全卫生的证件。适用于猪鬃、马尾、皮张、山羊毛、羽毛、人发等商品，是对外交货、银行结汇和国外通关验放的有效凭证。

6. 熏蒸证书。即用于证明出口粮谷、油籽、豆类、皮张等商品，以及包装用木材与植物性填充物等已经过熏蒸灭虫的证书。

7. 残损检验证书。即证明进口商品残损情况的证件。适用于进口商品发生残、短、渍、毁等情况，可作为受货人向发货人或承运人或保险人等有关责任方索赔的有效证件。

8. 积载鉴定证书。即证明船方和集装箱装货部门正确配载积载货物，作为证明履行运输契约义务的证件。可供货物交接或发生货损时处理争议之用。

9. 财产价值鉴定证书。即作为对外贸易关系人和司法、仲裁、验资等有关部门索赔、理赔、评估或裁判的重要依据。

10. 船舱检验证书。即证明承运出口商品的船舱清洁、密固、冷藏效能及其他技术条件是否符合保护承载商品的质量和数量完整与安全要求的证件。可作为承运人履行租船契约适载义务，对外贸易关系方进行货物交接和处理货损事故的依据。

11. 生丝品级及公量检验证书。即出口生丝的专用证书，其作用相当于品质检验证书和重量/数量检验证书。

12. 产地证明书。即出口商品在进口国通关输入并享受减免关税优惠待遇和证明商品产地的凭证。

13. 舱口检视证书、监视装/卸载证书、舱口封识证书、集装箱监装/拆证书。即证明承运人履行契约义务，明确责任界限，便于处理货损、货差责任事故的证明。

14. 价值证明书。即进口国管理外汇和征收关税的凭证。在发票上签盖商检机构的价值证明章与价值证明书具有同等效力。

15. 货载衡量检验证书。即证明进出口商品的重量、体积吨位的证件，可作为计算运费和制订配载计划的依据。

16. 集装箱租箱交货检验证书、租船交船剩水/油重量鉴定证书。即契约双方明确履约责任和处理费用清算的凭证。

17. 植物检疫证书。即证明植物基本不带有其他的有害物，因而符合输入国或地区的植物要求。

18. 包装检验证书。即证明进出口商品包装情况的证书。

19. 温度检验证书。即证明出口冷冻商品温度的证书。

商检证书的作用

官方或非官方的商检机构签发出具的“证书”，通常都是给境外的海关、银行、企业机构验看的(多针对出口商品)，所以，我国商检机构签发的证书行文规则一般须是中英文(包括繁体中文)合璧缮制或全英文打印。证书上所列的项目名称、指标和行文格式、语种等如有特殊要求，报检人(委托人)应事先声明，以免出证后发现不符合信用证要求。

商检证书可以由海关的检验检疫部门出具，也可以由合同规定的其他商业性检验机构出具，但必须符合合同中事先指定的商检机构条款规定；否则，视为不符合合同(或信用证)要求。

第三节 检验条款的主要内容

检验条款是进行检验工作的依据，在国际贸易中，买卖双方应注意订好检验条款以维护双方的利益。进出口合同中的检验条款一般包括有关检验权的规定、检验或复验的时间和地点、检验机构和检验检疫证书等内容。

一、检验时间和地点的规定

检验时间和地点的确定，实际上关系到在何时、何地确定卖方交货的品质和数量。如何规定检验的时间和地点，关系到买卖双方的切身利益，是双方在商订检验条款时的一个核心问题。

在国际货物买卖合同中，关于商品检验的时间和地点有各种不同的规定办法。通常有以下几种做法：

(一)在出口国检验

在出口国检验包括装运前实施检验。

1. 产地检验。由出口国的生产工厂检验人员或按照合同规定与买方验收人员一同于货物在工厂发运前进行检验。卖方须承担货物离厂前的责任；而一旦检验合格，在运输途中出现的品质、数量等方面的风险则由买方负责。这是国际贸易中普遍采用的习惯做法。近年来，我国在进口重要商品和生产线一类设备时，一般都在出口国发货前，在工厂安装运转测试。凡有质量问题的，由供货厂家立即解决。此种做法已为《中华人民共和国进出口商品检验法》所肯定。

2. 装船前或装船时在装运港检验。出口货物在装运港装船前，以双方约定的商检机构验货后出具的品质、重量、数量和包装等检验证明作为决定商品品质和重量的最后依据，称此为“离岸品质”和“离岸重量”。所谓“最后依据”，是指卖方取得商检机构出具的各项检验证书时，就意味着所交货物的品质和重量与合同规定的相符，买方对此无权提出任何异议，从而否定了他对货物的复验权；除非买方能证明，货到目的地时的变质或短量是由于卖方未能履行合同的品质、数量、包装等条款，或因货物固有的瑕疵而引起的。离岸品质和离岸重量所代表的是风险转移时的质量和重量，至于风险转移后货物在运输途中所发生的货损，买方仍然有权向有关责任方面索赔。至于装船时检验，是指用传送带或机械操作的办法进行装船的散装货，在装船的过程中抽样检验或衡量，这与装船前检验一样，也属于“离岸品质”和“离岸重量”。

应埃及、塞拉利昂、埃塞俄比亚、伊朗等国政府的协助请求，我国对出口到这些国家的部分指定范围的工业产品实施产品装运前检验。这些国家的进口商在到货后，凭我国海关签发的装运前检验证书向其所在国海关报关。

(二)在进口国检验

这里是指在进口国的目的港或在买方营业处所检验。

1. 在目的港或目的地卸货后检验。由买卖双方约定的商检机构验货并出具检验证明作为最后依据，称此“到岸品质”和“到岸重量”。如发现货物的品质或重量与合同规定不符而责任属于卖方时，买方可向其提出索赔或按双方事先约定处理。

2. 在买方营业处或最终用户所在地检验。对于密封包装的货物，或规格复杂、精密度高的货物，不能在使用之前开拆包装检验，或需要具备一定的检验条件和设备才能检验时，可将货物运至买方营业处所或最终用户所在地进行检验。由这里的检验机构出具的品质、重量(数量)证明作为最后依据。

3. 在出口国检验、在进口国复验。目前，我国对外签订的买卖合同，多数使用的是货物在装船前进行检验，由卖方凭商检证书连同其他装运单据进行议付货款。货物到达目的港后，再由双方约定的机构在约定期限内，对货物进行复检。如发现货物的品质或数量与合同规定不符，买方有权在规定时效内提出异议。

从上述三种做法可以看出，最后一种做法实际上是介于前两种做法之间，是相对公平、合理的。

鉴于国际贸易中的货物经常需要经过远程运输，其品质和重量在运输过程中难免会有变化，装船时和到达时两次检验结果常有出入。这些差异的产生原因很复杂，更何况有些货物本身会有自然损耗。因此，为避免买卖双方因两次检验结果不一致而各执一词、产生纠纷，可在条款中加入下述规定：

(1)凡属于船方或保险公司的责任的，买方不得向卖方索赔，只能向有关责任方要求赔偿。

(2)如两次检验结果的差异在一定范围之内，如 0.15%，则以出口国检验结果为准。如超出这个范围，可由双方协商解决；如不能解决，可提交第三国检验机构进行仲裁检验。

此外，国际上还有一种做法称为“离岸重量”和“到岸品质”，即把品质与重量的检验时间和地点分开的做法。这实际上也是调和买卖双方在检验问题上矛盾的折中办法。

二、订立进出口商品检验条款的注意事项

1. 品质条款应订得明确、具体。不能含糊其词、模棱两可，致使检验工作失去确切依据而无法进行。

2. 检验条款应与合同其他条款相一致，不能相互矛盾。例如，出口合同规定采用 CIF 术语成交，则卖方可在装运港交货后凭单议付货款。若检验条款规定，以买方所在目的港验货后付款，则贸易术语与检验条款就产生矛盾，它改变了 CIF 合同的原有性质。

3. 出口商品的抽样、检验方法，一般均按中国的有关标准规定和商检部门统一规定的方法办理。如买方要求使用其他的抽样、检验方法，则应在合同中具体订明；必要时，应先征得商检部门的同意再对外签约，为检验工作提供方便。

4. 对于一些规格复杂的商品和机器设备等进口合同，应根据商品的不同特点，在条款中加入一些特殊性质的规定，如详细、具体的检验标准，产品所使用的材料及其质量标准，样品及技术说明书等，以便货到后对照检验和验收。凡按样品成交的进口货，合同中应加订买方复验权条款。

5. 进出口商品的包装应与商品的性质、运输方式的要求相适应，并详列包装容器所使用的材料、结构及包装方法等。订立条款时不宜采用诸如“合理包装”“习惯包装”等表述，以免因买卖双方理解不一而产生矛盾。

练习题

一、单项选择题

1. 当前，对我国进出口商品实施法定检验检疫的机构是________。

(A)各地海关　　(B)各地市场监督管理局

(C)各地检验检疫局　　(D)中检集团检验有限公司

2. 我国某企业进口 120 吨化肥，到货后，我方企业随机抽取 4 个集装箱的化肥进

行开袋检查，发现化肥色泽正常、无发霉结块现象。此案例中，我方企业向海关报检时还应额外申请________项目检验。

(A)卫生消毒　　(B)品质　　(C)残损状况　　(D)重量/数量

二、思考题

1. 为什么在合同中规定在出口国进行检验并以此为准会对卖方较为有利，而在进口国检验会对买方较为有利？

2. 我国是否对所有进出口的货物都要实施法定的强制性检验检疫并出具证书？(学员可查阅相关文献资料后进行回答。)

第十五章　国际贸易中的争议与索赔

国际贸易活动中，买卖双方往往会由于交易的一方不履行或不完全履行合同中规定的责任和义务而引起争议，除非发生不可抗力的原因，有关当事人才可免负责任；但如果一方当事人的违约是因故意、疏忽、过失或合同条款订得不明确等原因造成的，根据有关的法律和合同的规定，受损方有权提出索赔。

第一节　争议和违约

一、争议的原因

争议(Disputes)是指交易的一方认为对方未能履行或未完全履行合同规定的责任和义务而引起的纠纷。国际贸易中，引起争议的原因主要包括：

(一)卖方违约

在实践中，卖方违约是引起争议和索赔案件的主要原因。属于卖方的责任主要包括：

1. 不按合同规定的交货期交货，或不交货；
2. 所交货物的品质、规格、数量、包装等与合同(或信用证)规定不符；
3. 其他不符合合同条款规定的行为致使买方受到损失。

(二)买方违约

由于买方违约而引起的争议在实践中不是经常发生，但市场状况有变或资金链问题等因素也可能会导致买方违约。属于买方的责任主要包括：

1. 在按信用证支付方式成交的条件下，不按期开证或不开证；
2. 不按合同规定付款赎单，无理拒收货物；
3. 在FOB条件下，不按合同规定如期派船接货等；
4. 收到货物后，不按时支付货款；
5. 其他不符合合同条款规定的行为致使卖方受到损失。

(三)合同中的某些条款规定不当

贸易合同条款规定不当,会导致合同的履行失去实际可操作性,还会导致买卖双方对合同条款(有歧义或不明确)理解上产生分歧,从而引发争议。例如,贸易术语选用不当,对某段运输的义务和费用承担未作明确规定,等等。

(四)引用不可抗力事故条款争议

合同中针对不可抗力事故的范围认定在事前描述界定如果较为笼统,那么合同履行过程中万一发生了当事人一方声称成立的不可抗力事故,而另一方认为这种事件不能构成不可抗力事故时,就常常会导致争议的产生。

(五)与运输方、保险公司的争议

合同履行过程中,如果卖方或买方认为运输方或保险公司违背了运输合同或保险合同的约定,有时也会产生争议。

从违约的性质看,争议产生的原因,一种是当事人一方的故意行为;另一种是当事人一方的疏忽、过失或业务生疏。此外,对合同义务的重视不足,往往也是导致违约与纠纷产生的原因之一。

二、违约的法律责任

买卖合同是对缔约双方具有约束力的法律文件。任何一方违反了合同义务,就应承担违约的法律后果,受损方有权提出损害赔偿要求。但是,各国的法律或国际组织的文件对于违约方的违约行为和由此产生的法律后果,以及对该后果的处理有不同的规定和解释。

英国《货物买卖法》将违约分为违反要件(Breach of Condition)和违反担保(Breach of Warranty)两种。违反要件是指违反合同的主要条款,即违反与商品有关的品质、数量、交货期等要件;在合同一方当事人违反要件的情况下,另一方当事人即受损方有权解除合同,并有权提出损害赔偿。违反担保是指违反合同的次要条款,在违反担保的情况下,受损方只能提出损害赔偿,而不能解除合同。至于在每份具体合同中,哪个属于要件、哪个属于担保,该法并无明确、具体的解释,只是根据"合同所作的解释进行判断"。这样,在解释和处理违约案件时,难免带有不确定性和随意性。

与英国《货物买卖法》不同,《联合国国际货物销售合同公约》(1980年)根据违约的严重性程度、将违约分为根本性违约(Fundamental Breach)和非根本性违约(Non-fundamental Breach)两种。根本性违约是指由违约方的故意行为造成的违约,如卖方完全不交货,买方无理拒收货物、拒付货款,其结果给受损方造成实质损害(Substantial Detriment)。如果一方当事人根本违约,另一方当事人可以宣告合同无效,并可要求损害赔偿。非根本性违约是指违约的状况尚未达到根本违反合同的程度,受损方只能要求损害赔偿，而不能宣告合同无效。

三、针对违约的措施

（一）卖方违约，买方可采取的措施

1. 如果卖方不交货，买方可采取的措施：

（1）要求卖方按照合同规定履行交货义务，但必须给卖方一段适当的宽限期；

（2）宣告合同无效并提出损害赔偿要求；

（3）要求损害赔偿，其范围包括可预见的利润在内。

2. 卖方延迟交货，买方可选择的措施：

（1）宣告合同无效，但必须是在卖方延迟交货已构成根本性违反合同的前提下；

（2）接收货物，但对延迟交货所造成的损失要求损害赔偿。

3. 卖方提前交货，买方有权拒收货物，也可接收货物。

4. 卖方所交货物与合同不符，买方可根据实际情况采取不同的处理方法：

（1）可要求卖方交付替代货物；

（2）可要求对货物进行修理；

（3）可要求降低货物价格；

（4）可要求损害赔偿；

（5）可宣告合同无效。

（二）买方违约，卖方可采取的措施

买方违约常常表现为不支付货款或不按期支付货款，或者不按合同规定收取货物或接受代表货物的单据。对此，卖方可采取如下措施：

1. 要求买方履行合同义务；

2. 要求损害赔偿；

3. 宣告撤销合同；

4. 控制货物，即在买方推迟收取货物、不支付货款或支付能力困难时，卖方可控制单据或货物处置权。

第二节 索赔和理赔

索赔（Claim）是指遭受损害的一方向责任方提出赔偿的要求。索赔的法律依据是合同和适用的法律、惯例。索赔的事实依据是违约事实的书面文件，即指有资格的机构出具的书面证明、当事人的陈述和其他旁证。

当事人一方提出索赔时，另一方应及时处理，此称为理赔。索赔和理赔是一个问题的两个方面，在受损方是索赔，在违约方（责任方）是理赔。

一、索赔的分类

根据索赔对象的不同，索赔可分为向合同违约方索赔（多数是买方向卖方提出）、向运输方索赔、向保险公司索赔等。究竟向何方索赔，应视责任归属而定。例如，不交货或延期交货，或所交货物的品质、规格、数量、包装等与合同（或信用证）不符，或提供的单据不符要求等，应向卖方索赔；如数量少于提单载明的数量，收货人持有清洁提单而货物发生残损短缺，应向承运人索赔；如在承保范围内的货物损失，船公司（或承运人）不予赔偿的损失或赔偿不足以补偿货物的损失而又属承保范围以内的，应向保险公司索赔；等等。以上是各个索赔对象应负的单独责任，如果损失的发生牵涉到多方面，则可根据具体情况由涉及的多方共同承担。

二、合同中的索赔条款

进出口合同中的索赔条款有两种订立方式：一种是异议和索赔条款（Discrepancy and Claim Clause）；另一种是罚金条款（Penalty Clause）。在一般的商品买卖合同中，多数只订异议和索赔条款；只有在买卖大宗商品和机构设备一类商品的合同中，除订明异议与索赔条款外，再加订罚金条款。

（一）异议与索赔条款

异议与索赔条款适用于商品品质、数量方面的索赔，该条款的内容，除规定一方如违反合同，另一方有权索赔外，还包括索赔的依据、索赔期限、处理索赔的办法和赔付金额等内容。

1. 索赔的依据

索赔的依据主要规定索赔必须具备的证据和出证机构。若证据不全、不清，出证机构不符合要求，都可能遭到对方拒赔。索赔的依据包括法律依据和事实依据两个方面：前者是指贸易合同和有关国家的法律规定；后者是指违约的事实、情节及其证据。

2. 索赔期限

索赔期限是指索赔方向违约方提赔的有效时限，若逾期提赔，违约方可不予受理。因此，关于索赔期限的规定，必须根据不同种类的商品作出合理安排。对于有质量保证期限的商品，合同中加订保证期，保证期可规定为 1 年或 1 年以上。总之，索赔期限的规定，除一些性能特殊的产品（如机器设备等）外，一般不宜过长，以免使卖方承担过重的责任；索赔期限也不宜规定得太短，以免使买方来不及行使索赔权，要根据商品性质及检验所需时间多少等因素而定。

规定索赔期限时，尚需对索赔期限的起算时间作出具体规定，通常有以下几种起算方法：

(1)货物到达目的港后××天起算；

(2)货物到达目的港卸离海轮后××天起算；

(3)货物到达买方营业处或用户所在地后××天起算；

(4)货物经检验后××天起算。

索赔依据和索赔期限在异议和索赔条款中要明确地加以规定，并与检验条款相结合。例如，在我国出口合同中，关于异议和索赔条款的规定大致如下(举例)：

买方对于装运货物的任何异议，须于货物运抵提单所列明目的港60天内以书面形式提出，并须提供经卖方认可的公证机构出具的检验报告。

Any claim by the buyers regarding the goods shipped shall be filed within 60 days after the arrival of the goods at the place of destination specified in relative B/L, and supported by a survey report issued by a surveyor approved by the seller.

3. 处理索赔的办法和赔付金额

此问题除个别情况外，通常在合同中只作一般笼统规定；但如果需要，可由买卖双方商定具体办法，如修整、换货或退货还款等，也可规定赔偿一定的损失和费用。

根据有关的法律和国际贸易的实践，确定赔付金额的基本原则通常包括：

(1)赔付金额应与因违约而遭受的包括利润在内的损失额相等；

(2)赔付金额应以违约方在订立合同时可预料到的合理损失为限；

(3)由于受害一方未采取合理措施而使有可能减轻的损失未减轻，应在赔付金额中扣除。

(二)罚金条款

罚金条款又称违约金条款，是指由双方当事人在合同中约定，如果发生合同所列明的违约事件，受害方可按合同规定的条款收取违约金作为补偿。

罚金条款一般适用于卖方延期交货，或者买方延迟开立信用证和延期接运货物等情况。罚金数额由交易双方商定，罚金数额根据违约的具体情况而定，并规定最高限额。例如，合同规定：若卖方不按期交货，每延误1周，买方可收取相当于货款0.5%的罚金，不足1周者，按1周计算；延误1个月，买方除要求卖方支付延期交货罚金外，还有权解除合同。按一般惯例，罚金数额以不超过货物总金额的5%为宜。卖方支付罚金后，并不能解除其继续履行合同的义务。对于罚金起算日期的计算有两种方法：一是以约定的交货期或开证期终止后立即起算；二是规定优惠期。

但若约定的违约金低于或过分高于违反合同所造成的损失，当事人可以请求法院或仲裁机构予以增加或适当减少。

三、索赔和理赔应注意的问题

索赔、理赔是一项政策性、法律性都很强的工作。在国际贸易中,既要维护我方当事人的合法经济利益,又要重合同、守信誉,树立良好的国家和企业信誉。因此,要做到依法办事、程序清楚,处理及时、得当。

(一)索赔时应注意的问题

1. 提供充分的索赔证据。其中包括检验检疫机构出具的商检证书、鉴定证明等。

2. 确定索赔金额。如合同预先有约定,应按约定的金额索赔;如合同未预先约定,应按实际损失确定索赔金额。

3. 须在索赔期内提出索赔。如估计检验工作不能在规定期限内完成,则应及时向卖方提出延长索赔期,并取得对方同意。

(二)在理赔工作中应注意的问题

1. 认真审查对方提出的索赔要求。具体审查内容包括其理由是否充分、出证机构是否合法、证据与索赔要求是否一致、是否在索赔期内提出等。

2. 判断是否属于我方(卖方或买方角色)的索赔范围。如属船公司或保险公司的责任范围,应转请有关方面处理。如确属我方责任,在合理确定对方损失后,应实事求是地予以赔偿;不该赔偿的,应根据事实向对方说明理由。

总之,索赔和理赔工作均应认真对待、注意策略、及时处理,做到有理、有利、有节。

第三节 不可抗力及合同条款

国际货物买卖合同成立之后,有时会发生买卖双方无法预料又不能控制的意外事件,致使遭受事件影响的一方不能履行或不能如期履行合同。在这种情况下,如果强硬要求当事人履行合同,显然是对当事人过于苛刻或无法实现的要求。按照许多国家的法律和国际贸易惯例所确定的原则,因不可抗力被动违约的当事人会因此而获得免责。

一、不可抗力的含义及认定

(一)含义

在国际贸易惯例和许多国家的法律中,有关免责的条款有多种,为防止不必要的纠纷、维护当事人的各自利益而订立的不可抗力条款,就是其中之一。不可抗力(Force Majeure)又称人力不可抗拒事件,是指买卖双方签约后,发生了不是由于任何一方当事人的过失或疏忽而造成的当事人既不能预见和预防，又无法避免和克服的意外事件，致使合同无法履行或不能如期履行，受意外事故或事件影响的一方可以因此免除履约或延迟履行合同的责任。

（二）对不可抗力的认定

造成不可抗力事件的原因大体可分为自然原因和社会原因两类：一类是由自然原因引起的，如洪水、暴风、干旱、暴雪、地震、火灾等；另一类是由社会原因引起的，如战争、罢工、政府封锁禁运、禁止进出口及国际航道封闭等。但应注意的是，并非所有自然原因和社会原因引起的事件都属于不可抗力事件。至于哪些意外事故可看作不可抗力，可由买卖双方在合同的不可抗力条款中约定。

构成不可抗力事件一般应当具备以下条件：

1. 事件是在签订合同之后发生的；

2. 事件不是由于任何一方当事人故意或过失所造成的；

3. 事件的发生及其造成的后果是当事人在订立合同时无法预见的；

4. 事件是当事人无法控制、无法避免和不可克服的。

因此，对于不可抗力事件的认定必须慎重，要与商品价格波动、汇率变化、买方无力偿付货款等正常的贸易风险区分开来，以免当事人随意扩大不可抗力范围，推卸所应承担的合同责任。

二、不可抗力的法律后果

不可抗力事件所引起的后果主要有两种：一是解除合同；二是变更合同。所谓变更合同，是指对原订合同的条件或内容适当地变更，包括替代履行、减少履行或延迟履行。至于在什么情况下可以解除合同、在什么情况下不能解除合同而只能变更合同，要看不可抗力事件对履行合同的影响，也可由买卖双方在合同中作具体规定。

如合同中未作具体规定，一般原则是：如不可抗力事件使合同的履行成为不可能，且买卖双方买卖的是特定物，一旦遭遇不可抗力事件，可解除合同；如不可抗力事件只是暂时阻碍了合同的履行，且买卖双方买卖的是种类物，则只要卖方还有可能从其他地方取得合同规定的货物，那么他就不得免除履约责任，而只能采用变更合同的方法，如替代履行、减少履行或延迟履行合同，以减少另一方的损失。

也有的国家法律对此处理原则取决于意外事故对合同履行的影响程度，具体是指不可抗力属于暂时的还是会持续一个较长时期、是部分不能还是全部不能履行。对前者，应当判决可变更合同、延迟履行；对后者，则可判决解除合同。

特定物和种类物的民商法解释

在民商法上，根据物是否有独立特征，可以将物划分为种类物和特定物。国际贸易中的交易标的物，大多是种类物。

种类物是指不具有独立特征，可以互相替代，并可以用品种、规格、度量衡加以计算的物，如铜含量90%的铜镍合金锭、硬冬白小麦等。由于种类物的这种特性，使得种类物成为期货交易市场的首选标的物品种。

特定物是指具有独立特征，不能相互替代，可以与其他物相区别的物。它主要包括两类：(1)独一无二的物，如傅抱石的某作品真迹、古生物化石等。(2)特定化的种类物，就是从一般商品中独立出来的物，它可能与一般种类物差不多，在规格、质量、性能等方面都一样，却具有特殊意义。如某人饲养多年的宠物猫、结婚纪念花瓶等。

尽管如此，在实践中往往会出现，一旦发生不可抗力事件，一方就提出要解除合同。合同是变更还是解除，事关合同双方的经济利益。因此，合同中的不可抗力条款，仍应就不可抗力所引起的法律后果作出明确的规定，以利于执行。例如，我国的买卖合同一般都规定，由于不可抗力事件的影响而不能顺利履行合同时，可根据实际所受影响的时间延长履行合同的期限。

案例与思考

我国华南地区某出口企业以CIF纽约条件与美国某公司订立了200套家具的出口合同。合同规定某年12月交货。该年11月底，我企业出口商品仓库发生雷击火灾，致使一半左右的出口家具被烧毁。我企业以发生不可抗力事故为由，要求免除交货责任。但美方不同意我方请求，坚持要求我方按时交货。我方经艰苦努力，于次年1月初交货，美方于是以发货延期为由提出索赔。请问：我方提出免除交货责任的要求是否合理？为什么？美方的索赔要求是否合理？

评析：本案中，我方出口商品仓库发生雷击火灾，致使一半左右的出口家具被烧毁，这属于不可抗力事故，我方可以遭遇不可抗力事故为由，向美方提出延期履行合同的要求，但家具属于可批量化生产的种类物，不能提出解除合同的要求。这是因为，本次不可抗力事件的严重程度只能定性为“暂时阻碍了合同的履行”，并没有严重到“使合同的履行成为不可能”。

美方的索赔要求不合理。这是因为，既然发生了不可抗力事故，且已备好的货物一半被烧毁，这必然影响我方的交货时间。另外，不可抗力是一项免责条款，可免除遭受不可抗力事故一方不能如期履约的责任，美方应考虑实际情况，同意延期履行合同。因此，美方的索赔要求是不合理的。当然，雷击火灾事故是否属于若正确安装避雷针就可避免的事故、是否必然能够被法院或仲裁机构认定为不可抗力事故，在实践中还要视具体情况而定。

三、合同中的不可抗力条款

在进出口合同中订立了不可抗力条款，一旦发生意外事故影响到合同的履行时，就可根据合同规定的范围和原则确定发生的意外事故是否属于不可抗力，防止对方任意扩大或缩小对不可抗力的解释或在履约方面提出不合理要求。因此，买卖双方在合同中订立不可抗力条款是非常必要的。

（一）不可抗力条款的内容及其订立

1. 不可抗力条款的内容

不可抗力条款是一种免责条款，即免除由于不可抗力事件而违约的一方的违约责任。一般应规定的内容包括不可抗力事件的范围、事件发生后通知对方的期限、出具证明文件的机构以及不可抗力事件的后果。

2. 不可抗力条款的订立

常见的不可抗力条款的订法有以下三种：

（1）概括式规定。即在合同中不具体规定不可抗力事故的种类，而是作笼统的规定。例如：

由于不可抗力的原因，致使卖方不能部分或全部装运或延迟装运合同货物，卖方对于这种不能装运或延迟装运本合同货物不负有责任。

If the shipment of the contracted goods is prevented to delayed in whole or in part due to Force Majeure, the Sellers shall not be liable for non-shipment or late shipment of the goods of this contract.

（2）列举式规定。即逐一详列不可抗力事故的种类。例如：

由于战争、地震、火灾、水灾、雪灾、暴风雨的原因，致使卖方不能全部或部分装运或延迟装运合同货物，卖方对于这种不能装运或延迟装运本合同货物不负有责任。

If the shipment of contracted goods is prevented or delayed in whole or in part by reason of war, earthquake, fire, flood, heavy snow, storm, the Seller shall not be liable for non-shipment or late shipment of the goods of this contract.

(3)综合式规定。即将概括式和列举式合并在一起的方式。在列明双方取得一致意见的各种不可抗力事件的同时,加上"以及双方当事人所同意的其他事故"的字样,以便在发生合同没有列明的意外事故时,由双方当事人协商决定是否作为不可抗力事件看待。例如:

因战争、地震、火灾、雪灾、暴风雨或其他不可抗力,致使卖方不能全部或部分装运或延迟装运合同货物,卖方对于这种不能装运或延迟装运本合同货物不负有责任。

If the shipment of the contracted goods is prevented or delayed in whole or in part by reason of war, earthquake, fire, flood, heavy snow, storm or other causes of Force Majeure, the Sellers shall not be liable for non-shipment or late shipment of the goods of this contract.

上述概括式规定比较笼统,由于理解不同,容易产生纠纷。这是因为,目前所谓公认的不可抗力,在国际上并没有统一的准绳可循。上述列举式规定虽然明确,但不可抗力的事故不胜枚举,合同很难全部包括进去,如发生了没有列举的事故,就无法引用不可抗力条款。而综合式规定则弥补了前两种方式的不足,既明确、具体,又具有一定的灵活性,因此使用比较广泛。

(二)不可抗力事件的处理

不可抗力事件的处理,关键是对不可抗力事件的认定。尽管在合同的不可抗力条款中作了一定的说明,但在具体问题上,双方会对不可抗力事件是否成立出现分歧。通常应注意下列事项:

1. 区分商业风险和不可抗力事件。商业风险往往也是无法预见和不可避免的,但是它和不可抗力事件的根本区别在于:一方当事人承担了商业风险损失后,有能力履行合同义务,典型情况是对"种类物"的处理,此类货物可以从市场中购得替代物,因而卖方通常不能免除其交货责任。

2. 重视"特定标的物"的作用。对于包装后刷上唛头或通过运输单据等已将货物确定为某项合同的标的物,称为"特定标的物"。此类货物由于意外事件而灭失,卖方可以确认为不可抗力事件。如果货物并未特定化,则会造成免责的依据不足。例如,3万米棉布在储存中由于不可抗力损失了1万米,若棉布分别售于两个货主,而未对棉布作特定化处理,则卖方对两个买主很可能均无法援引不可抗力条款免责。

(三)援引不可抗力条款处理事故应注意的事项

当不可抗力事故发生后,合同当事人在援引不可抗力条款和处理不可抗力事故时,应注意下列事项:

1. 发生事故的一方当事人应按合同约定期限和方式及时将事故情况通知对方,对方也应及时答复,如有异议要及时提出。《联合国国际货物销售合同公约》明确规定："不履行义务的一方，必须将事件及其对他履行义务能力的影响通知另一方。如果该项通知在其已经知道或者理应知道这一障碍后的一段合理时间内，仍未被另一方收到，则他对由于另一方未收到通知而造成的损害，应负赔偿责任。"关于通知方式和时限，一般规定：一方遭受不可抗力事故以后，应以电报或电子邮件、传真等手段通知对方，并应在 15 天内提供事故的详情及影响合同履行程度的证明文件。

一方接到对方关于不可抗力事件的通知或证明文件后，无论同意与否，都应及时答复；否则，按有些国家的法律(如《美国统一商法典》)，将被视作默认。

2. 发生事故的一方当事人应出具有效的证明文件，以作为发生事故的证据。进出口合同中一般都明确规定了出证机构：在国外，一般是由当地的商会或合法公证机构出证；在我国，是由中国国际贸易促进委员会及其设在口岸的贸促会分会出证。

3. 双方当事人都要认真分析事故的性质，看其是否属于不可抗力事故的范围，并就不可抗力的后果，按约定的处理原则和办法进行协商处理。

练习题

一、判断改错题

1. 根据《联合国国际货物销售合同公约》规定，一方当事人违反合同，但未构成根本性违约，另一方可宣告合同无效。

2. 如果合同履行过程中发生不可抗力事件，并符合合同的不可抗力界定范围，遭受损害的一方当事人可解除合同。

3. 合同中的索赔条款均为关于买方向卖方索赔或卖方向买方索赔的条款。

二、案例分析题

1. 有一份合同，印度 A 公司向美国 B 公司出口一批黄麻。在合同签约后，印度政府宣布对黄麻开始实行出口许可证和配额制度。A 公司因无法取得出口许可证而无法向美国 B 公司出口黄麻，遂以不可抗力为由主张解除合同。请问：印度 A 公司能否主张这种权利？为什么？

2. 我方按 FOB 条件进口商品一批，合同规定交货期为 5 月份。4 月 8 日，接对方来电称，因洪水冲毁公路(附有证明)，要求将交货期推至 7 月份。我方接信后，认为既然可证明因洪水冲毁公路，推迟交货期应没有问题，但因广交会期间工作比较忙，我方一直未给对方答复。6 月份、7 月份运输旺季订舱较难，我方于 8 月份才派船前往装运港装货。因货物置于出口国码头仓库产生了巨额的仓租、保管等费用，对方便要求我方承担有关的费用。请问：我方可否以对方违约在先为由，不予理赔？为什么？

第十六章　国际贸易仲裁

由于各种原因，国际贸易中买卖双方在履行合同过程中有时难免会产生争议，国际贸易中解决争议的方式有多种，仲裁是其中之一。仲裁方式具有许多双方能共同接受的优点，因此在国际贸易中被广泛采用，并常常在贸易合同中作为一项争议解决方案条款被列入。

国际贸易中，解决争议的方式通常有协商、调解、仲裁（Arbitration）、诉讼等。采用友好协商或通过第三者调解的方式，气氛比较友好，有利于贸易双方的长期交往，是买卖双方都愿意采用的方法。但如果通过协商和调解，买卖双方未能达成一致意见，则理论上只能采取仲裁或诉讼的方式来加以解决。

在此，诉讼客观上要求有管辖权的法院对有关争议予以审理，并根据法律作出判决。但是，诉讼途径在解决国际贸易争议的时候存在以下不便：

1. A 国的法院审理并判决的结果，在 B 国常常难以得到执行。

2. 有可能存在进口方在本国法院起诉出口方并胜诉，但出口方也会在自己国家法院起诉进口方的可能。这样会把诉讼的程序复杂化，甚至耗时数年无果。

3. 即使法院主观上能较为公正地审理案件，但特定国家法院的法官等工作人员往往并不是国际贸易方面的专家，判决的依据很可能更多倾向于翻阅其本国的法律法规，而较少顾及 UCP600、《联合国国际货物销售合同公约》、《2010 年通则》等专业性较强的国际贸易惯例。

第一节　仲裁概述

仲裁又称公断，是指买卖双方达成书面协议，自愿把双方之间的争议提交双方同意的仲裁机构进行裁决，裁决对双方均有约束力。目前，包括我国在内的不少国家已通过立法，规定仲裁为解决争议的途径之一。

仲裁机构不是国家的司法部门，而是依据法律成立的一种带有一定官方色彩的非官方机构。世界上许多国家和一些国际组织都设有专门从事国际商事仲裁的常设机构，如国际商会仲裁院、英国伦敦仲裁院、英国仲裁协会、美国仲裁协会、瑞典斯德哥尔摩商会仲裁院、瑞士苏黎世商会仲裁院、日本国际商事仲裁协会等。我国的涉外仲裁机构为中国国际经济贸易仲裁委员会（中国国际商会仲裁院），总会设在北京，在上海、深圳、重庆等地设有分会，在香港特别行政区设立仲裁委员会香港仲裁中心。中国国际经济贸易仲裁委员会是我国唯一的对外经贸仲裁机构。

一、仲裁协议的具体特点

仲裁的实施往往是以买卖双方的仲裁协议为依据和前提的，我国《仲裁法》第 4 条规定，当事人采用仲裁方式处理争议时，双方当事人必须订有仲裁协议（Arbitration Agreement）。如没有仲裁协议，一方申请仲裁的，仲裁机构不予受理。可见，发生争议的双方中任何一方申请仲裁时，必须提交双方当事人达成的仲裁协议。仲裁协议是双方当事人在自愿、协商、平等互利的基础之上将争议交付仲裁机构解决的书面文件，是申请仲裁的必备材料。仲裁协议主要发挥以下作用：

1. 约束双方当事人只能以仲裁方式解决争议，不得向法院起诉；
2. 排除法院对有关案件的管辖权；
3. 使仲裁机构和仲裁员取得对有关争议案的管辖权。

仲裁协议的以上三方面作用是互相联系的，其中，排除法院对有关争议案的管辖权是很关键的。也就是说，只要双方订立了仲裁条款或其他形式的仲裁协议，就不能把有关争议案件提交法院审理；如果任何一方违反协议，自行向法院提起诉讼，对方可出示仲裁协议，要求法院停止司法诉讼程序，把有关争议案发还仲裁庭审理。因此，双方当事人在签订合同时，如果愿意把日后可能发生的争议交付仲裁，而不愿诉诸法律程序，就应在合同中订立仲裁条款，以免未来发生争议。

仲裁协议有两种形式：一种是由双方当事人在争议发生之前订立的，表示同意把将来可能发生的争议提交仲裁解决的协议，这种协议作为合同的一项条款，即我们所说的“仲裁条款”（Arbitration Clause）；另一种是由双方当事人在争议发生之后订立的，表示同意把已经发生的争议交付仲裁的协议，这种协议称为“提交仲裁协议”。这两种仲裁协议的形式虽然不同，但其法律作用与效力是相同的。不过值得注意的是，发生争议之前双方容易达成仲裁协议，一旦发生争议后，双方达成仲裁协议就比较困难。因此，买卖双方尽量在签订合同时将仲裁条款写入合同，就显得十分重要。

二、仲裁的优势

在国际贸易实践中，仲裁是被最广泛采用的一种争议的解决方式，这主要是因为仲裁方式具有如下几个优势：

1. 仲裁是争议双方自愿达成的一种解决方式。仲裁协议达成后，约束双方当事人只能以仲裁方式解决争议，不得向法院起诉，这有利于保护双方当事人的商业秘密和企业声誉；相比较而言，诉讼方式就会在这方面对当事人造成一定影响。

2. 仲裁的费用较低。仲裁费用一般仅为争议价值的 0.1%～1%；而诉讼费用一般仅律师费一项就为诉讼标的的 1%～10%，此外还要发生法院审理费等其他费用。

3. 仲裁的速度较快。仲裁机构受理案件后，一般应在 1 周内开庭；而诉讼的立案就很难估计，提交诉状后数周甚至数月之后才予以立案的情况时有发生。

4. 仲裁的裁决较为专业、公正。仲裁员多为贸易和法律方面的资深专家，具有良好的职业素养，其裁决相比于法院判决往往更加客观、专业、公平和迅速；由于在诉讼当中，法律保护的是有证据证明的事实，故当一方取证困难时，常常会有法律上无懈可击但事实上并不公正的判决出现。

5. 仲裁的裁决是终局性的。对仲裁裁决，双方当事人均不得向法院或其他机构提出变更裁决的要求；而法律诉讼的判决，一般是允许上诉并提出变更要求的。

6. 仲裁裁决的异国执行比较方便。由于世界上的大多数国家被批准加入了联合国主持发起的《承认及执行外国仲裁裁决公约》，故仲裁裁决的异国执行比较方便。

7. 当事人双方可以选择仲裁员组成仲裁庭，仲裁员通常是各相关行业的资深专家、法律学者等，裁决案件的依据较有信服力。

关于《承认及执行外国仲裁裁决公约》

1958 年 6 月 10 日在纽约召开的联合国国际商业仲裁会议上，与会国签署了《承认及执行外国仲裁裁决公约》(以下简称《纽约公约》)。该公约处理的是外国仲裁裁决的承认和仲裁条款的执行问题。目前已有世界上包括我国在内的 140 多个国家和地区加入了《纽约公约》，该公约自 1987 年开始对我国生效。

《纽约公约》第三条规定(译文)："缔约国相互承认仲裁裁决具有约束力，并依照执行地的程序规则予以执行。在承认或执行其他缔约国的仲裁裁决时，不应在实质上比承认或执行本国的仲裁裁决规定更烦琐的条件或更高的费用。"

中国在加入该公约时作了互惠保留和商事保留声明。也就是说，中国只承认并执行来自《纽约公约》缔约国且所解决的争议依中国法律属于商事关系的仲裁裁决。对于在非缔约国领土上作出的仲裁裁决，若需要我国法院承认并执行的，只能按照互惠原则办理。关于仲裁裁决在我国的具体执行规定如下：

1. 关于中国国际经济贸易仲裁委员会仲裁裁决在我国的执行：如当事人一方不履行裁决的，对方当事人可以持裁决书申请被申请人营业场所所在地的中级人民法院执行。

2. 关于中国国际经济贸易仲裁委员会仲裁裁决在我国境外的国家或地区执行：原则上应当由当事人直接向对对方当事人有管辖权的境外法院申请承认和执行，该境外国家或地区原则上应当是《纽约公约》缔约成员国或地区。

3. 境外国家或地区真实有效的仲裁裁决在我国的执行：如当事人一方不履行裁决的，对方当事人可以持裁决书申请被申请人(被执行人)营业场所所在地的中级人民法院执行，该境外国家或地区原则上应当是《纽约公约》缔约成员。

如果仲裁机构所在国和我国既没有缔结或共同参与《纽约公约》，也没有互惠关系的，当事人可以以仲裁裁决为依据，向我国有管辖权的法院起诉，由法院作出判决，予以执行。

第二节　仲裁的一般程序和执行

仲裁程序是指进行仲裁的程序和做法。根据《中国国际经济贸易仲裁委员会仲裁规则》规定，仲裁庭应当根据事实，依照法律和合同规定，参照国际惯例，并遵循公平、合理原则，独立、公正地作出裁决。

一、仲裁程序

中国国际商会经多次修订并自 2015 年 1 月 1 日起施行的《中国国际经济贸易仲裁委员会仲裁规则》具体规定了我国的贸易仲裁程序规则。该程序一般包括提出仲裁申请、仲裁庭的组成、仲裁审理、仲裁裁决四个环节。

(一)提出仲裁申请

仲裁申请是仲裁机构立案受理的前提。根据《中国国际经济贸易仲裁委员会仲裁规则》规定，当事人一方申请仲裁时，应向仲裁委员会提交包含下列内容的签名申请书：①申诉人和被诉人的名称、地址；②申诉人所依据的仲裁协议；③案情和争议要点；④申诉人的请求及所依据的事实和证据。

申诉人提交仲裁申请书时，还应附上合同、仲裁协议、往来函电等的原件或副本、抄本，并缴纳仲裁费预订金。仲裁程序自仲裁委员会仲裁院收到仲裁申请书之日起开始。

(二)仲裁庭的组成

争议案件提交仲裁后,由争议双方所指定的仲裁员组成仲裁庭进行审理并作出裁决。根据我国《仲裁法》规定,仲裁庭可由一名或三名仲裁员组成(通常情况下为三名)。其中,双方当事人各指定(或委托仲裁委员会主任指定)一名;第三名仲裁员由双方当事人在被申请人收到仲裁通知后15天内共同选定或共同委托仲裁委员会主任指定,第三名仲裁员为仲裁庭的首席仲裁员。但当事人各自指定的仲裁员并不代表当事人的利益,不偏袒任何一方;对于可以采用简易程序的案件,仲裁庭也可由一名由双方当事人共同指定或委托的仲裁委员会主席所指定的独任仲裁员组成,单独审理案件。被指定的仲裁员,如果与案件有利害关系,应当自行向仲裁委员会请求回避。当事人对被选定或被指定的仲裁员的公正性和独立性产生具有正当理由的怀疑时,可以书面提出要求该仲裁员回避的请求,但应说明提出回避请求所依据的具体事实和理由并举证。

(三)仲裁审理

仲裁庭审理案件有两种形式:开庭审理和不开庭审理。我国仲裁规则规定,除非当事人另有约定,仲裁庭可以按照其认为适当的方式审理案件。在任何情形下,仲裁庭均应公平、公正地行事,给予双方当事人陈述与辩论的合理机会。

仲裁庭应开庭审理案件,但双方当事人约定并经仲裁庭同意或仲裁庭认为不必开庭审理并征得双方当事人同意的,可以只依据书面文件进行审理。开庭审理一般不公开进行。仲裁庭对案件的审理过程一般包括开庭、搜集证据和调查取证;必要时,还须通过法院采取保全措施。

开庭日期由仲裁庭会同仲裁委员会秘书处决定,并在开庭前30天通知双方当事人,当事人如有正当理由,可以申请延期。开庭地点应是在仲裁委员会所在地,但经仲裁委员会主席批准,也可以在其他地方。仲裁庭开庭时,如一方当事人或其代理人不出庭,仲裁庭可以进行缺席审理和作出缺席裁决。

仲裁和调解相结合解决争议是我国涉外仲裁的一个重要特点。我国仲裁规则规定,如果双方当事人有调解愿望,或一方当事人有调解愿望,并经仲裁庭征得另一方当事人同意,仲裁庭可以在仲裁程序进行过程中,对其审理的案件进行调解。经调解达成和解协议的案件,仲裁庭应当根据双方当事人和解协议的内容作出裁决书。如果双方当事人自行达成和解,申诉人应当及时撤销案件。

审理案件时,当事人应对其申诉或答辩所依据的事实提出证据。必要时,仲裁庭可以自行调查、搜集证据;还可以向专家咨询,或指定鉴定人进行鉴定,专家和鉴定人可以是中国或外国的机构或公民。

保全措施又称临时性保护措施,是指在仲裁开始到作出裁决前对争议的标的物或有关当事人的财产采取临时性保护措施。

（四）仲裁裁决

裁决是仲裁程序的最后一个环节。按规定，裁决必须以书面形式作出。裁决作出后，任何一方当事人不得向法院起诉，也不准向其他任何机构提出变更仲裁裁决的请求。但如果当事人掌握事实能证明该裁决不符合法律程序要求，如无仲裁协议或仲裁员的行为不当等，该当事人可以向法院提出申请，要求法院撤销裁决，宣布仲裁无效。按照各国际仲裁规则的一般规定，仲裁裁决如系在无仲裁协议的情况下作出的或以无效（呈过期）的仲裁协议为依据作出的裁决、仲裁员的行为不当或越权所作出的裁决、以伪造证据为依据所作出的裁决，或裁决的事项是属于仲裁地法律规定不得提交仲裁处理的裁决等，当事人可在法定期限内，请求仲裁地的管辖法院撤销仲裁裁决，并宣布其为无效。

二、仲裁裁决的效力和执行

仲裁裁决是终局的，对双方当事人均有约束力，双方都必须执行，任何一方当事人不得向法院起诉，也不得向其他任何机构提出变更裁决的请求。但是，世界上也有少数国家允许不服裁决的当事人向法院上诉，请求撤销裁决。

各国法律均规定，仲裁裁决应由仲裁的当事方自动执行，仲裁机构无强制执行裁决的权利和义务。如仲裁的一方当事人不执行裁决，则另一方有权按教材前一节有关程序向法院提出申请，请求法院予以强制执行。一般来说，如果仲裁地和败诉方在同一个国家或地区，裁决能够比较顺利地执行；反之，执行过程中可能会遇到一些困难。

第三节　合同仲裁条款的内容

目前，我国进出口合同中仲裁条款的内容繁简不一，通常包括下列几个方面。

一、仲裁地点

在什么地方进行仲裁，是买卖双方在磋商仲裁条款时的一个重点。这主要是因为，仲裁地点与仲裁所适用的程序法，以及合同所适用的实体法关系甚为密切。仲裁地点不同，适用的法律可能不同，对买卖双方的权利、义务的解释就会有差别。所以，交易双方都非常重视仲裁地点的确定，都力争在自己比较了解和信任的地方，尤其是力争在本国仲裁。我国进出口贸易合同中的仲裁地点，视贸易对象和情况的不同，可以采用下述四种规定方法之一：

1. 力争规定在中华人民共和国仲裁；
2. 有时规定在被告所在国仲裁；
3. 规定在双方同意的第三国仲裁；
4. 也可以接受在对方所在国仲裁。

如采用上述第 3 种方法，一般是选择其仲裁法律允许受理双方当事人都不是本国公民、其仲裁机构具有一定业务能力、受双方当事人信任的第三国作为仲裁地点。

二、仲裁机构

有两种仲裁机构可供选择：一种是由双方当事人在仲裁协议中规定一个常设的仲裁机构；另一种是由双方当事人指定仲裁员自行组织临时的仲裁机构，它是为了解决特定的争议而组成的仲裁庭，当争议案处理完毕后，将自动解散。

三、仲裁程序与规则

仲裁规则主要包括以下内容：仲裁管辖，仲裁组织；仲裁的申请、答辩和反请求程序；仲裁庭的组成；仲裁的审理和裁决程序；仲裁委员会、仲裁庭和当事人的权利及义务；仲裁语种、翻译、送达、仲裁费用承担等。

仲裁规则不同于仲裁法，它可以由仲裁机构制定，有些内容还允许当事人自行约定。因此，仲裁规则是任意性较强的行为规范，但是仲裁规则不得违反仲裁法中的强制性规定。在买卖合同的仲裁条款中，应订明用哪个国家(地区)和哪个仲裁机构的仲裁规则进行仲裁。

四、合同仲裁条款举例

以下是合同中规定在我国进行仲裁的中英文条款示例：

凡因本合同引起的或与本合同有关的任何争议，双方应通过友好协商解决，如果协商不能解决，应提交中国国际经济贸易仲裁委员会，按该会仲裁规则在北京进行仲裁。仲裁裁决是终局性的，对双方都有约束力。

Any dispute arising from or in connection with this contract shall be settled amicably through negotiation. In case no settlement can be reached through negotiation, the case shall then be submitted to the China International Economic & Trade Arbitration Commission for arbitration which shall be conducted by the Commission in Beijing in accordance with the Commission's arbitration rules. The arbitration award is final and binding upon both parties.

当然，合同中也可规定在第三国或对方所在国进行仲裁；或规定如果合同的一方提起仲裁，则仲裁地点须在另一方的所在国(或地区)。

练习题

一、判断改错题

1. 买卖双方为解决争议而提请仲裁时，必须向仲裁机构提交仲裁协议；否则，仲裁机构不予受理。

2. 买卖双方当事人在争议发生后达成的仲裁协议是无效的。

二、单项选择题

1. 贸易争端经仲裁机构作出的裁决________。

(A)具有法律约束力

(B)没有法律约束力

(C)如败诉方认可，则有约束力；否则，无约束力

2. 下列有关仲裁协议的作用的表述中错误的是________。

(A)约束当事人以仲裁方式解决争议，不向法院起诉

(B)排除了当事人以协商和调解方式解决争议的途径

(C)排除了法院对该贸易争端的管辖权

(D)使仲裁机构取得对争议案件的管辖权

第六篇

进出口贸易的实际操作

【导读】从实际业务操作角度看，进出口贸易涉及的环节众多、手续繁杂，要经历交易前的准备、交易磋商、订立合同和履行合同等阶段。相对于一般国内贸易，国际贸易在很多方面比国内贸易复杂。国际贸易还需要严格遵照国家颁布的有关法律和行政法规行事，接受有关政府部门的监管，必须切实按照适用的法律和我国缔结或参加的国际条约以及国际贸易惯例办事。在国际贸易的各项业务活动中，还需得到银行、海关、运输、保险、检验检疫等机构的多方配合，其中任何一个环节的疏忽，都会影响贸易的正常进行。本篇的前面部分主要介绍有关合同签订和履行的程序性知识，后面部分主要介绍当代国际贸易在商务上的具体实现方式。

第十七章　进出口合同的商订与履行

进出口贸易是以进出口合同，即国际货物买卖合同为中心进行的。其间，要经历交易前的准备、交易磋商、订立合同和履行合同等阶段，相对于一般国内贸易，从各种层面来看，国际贸易都要比国内贸易复杂。从实际业务操作角度看，进出口贸易涉及的环节众多、手续繁杂，需要严格遵照国家颁布的有关法律和行政法规行事，接受有关机关的监督管理，必须切实按照适用的法律和我国缔结或参加的国际条约以及国际贸易惯例办事。在各项业务活动中，还需得到银行、海关、运输、保险等政府部门或企业的多方配合，其中任何一个环节的疏忽都会影响贸易的正常进行。

第一节　合同的商订

在国际贸易中，买卖双方根据各自的意愿反复磋商，就各项交易条件达成一致以后，交易才正式开始。此后，双方还需要签订书面合同。合同的商订，是合同的磋商与签订的统称。

在任何商品的国际贸易之前，进出口双方应当各自通过翻阅本国税则等途径确认商品的可贸易性，如果该商品在本国禁止进出口，或者即使准予进出口但本企业难以获取进出口配额、进出口许可资格，则应当中止合同的磋商工作。

合同商定之前的市场调研等工作属于国际市场营销学科范畴。在商订合同前，出口企业还必须对出口成本进行核算，以确定成交的基准参考价格。这些内容囿于篇幅所限，本章暂不赘述。

一、合同交易磋商

交易磋商(Business Negotiation)又称合同磋商(Contract Negotiation)，是指买卖双方就买卖某种货物的各项交易条件进行洽商，以求最后达成协议、签订合同的过程。一旦交易双方通过磋商对各项交易条件达成一致意见，合同即告成立，对双方都具有约束力。因此，交易磋商直接关系到交易双方能否顺利履行合同，关系到双方的经济效益,是进出口业务中最重要的环节。

(一)交易磋商的一般程序

交易磋商以货物的品质、数量、包装、价格、交货和支付条件为主要内容,但通常也涉及检验、索赔、不可抗力和仲裁条件等其他内容。之所以说货物的品质等前六项为主要内容或主要交易条件,是由于买卖双方欲达成交易、订立合同,必须至少就这六项交易条件进行磋商并取得一致意见,因为这六项条件是成立买卖合同所不可缺少的交易条件。至于其他交易条件,特别是检验、索赔、不可抗力和仲裁,虽不属于合同成立所必不可少的内容,但是为了提高合同质量、防止和减少争议的发生以及便于解决可能发生的争议,买卖双方在交易磋商时也不应忽视。

我国进出口企业在同国外客户建立贸易联系时,为了简化交易磋商的内容、加速进程,通常先将印有"一般交易条件"(General Terms and Conditions)的合同格式递交对方,经双方协商同意后,这些条件就成为今后双方进行交易的共同基础,双方均受此项"一般交易条件"的约束,这对于缩短谈判时间和节省通信时间与费用都是有利的。合同的一般交易条件通常包括索赔、仲裁、不可抗力等条款,有的还包括商品检验、品质数量公差、保险、货运单据种类和份数以及开证注意事项等内容。

(二)交易磋商的步骤

交易磋商的步骤一般可以经过询盘(Inquiry)、发盘(Offer)、还盘(Counter Offer)和接受(Acceptance)四个环节。其中,发盘和接受是不可缺少的环节、是达成交易的决定性环节,因为《联合国国际货物销售合同公约》和《中华人民共和国合同法》均规定发盘和接受是合同有效的必要步骤。

1. 询盘

询盘又称询价,是指买方为了购买或卖方为了销售货物而向对方提出有关交易条件的探询。其内容可以是只询问价格,也可以是询问其他一项或几项交易条件(如数量、品质、包装、交货期等),以致要求对方向自己作出发盘。一般买方向卖方作出询盘的情况比较多。

询盘的具体形式与表达参考

1. 买方询盘

买方询盘又称"邀请发盘"(Invitation to Make Offer)。

例如:新加坡某买主向我国轻工业进出口公司发来询盘。

请报500辆飞鸽牌自行车成本加运费至新加坡的最低价,5月装运,尽速电告。

Please quote lowest price CFR Singapore for 500 pcs Flying Pigeon brand bicycles May shipment cable promptly.

2. 卖方询盘

卖方询盘也称"邀请递盘"(Invitation to Make a Bid)。

例如:某金属品进出口公司向国外某买主发出询盘。

可供99%纯度铝锭,7月装运,如有兴趣请电告。

We can supply aluminum ingot 99PCT July shipment please cable if interested.

又如:我某贸易公司向国外某买主发出询盘。

可供反光镜3月装运,如有兴趣请电告。

We can supply viewfinder March shipment cable if interested.

询盘对询盘人和被询盘人均无法律上的约束力,也并不是交易磋商的必经步骤。但在实际业务中,它往往是交易的起点。所以作为被询盘的一方,应对接到的询盘给予重视,并作出及时和适当的处理。

询盘时一般不直接用询盘的术语,而通用下列词句:"请告"(Please Advise)、"请电告"(Please Cable Advise)、"对……有兴趣,请"(Interested in … Please)、"请报价"(Please Quote)、"请发盘"(Please Offer)等。询盘还可以提出内容不肯定或附有保留条件的建议,例如,提出价格时使用参考价(Reference Price)或价格倾向(Price Indication);再如,"以我方最后确认为准"(Subject to Our Final Confirmation)或"有权先售"(Subject to Prior Sale)等。

2. 发盘

发盘又称发价(Quotation)、报盘、报价。法律上称为"要约",是买卖双方中的一方即发盘人(Offeror,Offerer)向对方即受盘人(Offeree)提出各项交易条件,并且愿意按照这些条件与受盘人达成交易,成立合同的一种肯定的表示。发盘可以由卖方提出,也可由买方提出。由卖方向买方发盘称为售货发盘(Selling Offer),由买方向卖方发盘称为购货发盘(Buying Offer)又称递盘(Bid)。在实际业务中,通常发盘是一方在收到对方的询盘之后提出的,但也可不经对方询盘而直接向对方发盘。

发盘经受盘人有效接受,合同即告成立,当事人之间就产生了具有法律约束力的合同。因此不论是卖方或买方,在其发盘为对方有效接受后,如发现所报价格对他不利或其他交易条件难以实现等情况,都不得拒绝按对方所接受的发盘条件履行其责任的义务,否则就构成违约。

发盘一般采用下列术语和语句:发盘、发实盘(Offer Firm,Firm Offer)、报价

(Quote)、供应(Supply)、可供应(Can Supply)、订购(Book,Booking)、订货(Order,Ordering)、可订(Can Book,Book Able)、递盘(Bid,Bidding)、递实盘(Bid Firm,Firm Bid)。

(1)构成发盘的条件

构成一项法律上的有效发盘必须具备以下四个条件:

①发盘应向一个或一个以上特定的人(Specific Person)提出。所谓"特定的人",是指在发盘中指明个人姓名或企业名称的受盘人。不指定受盘人的,原则上不能看成发盘,而只是一项发盘的邀请。例如,出口商在报纸或刊物上登载广告,或向国外客户广泛寄送样品、目录、价目单,只是吸引对方提出订货,所以不构成对寄发人的约束。但是,如果出口人在作出上述行为时,明确表示"在得到接受时承受约束"的意旨,那么他在商品目录、价目表或广告中所提出的建议,将被视作"发盘"。例如,在报上刊登出售某种商品的广告时,说明"在××年××月××日前按所列价格汇到价款,保证供货",该广告的刊登者就必须对任何按期汇到价款的人,履行供货的义务。

②发盘内容必须十分确定。所谓发盘内容的确定,是指发盘的条件是完整的、明确的和终局的(Complete,Clear and Final)。《联合国国际货物销售合同公约》第 14 条规定:一项订立合同的建议"如果写明货物,并且明示或暗示地规定数量和价格或如何确定数量和价格,即为十分确定"(Sufficiently Definite)。按此规定,一项订约建议只要列明货物、数量和价格三项条件,即可被认为其内容"十分确定",从而构成一项有效的发盘。如该发盘为受盘人所接受,即可成立合同。

在实际业务中,一项发盘往往应包括品名品质、包装、数量、价格、支付、装运这六个主要交易条件。但发盘中在表面上所缺少的某些主要交易条件,在一定情况下可以从其他方面予以确定。至于所缺少的其他内容,如货物的包装、交货和支付条件,可在合同成立后,按双方之间已确立的习惯做法、惯例或按《联合国国际货物销售合同公约》第三部分有关买卖双方义务的规定予以补充。

发盘的主要交易条件表面上不完整而实际上是完整的,有以下几种背景情况:

第一,买卖双方事先订有"一般交易条件"的协议。例如,在"一般交易条件"中已订明"支付方式:凭不可撤销即期信用证",除了拟作改动者外,就可在发盘中不列明上述支付条件。

第二,援引来往函电及先前合同。在交易磋商中,发盘人在发盘时往往援引双方过去的做法,这虽然在法律上是可行的,但在实际业务中则往往是不可取的。

交易条件应是明确的,即不能有含糊、模棱两可的词句,如"参考价"(Reference Price)、指示性价格(Price Indication),或对交货期规定为"大约 9 月份"(About September)等。

③发盘应表明订约的意旨。按照现行法律和《联合国国际货物销售合同公约》,一方当事人是否向对方表明在发盘被接受时承受约束的意旨,是判别一项发盘的基本标准(Basic Criterion)。所谓“承受约束”,是指发盘人在发盘被接受时承担与受盘人按发盘条件订立合同的责任。如果发盘只是订立合同的建议,根本没有“承受约束”的意思,就不能被认为是一项发盘。例如,在订约建议中加注“仅供参考”“以……确认为准”等保留条件,都不是一项发盘,只是邀请对方发盘。

④发盘必须被传达到受盘人(An Offer Must be Communicated to the Offeree)。这是《联合国国际货物销售合同公约》和各国法律普遍的要求:“发盘无论是口头的还是书面的,只有被传达到受盘人时才生效。”例如,发盘人通过电话向受盘人发盘,中途电话发生故障,传送声音模糊,必须待电话修复后,让受盘人听清全部发盘内容,该发盘方为有效。又如,发盘人选用电子邮件发盘,如果邮件的 SMTP 服务器等出现暂时故障或中毒,以致受盘人没有收到或收到的是乱码,则该发盘无效。

(2)发盘的有效期

在国际货物买卖中,发盘通常会规定有效期(Time of Validity,Duration of Offer)。发盘的有效期是指可供受盘人对发盘作出接受的时间或期限。这一含义有两层意思:一层意思是,发盘人在发盘有效期内受约束,即如果受盘人在有效期内将接受通知送达发盘人,发盘人承担按发盘条件与之订立合同的责任;另一层意思是,超过有效期,发盘人将不再受之前发出的已失效的发盘的约束。因此,发盘的有效期既是对发盘人的一种限制,也是对发盘人的一种保障。

在实际业务中,常见的规定有效期的方法有以下几种:

①规定最迟接受的期限。发盘人在发盘中明确规定受盘人表示接受的最后期限。例如:

发盘限 15 日复(Offer Subject Reply Fifteenth)。

这种有效期的规定方法存在一个问题,即该截止日(15 日)是指受盘人在它的所在地发出接受通知的期限,还是接受通知必须送达发盘人(Reaches the Offeror)的期限,不够明确。为了明确发盘的截止期,在规定最迟接受的期限时,可同时限定以接受送达发盘人或以发盘人所在地的时间为准。例如:

发盘限 15 日复(Subject Reply Reaching Here Fifteenth);

发盘限我方时间 15 日复(Offer Subject Reply Fifteenth Our Time);

发盘有效至我方时间星期五(Offer Valid Until Friday Our Time)。

②规定一段接受的期间。发盘人也可以规定发盘在一段期间内有效。例如:

发盘有效 3 天(Offer Valid Three Days);

发盘 10 天内复(Offer Reply in Ten Days)。

发盘人对于发盘明确规定有效期,其期限究竟多长,并无定则。一般来说,发盘有效期的长短取决于商品的种类、市场情况和交易额等因素。《联合国国际货物销售合同公约》还规定对口头发盘价必须立即接受,但情况有别者不在此限。所谓“立即接受”,可理解为:在双方口头磋商时当场有效;受盘人不在磋商当场表示接受,发盘随即失效。所谓“情况有别者”,可理解为:发盘人在口头发盘时,明确规定了有效期,如“有效期 3 天”,则该发盘不在“立即接受”之列。

③不明确规定有效期。发盘人在发盘中不明确规定有效期限,有的仅作笼统规定,有的甚至不作任何规定。这种发盘意味着在合理时间内有效。例如:

发盘……复(Offer ... Reply);

发盘……速复(Offer ... Reply Immediately);

发盘……急复(Offer ... Reply Urgently)。

“合理时间”究竟有多长及如何才算立即答复,各国并没有明确规定或解释。一般来说,所谓“合理时间”,要考虑到双方当事人的利益,既不能让发盘人等待太久,又要给受盘人足够的考虑及准备时间,还要适当地考虑到交易的情况及行业惯例和习惯做法。

(3)发盘的生效、撤回和撤销

①发盘的生效。《联合国国际货物销售合同公约》第 15 条规定,“发盘在送达受盘人时生效”。由此可见,发盘在未送达受盘人之前,如发盘人改变主意或情况发生变化,就必然会产生发盘的撤回(Withdrawal)或撤销(Revocation)。

②发盘的撤回。发盘的撤回是指发盘人将尚未被受盘人收到的发盘予以取消的行为。《联合国国际货物销售合同公约》第 15 条第(2)款规定:“一项发盘即使是不可撤销的,得予撤回,如果撤回通知于发盘送达被发盘人之前或同时送达受盘人。”这一规定是建立在发盘尚未生效的基础上的。对于一项尚未被收到、还未生效的发盘,原定的受盘人无权向发盘人提出任何主张,因为根本不存在法律应予保护的“可期待之物”(Expectations)。可见,“撤回”的实质是阻止发盘生效。

发盘撤回的条件是:撤回通知比发盘先到达受盘人,或撤回通知与发盘同时到达受盘人。在实际业务中,发盘人如果发现发盘中内容有误或市场行情有变,可争取在发盘到达受盘人之前,立即以更快速的通信方式撤回该发盘。如发盘人用电传撤回用信件发出的发盘,当然撤回通知须先于发盘或与发盘同时到达受盘人。

③发盘的撤销。发盘的撤销是指发盘人将已经为受盘人收到的发盘予以取消的行为。各国法律对发盘能否被撤销解释不一。英、美等国认为,发盘原则上对发盘人没有约束力,在受盘人接受前,发盘人可以撤销发盘,除非受盘人付出“对价”以取得发盘人不得取消发盘的承诺。大陆法国家认为,发盘原则上对发盘人有约束力。德国民

法典规定，订有具体有效期的发盘，在有效期内不得撤销；未规定具体有效期的发盘，在合理时间内不得撤销。

《联合国国际货物销售合同公约》对上述不同解释进行了协调，并规定：在未成立合同之前，如果撤销通知于受盘人发出接受通知之前到达受盘人，发盘可以撤销，除非表明为不可撤销的发盘。

此外，《联合国国际货物销售合同公约》还规定，下列两种情况的发盘，一旦生效，则不得撤销：

a. 发盘中规定了有效期，或以其他方式表示该发盘是不可撤销的；

b. 受盘人有理由相信该发盘是不可撤销的，并已本着该信赖采取了行动。

(4)发盘的终止

发盘的终止(Termination)是指发盘法律效力的消失。它含有两方面意义：一是发盘人不再受发盘的约束；二是受盘人失去了接受该发盘的权利。

发盘终止的原因很多，归纳起来，主要有以下几种情况：

①在有效期内未被接受而过时。明确规定有效期的发盘，在有效期限内未被受盘人接受，该发盘就终止。未明确规定有效期的发盘，在合理时间内，未被受盘人接受，该发盘也就失效。

②被受盘人拒绝。一项发盘，一经受盘人拒绝就失效。拒绝是受盘人不同意发盘条件而对发盘作出不接受的表示。例如，“你 8 日电不能接受”(Yours Eighth Unacceptable)。

③经受盘人还盘。发盘一经还盘，发盘的效力即告终止。

④在被接受前，发盘人对发盘进行有效的撤销。

⑤法律适用终止的情形。发盘还可因出现了某些特定情况，按有关法律的适用(Application of Law)而终止。例如，发盘人为自然人，在发盘被接受前丧失行为能力(如死亡或精神失常)；发盘人为法人(如公司)，在发盘被接受前，该法人依法宣告破产，并将有关破产的书面通知送达受盘人；特定标的物的毁灭，如一件珍贵的、独一无二的、不可替代的艺术品，发盘作出后在火灾中焚毁；发盘中商品被出口国或进口国政府宣布禁止出口或进口。在以上任一情况下，发盘将依据法律而终止。

3. 还盘

还盘又称还价，是受盘人对发盘内容不完全同意而提出修改或变更的表示。还盘实质上是受盘人对发盘拒绝后又作出的一项新的发盘，经还盘后，原发盘即失去效力，发盘人不再受其约束，还盘人即为新发盘的发盘人，原发盘人成为新发盘的受盘人。此外，对原发盘内容作出有条件的接受或部分接受也是还盘的一种形式。

对还盘的还盘实际上也是一种还盘。一方发盘，另一方对其内容不同意，可以进行还盘。同样，一方还盘，另一方对还盘内容不同意，也可以再进行还盘。一笔交易有时不经过还盘，经一方发盘、一方接受即可达成。大多数交易在发盘后，要经过还盘、再还盘……有时甚至经过几十次往返，才能做成一笔交易。

4. 接受

接受在法律上称“承诺”，是买方或卖方同意对方在发盘中提出的各项交易条件，并愿意按这些条件与对方达成交易、订立合同的一种肯定的表示。

一方的发盘经另一方接受，交易即告达成，合同即告订立，双方就应分别履行其所承担的合同义务。接受不得修改或撤销。

在实际业务中，受盘人对发盘表示同意，通常用“接受”(Accept)这一术语，也有的用“同意”(Agree)或“确认”(Confirm)等表示。

(1)接受应具备的条件

《联合国国际货物销售合同公约》规定：“被发盘人声明或作出其他行为表示同意一项发盘，即为接受；缄默或不行动本身不等于接受。”据此，构成一项法律上有效的接受，必须具备以下四个条件：

①接受必须由指定的受盘人作出。发盘是向特定的受盘人作出，与其相对应，接受必须由指定的受盘人作出，除受盘人之外的第三者作出的接受都不是有效接受。

②接受必须表示出来。接受必须由受盘人以某种方式表示出来。受盘人表示接受的方式有两种：

a. 用“声明”(Statement)作出表示。即受盘人用口头或书面形式向发盘人表示同意发盘(Indicating Assent to An Offer)。这是国际贸易中最常用的表示方法，如受盘人用词简明，如“接受”或“确认”(Accept，Accepted or Confirm，Confirmed)，则可明确地表达受盘人同意发盘的意思。

b. 用“作出行为”(Performing An Act)来表示。所谓用作出某种行为来表示，通常是指卖方发运货物或由买方支付价款(包括汇付货款和开立信用证)来表示，也可以用作出其他任何行为来表示，如开始生产所买卖的货物、发盘人采购有关货物等。例如，出口方用发运货物或进口方以开信用证等行为来表示接受。在用行为表示接受时，必须注意，这种表示接受的方式是根据该发盘人的要求或依照当事人之间确立的习惯做法或惯例行事的，而且该行为必须在发盘明确规定的有效期之内，或者在合理时间之内作出方为有效。值得注意的是，我国在批准参加《联合国国际货物销售合同公约》时，对《联合国国际货物销售合同公约》承认合同可以书面以外形式订立的规定声明保留。因此，在实际业务中，我国外贸企业应以书面通知的形式表示对发盘的接受。

③接受必须与发盘相符。接受必须无条件地全部同意发盘的条件。也就是说，接

受必须是绝对的、无保留的，必须与发盘人所作发盘的条件相符。英、美普通法认为，承诺（接受）应当像镜子一样（Mirror Image）照出要做（发盘）的内容。因此，附有限制、修改或增加新条件的接受，不能构成对发盘的有效接受，而应视作对发盘的拒绝并构成还盘。

④接受必须在发盘的有效期内到达发盘人。根据法律的一般要求，如发盘中明确规定了有效期，接受必须在发盘的有效期内送达发盘人方能生效；如发盘中未明确规定有效期，接受通知必须在一段合理时间内送达发盘人。如果接受通知超过发盘规定的有效期限，或发盘没有具体规定有效期限而超过合理时间才送达发盘人，这就是一项逾期接受，也称为“迟到的接受”。对于这种迟到的接受，发盘人不受其约束，不具有法律效力。《联合国国际货物销售合同公约》规定，接受于送达发盘人后生效，这是针对采用书面形式的接受；如系口头发盘，必须立即接受，否则无效，如果发盘人同意延长发盘的有效期，则不受此限制。

（2）逾期接受

逾期接受（Late Acceptance）又称迟到的接受，是指受盘人发出的接受通知超过发盘人规定的有效期，或发盘中未明确规定有效期而超过合理时间才送达发盘人。逾期接受在一般情况下无效。但《联合国国际货物销售合同公约》对这一问题作了灵活处理：第一，只要发盘人毫不迟延地口头或书面通知受盘人，认为该项逾期接受有效，那么合同就成立；如发盘人对逾期的接受表示拒绝或不立即向受盘人发出上述通知，则该项逾期接受无效，合同不成立。第二，如果能够证明此项逾期接受是由于非受盘人的原因造成的，则该逾期接受仍然有效。

（3）重新接受

重新接受是指受盘人接到一项发盘时，首先作出了拒绝或还盘，然后又表示接受。这种接受是否有效，要根据具体情况而定：如果受盘人采用更加快捷的传递方式将接受通知发出，并使其先于拒绝或还盘送达发盘人，则该项接受有效；如果接受通知与拒绝或还盘同时送达发盘人，或者迟于拒绝或还盘送达发盘人，则此项接受无效。这是因为，拒绝或还盘一旦送达发盘人，发盘即告失效，受盘人已无接受的权利。

（4）接受的撤回

由于《联合国国际货物销售合同公约》采用的是到达生效原则，因而接受发出后在一定条件下准予撤回（Withdraw Acceptance）。但条件是，撤回通知必须于接受通知到达发盘人之前或同时被送达发盘人。

在业务中，接受需要撤回，常因事先考虑不周，对市场行情的迅速变化未能及时掌握。此时，可以运用《联合国国际货物销售合同公约》有关规定，及时撤回接受。《联合国国际货物销售合同公约》第 22 条规定，如果撤回通知于接受原发盘应生效之前或同时送达发盘人，该接受得以撤回。

已生效的接受不得撤销，接受的通知一经到达发盘人即不能撤销，因为接受一经生效，合同即告成立。如果撤销接受，在实质上已属于毁约行为。

（三）交易磋商的信息载体

过去，在通信信息技术不是很发达的时代，国际贸易买卖双方采用的交易磋商媒介有信函、电报、电传以及后来的传真(FAX)，其效率较慢，通信成本也比较高。今天的国际贸易中，人们多采用电子邮件(E-mail)作为当今的函电形式交流，电子邮件的特点是方便快捷、信息保留度高、通信成本很低。在前期营销阶段，出于实时交流的通信需要，两地国际时差不太大的买卖双方职员多使用 Skype、QQ、阿里旺旺国际版等即时通信软件进行交流。

二、合同的签订

经过交易磋商，一方的发盘或还盘被对方有效地接受后，就算达成了交易，双方之间就建立了合同关系。《联合国国际货物销售合同公约》以及西方大多数国家的法律对买卖合同的形式，虽然原则上不加以限制，但在实际业务中，买卖双方的习惯做法，依然是在达成协议之后，再签订一份书面合同(Contract)，将各自的权利和义务用书面方式加以明确。

（一）签订合同的意义

按照各国法律的要求，凡是合同都须能得到证明、提供证据。一旦发生争议而诉诸法律，法院将要求当事人对合同的成立提供书面证据。《联合国国际货物销售合同公约》和大多数国家的合同法规定，只要接受生效，合同即告成立。但在有些情况下，书面合同则是合同成立的必备条件。如在交易磋商过程中，买卖双方的一方曾声明并经另一方同意，合同的成立以双方签订书面合同为准，即使双方已对交易条件全部取得一致意见，在书面合同签订之前，还不存在法律上有效的合同。在此情况下，书面合同成为合同生效不可缺少的条件。此外，凡需政府机构审核批准的合同，也必须是有一定格式的书面合同。

国际货物买卖合同的履行环节复杂，涉及的部门多，若只有口头协议，或凭分散于往来函电中的协议条款履行合同，将会给履行工作带来麻烦。因此，买卖双方不论是通过口头还是书面磋商，在达成交易后将商定的交易条件全面、清楚地一一列明在一份书面文件上，并由双方签字确认，这对进一步明确双方的权利和义务以及为合同的正确履行提供依据具有重要意义。

（二）合同有效成立的条件

发盘经过对方有效接受，合同即告成立。但是，合同的法律效力还取决于是否具

备一定的条件,否则不受法律保护。一份合法有效的合同必须具备以下特征:

1. 当事人必须在自愿和真实的基础上达成协议,采取欺诈、胁迫手段订立的合同无效。

2. 当事人必须具有订立合同的行为能力,未成年人、精神病人等不具备行为能力的人订立的合同无效。

3. 合同的标的和内容必须合法,以非法经营的产品为基础订立的合同不受法律保护。

4. 合同必须有对价和合法的约因,国际货物买卖合同是双务合同,合同必须互为有偿。

5. 合同的形式必须符合法律规定的要求。《中华人民共和国合同法》规定,当事人订立合同,有书面形式、口头形式和其他形式。

书面合同有广义和狭义之分。广义的书面合同是由一定的书面文件形成的合同,它可以是一份由买卖双方签署的有一定构成的书面合同,也可以是一份由买卖双方为订立合同进行磋商而往来的多份信件、电报与电传构成的书面合同。至于狭义的书面合同,仅指前一种有一定格式的书面合同。我们这里讲的就是关于这种狭义书面合同的签订。

(三)合同的形式

在国际贸易中,对书面合同的形式没有具体的限制,从事进出口贸易的买卖双方,既可采用正式合同[销售合同(Sale Contract)和购货合同(Purchase Contract)]、确认书[售货确认书(Sale Confirmation)和购货确认书(Purchase Confirmation)]、协议(Agreement),也可采用备忘录(Memorandum)等形式。此外,还有订单(Order)和委托订购单(Indent)等。在我国外贸业务中,主要采用正式合同和确认书两种形式。

1. 正式合同

正式合同的特点在于:内容比较全面,对双方的权利、义务以及发生争议后如何处理均有较详细的规定。正式合同的内容除了包括交易的主要条件,如品名、规格、数量、包装、价格、交货、支付外,还包括保险、商品检验、索赔、不可抗力、仲裁等条款。大宗商品或成交金额较大的交易,多采用此种形式的合同。

我国在对外贸易中使用的正式合同,分为销售合同和购买合同,又称出口合同(Export Contract)和进口合同(Import Contract)。这两种合同的格式和主要内容基本一致。

合同有正本和副本之分。在我国的对外贸易业务中,通常由我方缮制合同正本一式两份,经双方签字后,买卖双方各保存一份。合同副本与正本同时制作,无须签字,亦无法律效力,仅供交易双方内部留作参考资料,其份数视双方需要而定。

2. 确认书

成交确认书是合同的简化形式。它所包括的条款比合同简单，一般只就主要的交易条件作出规定，对买卖双方的义务描述并不太详细。这种形式的合同适用于金额不大、批数较多的商品，或者已订有代理、包销等长期协议的交易。

我国在对外贸易业务中使用的确认书，分为销售确认书和购买确认书。这两种确认书的格式基本一致。当达成交易时，通常也由我方填制一式两份，经双方签字后，各自保存一份。它无正本与副本之分。

上述两种形式的合同，即正式的合同和确认书，虽然在格式、条款项目和内容繁简上有所不同，但在法律上具有同等效力，对买卖双方均有约束力。在我国对外贸易业务中，书面合同主要采用这两种方式。

3. 协议

在法律上，协议一般与合同同义。书面文件冠以“协议”或“协议书”的名称，只要其内容对买卖双方的权利和义务都作了明确、具体的规定，它就与合同一样对买卖双方具有法律约束力。但是，如果交易洽商的内容比较繁杂，双方商定了一部分条件，还有一部分条件有待进一步洽商，于是先签订一个“初步协议”，在协议书中也作了协议属初步性质的说明，这种协议就不具有合同的性质。

4. 备忘录

备忘录是进行交易洽商时用来记录洽商的内容，以备今后核查的文件。如果双方当事人把洽商的交易条件完整、明确、具体地记入备忘录，并经双方签字，那么这种备忘录的性质和作用就与合同无异。如果双方洽商后，只是对某些事项达成一定程度的相互理解，并记入备忘录，或者直接冠以“理解备忘录”的名称，则这种备忘录不具有法律约束力。

5. 订单

订单是指进口商或实际买家拟制的货物订购单。在我国外贸实践中，有的客户往往发出订单，要求我方签回。这种经洽商成交后发出的订单，实际上是国外客户的购买合同或购买确认书。

(四)合同的内容

书面合同的基本格式分为约首(合同的首部)、本文(合同的主体)、约尾(合同的末部)三个组成部分。

1. 约首。约首包括合同名称、合同编号、缔约日期、缔约地点、缔约双方名称和地址等；有的使用序言形式说明订约意图并放在约首。

2. 本文。本文即合同的主体部分，具体规定双方的权利、义务。这些条款应与双方同意的交易条件完全一致。主体包括商品名称、品质规格、数量、包装、单价、总价、交货、保险、支付方式、商检、不可抗力、索赔、仲裁等，以及根据不同的交易情况需要加列的其他条款。

3. 约尾。约尾是指合同的尾部，包括合同文字的效力、合同的份数、附件的效力以及缔约双方的签字和适用的法律、惯例等。

在实际业务中，订立合同时应注意合同条款之间的内在联系，合同内容应符合政策，合同条款要明确、完善和肯定。

合同格式通常由外贸企业根据经营情况自行设计，一式两份，经双方签署后各执一份，作为履行合同和处理争议的法律依据。

第二节　出口合同的履行

买卖双方经过交易磋商并签订出口合同以后，就进入了出口合同的履行阶段。高质量地完成外贸出口任务，不仅取决于合同的磋商和签订工作，而且更有赖于双方切实地按合同规定履行各自的义务。

在不同的贸易条件下，出口合同履行过程中所包含的工作环节和手续是不一样的。我国的出口贸易除大宗交易有时采用FOB术语外，多数采用CIF、CFR术语和凭信用证支付方式。若以目前使用最多的采用CIF术语和凭不可撤销即期议付信用证支付的交易为例，履行出口合同必须切实做好准备货物、落实信用证、安排装运和制单结汇等环节的工作；换言之，货(备货)、证(催证、审证、改证)、船(租船订舱、装船)、款(制单、结汇)四个基本环节构成了出口合同履行的必要程序，它们之间是相互联系、相互依存的关系。

对出口企业来说，在出口合同履行过程中，具体地要做好“四排队”“三平衡”工作。“四排队”是指以买卖合同为对象，根据合同项下的货物是否备妥、信用证是否开到，按四种情况进行分析排队，即“有证有货”“有证无货”“无证有货”“无证无货”。“三平衡”是指以信用证为依据，根据信用证规定的装运期和到期日的远近，结合货源和运输能力的具体情况，分别轻重缓急，力求做到“货、证、运(船)”三方面的有效衔接，保证按时交付和装运货物，保证出口合同得以顺利履行。

一、准备货物

出口合同履行之前，首先要做的就是准备货物。根据合同规定的质量、数量、包装和交货时间的要求进行货物的准备工作，是为了保证按时、按质、按量履行出口合同的交货义务。

备货工作的具体内容主要包括：向生产厂家或供货部门安排生产或催交货物，然后核实检查应收货物的质量、数量和包装状况，并对货物进行验收。有的商品进仓后，尚需根据出口合同规定再次进行整理、加工和包装，并在外包装上加贴唛头和其他必要的标志，如识别标志、指示性标志、警告性标志等。这种通过在货物上加标记等方式将货物划归有关合同的行为，在法律上又称“特定化”，这对货物风险的转移是很重要的。

在出口备货时，一般要注意以下几个问题：

1. 货物的品质、规格及花色搭配应当与合同规定完全一致。对不符合规定的商品应立即更换，否则对方有可能拒收货物并提出索赔。

2. 有些散装货备货的数量应略多于合同规定的数量。备货的数量不仅应保证满足合同或信用证对数量的要求，还应适当留有余地，备作装船时可能发生的调换和适应舱容之用。

3. 出口货物的包装材料、包装方法等应尽量与合同规定一致。出口商要认真检查出口货物包装是否出现破漏、水渍等不良情况，以及包装是否适合合同规定的运输方式。一旦发现包装损坏或与特定运输方式不相适应，就要立即更换或修理。另外，为避免有些较贵重货物在中途物流操作环节被盗，在外包装上不宜标注可以识别货物种类的标签或货物的品牌。

4. 出口运输包装上货物的唛头既要与合同或信用证中的规定完全一致，又要符合进口国的有关规定，而且要做到字迹清晰、位置醒目、刷制正确。如果合同规定由买方设计唛头，而买方开来的信用证中又未对唛头作出规定，出口方应要求对方及时交来唛头图案，否则出口方有权自行决定唛头图案。

5. 备货时间应根据信用证规定的交货时间和期限而定，并结合船期安排，以利于船、货衔接。避免船等货或货等船的现象，避免不必要的费用开支。

6. 卖方交付的货物必须是任何第三方不能根据工业产权或其他知识产权提出任何权利或请求的。也就是说，卖方应保证对所售货物享有合法的、完全的所有权，即卖方不能把侵犯出口国或进口国知识产权的货物出售给买方。

7. 若出口货物是比较特殊、不易转售的货物，出口方最好在收到买方开来的信用证并审核无误后再开始备货，这样就不会因对方违约（如拒不开证）而使自己陷于被动。

8. 如果出口的货物款式是买方要求特制的，如某些奇特的演出服或特制尺寸的设备等，要考虑到买方拒收货物、拒付款后转卖难度大的风险，开始生产前应要求买方支付 40％左右的定金方可投产。

二、检验检疫事宜的准备工作

2018 年，我国国务院部门机构改革工作内容当中，把原属于各地出入境检验检疫局的工作任务和队伍划归当地同级海关，改革后进出口企业报检和报关一次完成。但是，企业进出口部分商品之前的检验检疫准入资质（获得注册或备案登记证及登记号）的获得仍然是必不可少的，具体主要（不完全列举）包括：

1. 出境水果果园的注册登记与包装厂注册登记；
2. 出口化妆品生产企业备案登记；
3. 出境竹木草制品生产企业注册登记；
4. 出境种苗花卉生产经营企业注册登记；
5. 供我国港澳地区蔬菜的生产加工企业及种植基地备案登记。

此外，凡属危险货物出口，其包装容器应由生产该容器的企业向海关申请包装容器的性能检验。包装容器经检验检疫机构鉴定合格并取得性能检验证书，方可用于包装危险货物。生产出口危险货物的企业在出口危险货物前，必须向海关申请危险货物包装容器的使用鉴定，使用那些未经鉴定合格的容器包装的危险货物将不准出口。

三、落实信用证

双方约定信用证方式结算时，落实信用证是履行出口合同不可缺少的重要环节。落实信用证通常包括催证、审证和改证三项内容。当买方未按合同规定的时间开来信用证，或我国企业作为卖方根据货源和运输情况可提前装运时，可以某种方式催促对方及时办理开证手续，以便卖方履行交货义务。而当买方开来信用证时，我方就必须对开证银行及信用证内容进行认真审查和核对，如发现与合同有重大不符，而我方又不愿接受，应及时向买方发出要求修改信用证的通知。

（一）催证

履行出口合同，对买方来说，应严格按照合同的规定按时开立信用证。在正常情况下，买方最少应在货物装运期之前 15 天（有时也规定 30 天）将信用证开到卖方手中。但在实际业务中，有时国外进口商在遇到市场发生变化或资金发生短缺的情况时，往往会拖延开证。对此，我们应催促对方迅速办理开证手续，必要时，也可请我国驻外机构或有关银行协助代为催证。特别是大宗商品交易或按照买方要求而特别制定的商品的交易，更应结合备货情况进行及时催证。如通过电子邮件催证：

9403 号合同项下的货已备妥，请速开信用证。

Sales Contract No. 9403 Goods are ready. Please rush to open the relevant L/C.

催开信用证并不是履行每一个出口合同都必须做的工作，通常在下列情况下才有必要进行：

1. 出口合同规定的装运期限较长(如3个月或6个月)，而买方应在我方装运期之前的一定时日(如30天)开立信用证者，我方应在通知对方预计装运日期的同时，催请对方开证。

2. 买方在出口合同规定的期限内未开立信用证，我方可根据合同规定向对方要求损害赔偿或者同时宣告合同无效。但如果不需要立即采取这一行动，仍可催请对方开证。

3. 如果我方根据备货和承运工具的情况可以提前装运，则可请对方提前开证。

4. 即使开证期限未到，但发现客户资信不好，或者市场情况有变，也可催促对方开证。

(二)审证

信用证是一种银行开立的有条件的付款保证文件。信用证是按合同开立的，信用证内容应该与合同一致。但在实践中，由于种种原因，如工作的疏忽、电文传递的错误、贸易习惯的不同、市场行情的变化或进出口商有意利用开证的主动权在信用证上加列有利于自己利益的条款等，往往会出现开立的信用证与合同规定不符的情况。

在我国，审核信用证是银行与出口企业的共同责任。由于银行与出口企业的分工不同，因而在审核内容上各有侧重。银行着重负责审核有关开证申请人的资信、付款责任以及索汇路线等方面的条款和规定；出口企业则着重审核信用证的条款是否与买卖合同的规定相一致。

对信用证内容的审核，一般包括以下几个方面：

1. 开证行和保兑行的资信。开证行和保兑行的资信对于出口商安全收汇很重要，因此对于它们的资信情况要进行审核，特别是出口大宗货物时，要更加认证审核。另外，对于大宗货物出口，可要求允许分批发运、分期收汇，以减少风险。

2. 审核开证申请人和受益人。开证申请人大多是买卖合同的对方当事人(买方)，但也可能是对方的客户(实际客户或第二买主)，因此对其名称和地址均应仔细核对，防止张冠李戴、错发错运。受益人通常是我方出口企业，是买卖合同的卖方，但我方企业有时需要更名，地址也可能改变，所以必须保持同步和正确无误。

3. 对商品名称、规格、数量、包装等条款的审核。这些内容要与合同一致。如果信用证有一些特别规定，要充分考虑是否做得到，是否能全部接受；否则，要求银行改证。

4. 审核信用证的金额。首先，应注意信用证金额与开证行资信能力是否相称；如不相称，为了确保安全收汇，要采取适当安全措施或干脆不予接受。其次，信用证金额一般应与合同金额相符。信用证上金额总值的阿拉伯数字和大写汉字必须一致；若不一致,应要求改正。信用证金额是开证银行承担付款责任的最高金额,因此发票和/或汇票金额不能超过信用证金额,否则将被拒付。所以,如果合同中订有商品数量的“溢短装”条款,信用证金额也应包含溢装部分的金额在内,按溢装幅度增加或规定相应的机动条款;信用证未按此规定的,不能溢装,但允许低于信用证金额 5%以内的发票金额。

5. 审核采用的货币。信用证所使用的货币,对协定国家(地区),应为符合协定规定的货币。对非协定国家(地区),信用证规定的支付货币应与合同规定相同;如不一致,应按我国银行颁布的“人民币市场汇率价表”折算成合同货币,在不低于或相当于原合同货币金额时,才能接受。

6. 审核到期日、到期地点、交单期和最迟装运期。按国际惯例,信用证均规定一个交单付款或议付的有效期(或称到期日)。所以,未注明到期日的信用证不能使用。凡晚于到期日提交的单据,银行有权拒收。如信用证规定的到期地在国外,最好能修改;否则要提前交单,以免过期。交单日期是信用证规定的最晚向银行交单议付的日期,一般为提单日期后 21 天交单。如交单日期先到期,出口人到议付行议付的最后期限应以交单期为准。最迟装运期是指,如信用证到达太晚或因生产、船舶问题等原因不能按期装运,应及时电请国外买方延展装运期限。信用证的有效期与装运期应有一定的合理间隔(一般为 10～15 天),以便在货物装船后有足够的时间进行制单结汇等工作。如信用证的有效期和装运期是同一时间,即为“双到期”的信用证,可根据出口企业能否提前装运而决定是否让对方修改有效期;如果接受,应在装运期内提前 10～15 天完成装运。

此外,还应对装船和分批装运条款、信用证的付款方式、特殊条款等按照买卖合同条款,参照 UCP600 的规定和解释逐条对照进行详细审核。

(三)改证

在审核信用证过程中如发现不符合我国对外贸易政策、影响合同履行和安全收汇等情况,我们必须要求国外客户修改信用证,并坚持在收到银行修改信用证通知书后才能装运。修改信用证流程通常是:卖方审证—函电要求买方修改—买方通知开证银行改证—开证行改证并转交通知行—通知行再将改证转交卖方。

UCP600 第 10 条对修改信用证作了详细的规定:

1. 除非另有规定,未经开证行、保兑行(如果有的话)及受益人同意,信用证既不得修改,也不得撤销。

2. 开证行自发出修改之时起,即不可撤销地受其约束。保兑行可将其保兑扩展至修改,并自通知该修改时,即不可撤销地受其约束。但是,保兑行可以选择将修改通知受益人而不对其加具保兑。若然如此,其必须毫不延误地将此告知开证行,并在其给受益人的通知中告知受益人。

3. 在受益人告知通知修改的银行其接受该修改之前，原信用证(或含有先前被接受的修改的信用证)的条款对受益人仍然有效。受益人应提供接受或拒绝修改的通知。如果受益人未能给予通知，当交单与信用证以及尚未表示接受修改的要求一致时，即视为受益人已作出接受修改的通知，并且从此时起，该信用证被修改。

4. 通知修改的银行应将任何接受或拒绝的通知转告发出修改的银行。

5. 对同一修改的内容不允许部分接受，部分接受将被视为拒绝修改的通知。

6. 修改中如有关于除非受益人在某一时间内拒绝修改，否则修改生效的规定，应不予理会。

修改信用证时还应注意以下问题：

为防止信用证作伪，便于受益人全面地履行信用证条款规定的义务，信用证的修改通知书应当通过原信用证的通知行转递或通知。如果遇到由开证人或开证行直接寄来的，应提请通知行证实。

对于可接受或已表示接受的信用证修改书，应立即将其与原信用证附在一起，并注明修改次数(如修改一次以上)，这样可防止使用时与原信用证脱节，造成信用证条款不全，从而影响及时安全收汇。

四、办理出口许可证件和原产地证

(一)出口许可证件的申请

我国对于部分出口商品，规定在出口报关时须提交出口许可证件。例如，2019 年我国实行出口许可证管理的货物共 45 种，包括棉花、大米、面粉、小麦、煤炭、活牛、活猪、活鸡、牛肉、摩托车、汽车等。这部分货物应当向商务主管部门咨询申请办理出口许可证。

还有部分货物的出口许可证件不是由商务部门签发，例如农药(非禁止出口范围的)类商品报关出口须提交“进出口农药登记证明”(农业农村部农药检定所签发)等。

(二)原产地证的申请

1. 原产地证的作用

我国出口的大部分货物，除了转口贸易和部分加工贸易货物以外，均可向海关、贸促会等有关部门申请签发证明货物原产自中华人民共和国的原产地证书。该类原产地证书的主要作用如下：

(1)交寄进口商，进口商在进口报关时可享受其本国的(与原产地证类型相对应的)优惠低关税税率；

(2)针对某些动植物产品，向进口国检验检疫部门证明其并非产自疫区。

2. 原产地证的种类

原产地证的种类有多种，具体申请签发何种原产地证，进口商一般会根据其本国的优惠税率表进行事先的纳税筹划。因此，出口商通常按照信用证上的要求申请原产地证书并提交即可。

(1)优惠贸易协定原产地证。这类优惠原产地规则通常是我国和境外国家或地区政府部门之间达成的双边或多边的互惠贸易协定，较典型的有(不完全列举)：

①《亚太贸易协定》原产地证书(信用证中多显示为 FORM B)；

②中国—东盟自由贸易区原产地证书(FORM E)；

③中国—巴基斯坦自由贸易区原产地证书(FORM P)；

④中国—智利自由贸易区原产地证书(FORM F)；

⑤中国—新西兰自由贸易区原产地证书(FORM N)；

⑥中国—新加坡自由贸易区优惠原产地证书(FORM X)；

⑦中国—瑞士自由贸易区原产地证明书；

⑧中国—韩国自由贸易区优惠原产地证书；

⑨中国—澳大利亚自由贸易区优惠原产地证书。

(2)普惠制原产地证书(即 FORM A 证书)。该原产地证是根据普惠制给惠国原产地规则和有关要求签发的。当前给予中国普惠制待遇的国家共有 39 个，主要包括英国、法国、德国、意大利等位于欧洲地区的国家。

(3)一般原产地证书(简称 CO 证书)。如果进口国属于 WTO 成员国，但其政府并未与我国达成任何双边或多边互惠贸易协定，也不属于给予我国普惠制待遇的国家之列，那么进口商往往就会要求我国出口商申请并提交一般原产地证书，进口商进口报关时凭该原产地证可享受 WTO 最惠国税率(往往会略高于协定税率)。

五、安排装运

按 CFR、CIF 条件成交的合同，出口方办理租船订舱，或以 FOB 条件成交而进口方委托出口方代办的，出口方也应该办理托运手续。

(一)托运

由我方安排运输的出口合同，通常地，出口企业通常委托一些国际货物运输代理公司(International Freight Forwarder，Freight Forwarding Agent，以下简称“货运代理”或“货代”)办理对外装运货物、租订运输工具和其他各项有关运输事项。所以，在货、证齐全后，出口企业应立即向货运代理办理托运手续。所谓托运，是指出口企业委托货运代理办理出口货物运输事宜。在 CIF 合同以及使用集装箱班轮装运货物出口的情况下，我出口企业办理托运，应向货运代理提交出口货运代理委托书(Entrusting

Order for Forwarding Export Goods)。此外,出口企业还必须向货运代理公司提供与出口货物有关的单证,如提货单(出仓单)、商业发票、装箱单和/或重量单(磅码单)、出口货物报关单(草稿)等。对有些特定货物,还需提供出口许可证、检验检疫注册登记证等。

(二)订舱

货运代理收到出口企业的货运代理委托书后,缮制托运单(其中包括装货单、配舱回单、收货单等),向船公司办理订舱手续,船公司根据托运的货量、船舶的舱容和抵港受载的日期,分轻重缓急进行配载。如接受订舱,则在托运单的几联单据上编制提单号码,填上船名、航次并签署,表示确认托运人的订舱,并将其中的配舱回单、装货单退还给托运人,托运人凭装货单办理报关手续。出口公司在船公司通知的时间内,将货物发运到港区内指定仓库或货场,准备装运。

(三)投保

在履行 CIF 或 CIP 条件出口合同时,在订舱就绪、确定船名、航次和装运日期后,出口企业应于货物运离仓库或其他储存处所前,按照合同和信用证的规定向保险公司办理投保手续,以取得约定的保险单据。在办理投保手续时,通常应填写投保单(Application for Foreign Transportation Insurance),列明投保人名称、货物的名称和数量、包装和标志、船名、航次、预计起航日期、投保险别、保险金额等。保险公司根据投保单考虑接受承保,并缮制签发保险单。

(四)报关(报检)

出口货物交付装运前,必须经过海关报关(Customs Clearance)。报关又称通关,通常需经五个环节:出口申报、关员审核单证、查验货物、(针对少数货物)征收出口关税、清关放行。

目前,我国的出口企业在办理报关时,可以自行办理报关手续,也可以通过专业的报关行或国际货运代理公司来办理。无论是自行报关,还是由报关行来办理,都必须填录"中国国际贸易单一窗口"或其他报关软件;必要时,还需要提供出口合同副本、发票、装箱单或重量单及其他有关证件,向海关申报出口。

法定出口检验检疫的货物的报检工作和报关同时完成,检验抽样工作在海关查验时同时完成。

(五)装运

在 CIF 合同并采取集装箱班轮运输的情况下,承运船舶抵港前,出口企业或其货运代理应根据港区所作的计划进行,将经出口清关并由海关加上封志(Seal)的集装箱存放于港区指定堆场,与港方仓库、货场和理货人员(代表船方)办妥交接手续,分清货、理、船三方责任。港区外轮理货员凭场站收据副本大副联进行理货配载。船舶抵港后，由港区向托运人签收“缴纳出口货物港务费申请书”后，办理装船，并做好舱内的堆码、隔垫和加固工作。出口单位可派人在现场监装，尽量利用舱容以免退关。装船完毕，由船长或大副签署场站收据（正本）（Mate's Receipt），表明货物已收妥。出口企业或货运代理可凭此单据向船公司或其代理人换取已装船提单。托运人应查看场站收据上的内容有无漏签和不良批注；如有漏签，应与理货组长一起找大副改签；如有不良批注，应设法消除造成的原因（如包装不良需要换装）。

（六）发已装运通知

在CIF、CFR或CIP等术语的合同下，按国际惯例以及我国出口业务中的习惯做法，我国出口企业于货物装运（装船）后，应向国外买方以电子邮件等书面方式及时发出装运通知，或称“装船通知”（Shipping Advice），以便买方为收取货物事先采取必要的措施，比如CFR术语下的投保工作等。

六、制单结汇

以托收和信用证方式结算货款是凭单付款，出口单据在表面上证实卖方已经履行了合同义务。以信用证方式成交则对单据有更加严格的要求，单据是否严格符合信用证规定，直接关系到及时和安全收汇。因此，根据合同和信用证正确缮制单据，是履行出口合同的一个重要环节。

（一）制作单据

现代国际贸易绝大部分采用凭单交货、凭单付款方式。因此，在出口业务中做好单据工作，对及时安全收汇，有特别重要的意义。出口报关的时候就需要用到这些单据，因此这些单据应当由出口企业提前制作好。

常用的出口单据主要包括以下几种：

1. 汇票（Draft，Bill of Exchange）。在出口贸易中，通常使用的是随附单据的“跟单汇票”。

2. 商业发票（Commercial Invoice）。商业发票是出口人对进口人开立的发货价目清单，是装运货物的总说明。

3. 运输单据。运输单据随不同的运输方式而各异。海洋运输大多使用海运提单（Ocean Bill of Lading，B/L）。

4. 保险单据。当出口人办妥投保手续后，保险公司即根据投保单缮制保险单（Insurance Policy）。

5. 包装单据。包装单据是指一切记载或描述商品包装情况的单据，也是商业发票的补充单据。在向银行交单并要求付款、承兑或议付时，除散货外，一般均要求提供包装单据。如装箱单（Packing List）、包装说明（Packing Specification）、重量单

(Weight Memo)等。

6. 产地证明书。产地证明书是一种证明货物原产地或制造地的文件,也是进口国海关核定进口货物应征税率的根据。产地证明书一般分为普通产地证、普惠制产地证(Generalized System of Preferences Certificate of Origin Form A),以及政府间协议规定的优惠关税协定原产地证。

7. 检验证书(Inspection Certificate)。检验证书是出入境检验检疫机构或商业性的检验公司对出口商品实施检验或检疫后,根据检验检疫结果,结合出口合同和信用证的要求,对外签发的证书。

8. 海关发票(Customs Invoice)。海关发票是非洲、美洲和大洋洲等某些国家海关基于海关估价或统计目的而特定的格式发票,由出口人填制,供进口人凭以向进口国海关报关时使用的一种特别发票(目的是为防止低报价格逃税)。

9. 其他单证。其他单证是根据信用证条款规定而提供的。常见的有寄单证明、寄样品证明、装运通知副本、邮局收据或快递收据、有关运输方面的证明。

(二)交单结汇

交单是指出口人在信用证交单到期日前和交单期限内向指定银行提交符合信用证条款规定的单据。这些单据经银行审核确认无误后,根据信用证规定的付款条件,由银行办理出口结汇。由于银行的付款、承兑和议付均以受益人提交的单据完全符合信用证条款的规定为条件,所以交付单据应严格达到完整、明确、及时的要求。

为了提高单证质量,保证安全和及时收汇,我国某些银行本着密切配合、与出口企业相互支持的原则,采用两种不同方式:一种是在运输单据签发之前,先将其他已备齐的单据送交银行预审;另一种是在全部单据备齐后向银行交单,视业务的实际情况选择使用。

对结汇单据不符点的处理办法

在实际业务中,由于主观和客观原因,发生单证不符的情况有时是难以完全避免的。倘若有较充足的时间改单或改证,做到单证相符,可以确保安全收汇。倘若限于时间,无法在信用证交单到期日和交单期限内做到单证相符,则可根据实际情况进行灵活处理。

1. 担保议付。又称表提,即在征得进口商同意的情况下,出口商向开证行出具担保书,要求议付行凭担保议付有不符点的单据,议付行在向开证行寄单时注明"凭保议付"字样。担保议付一般适用于单证不符情况并不严重,或虽然是实质性不符,但事先已经进口商确认可接受的情况。

2. 采用电提方式征求意见。由议付行先用电信方式向开证行列明不符点，待开证行确认接受后，再将单据寄去。电提可在短时间内由开证行征求买方的意见，如对方同意不符点，可立即寄单收汇；如不同意，卖方可及时处理运输中的货物。

3. 改为跟证托收。议付行不愿采用电提或表提的做法时，出口商只能采用托收方式，委托银行寄单收款。

此外，在单据经开证行审核被发现有不符点并确属我方责任时，除需抓紧时间与进口人联系商榷处理办法外，还需作必要的准备，采取补救措施（如将货物就地转卖、运回国内等），以防止造成更大的经济损失。

如上所述，在信用证支付条件下，受益人为了安全收汇，必须做到单证一致和单单一致。但不能疏忽的是，出口人还须承担买卖合同规定的义务。所以出口人在履行合同时除了要做到单证一致和单单一致外，还必须做到所交货物与合同规定一致、货物与单据一致。这样环环扣紧，才能保证安全收汇，避免买方收到货物后提出异议或索赔。

七、办理出口退税

出口退税制度主要是指我国为了保障出口产品的国际市场公平竞争地位，规定企业在商品报关出口时，可退还其生产（或购买）该商品时已缴纳的国内增值税和消费税。大体流程如下：

1. 申报。出口商应在规定期限内，收齐出口货物退（免）税所需的有关单证，使用国家税务总局认可的出口货物退（免）税电子申报系统生成电子申报数据，如实填写出口货物退（免）税申报表，向税务机关申报办理出口货物退（免）税手续。

2. 备妥出口退税单证。现报关单退税证明联已实现电子化联网操作，但增值税发票等纸质单证需用统一封面装订成册。不同年度（以报关单上注明的出口货物离境日期为准）的资料应分开装订申报。

3. 填写出口货物退税申报表。根据《中华人民共和国税收征收管理法实施细则》第 38 条及国家税务总局有关规定，填制外贸企业出口退税汇总申报表。

4. 税务机关受理和审核。税务机关受理出口商出口货物退（免）税申报后，应在规定的时间内，对申报凭证以及资料的合法性、准确性进行审查，并核实申报数据之间的逻辑对应关系。通过审核后，税务机关出具收入退还书。

5. 税款退付。银行依据收入退还书将出口退税款从国库退付到出口企业的开户银行账户。出口货物在办理退税手续后，如发生退关、国外退货或转为内销，企业必须向所在地主管出口退税的税务机关办理申报手续，补缴已退(免)的税款。

八、产品的售后服务管理

出口产品销售给最终使用(消费)的厂商、机构或消费者后，针对有一定折旧期的商品，还需要做好售后服务管理工作，主要包括以下事项：

1. 为最终使用者、消费者调试安装产品，以及后期的清理保养维护等工作；
2. 培训当地的促销人员和安装维修工程师；
3. 保证维修零配件的供应；
4. 保修期内维修劳务费用的支付制度(我国出口企业间接支付给当地维修技师)；
5. 不合格产品的召回。

售后服务管理当中还要做好的一项工作是信息搜集工作，比如产品使用感受、设计外观改进意见、常见易出故障部位的统计、与该国市场同类竞争产品的使用比较(包括寿命比较等)。通常售后服务由当地经销商或代理商提供，有些服务面对消费者是免费的，但是服务本身固有的成本由我国出口企业直接承担。当然，很多商品的销售价格中已经包含了售后服务成本。

第三节　进口合同的履行

进口合同依法订立后，买卖双方都必须严格按照合同规定履行各自的义务。在进口业务中，我方作为买方，必须贯彻重合同、守信用的原则，按照合同规定，支付货物的价款和收取货物；同时，也要随时注意卖方履行合同的情况，督促卖方按合同规定履行其交货、交单和转移货物所有权的义务。

一、信用证的开立和修改

进口合同签订后，进口企业应在合同规定的期限内向经营外汇业务的银行及时办理开证申请手续。信用证开出后，如发现内容与开证申请书不符，或因情况发生变化或其他原因，需对信用证进行修改，应立即向开证行提出修改申请。

(一)申请开立信用证

开证申请人在向开证银行申请开立信用证时，应填写开证申请书，连同所需附件交开证行。开证申请书的内容必须完整明确，为了防止混淆和误解，开证申请书不应罗列过多的细节。在指示开立信用证时，最好不要引用先前开立的信用证。开证申请书中必须说明据以付款、承兑或议付的单据的种类、文字内容及出具单据的机构等。信用证的开立时间应按照合同的规定。

信用证的开证时间不宜太早，因为开证时间过早会增加开证费用；也不宜太迟，开证时间太迟是指非常接近于合同规定的最迟开证时间，但仍在规定期限之内。有可能由于传递等原因造成买方延期开证的后果，买方可能会由于未按合同规定时间开证而承担违约责任。

开证申请人在填写开证申请书时，应注意下列问题：

1. 信用证的种类。应按合同规定填写信用证的类别。在进口业务中，一般不宜开立可转让信用证，以防因第二受益人不可靠而造成意外损失。

2. 信用证金额。即受益人可使用的最高限额。大小写金额要一致，除非确有必要，不宜在金额前加“约”“近似”“大约”或类似词语；否则，按 UCP600，将被解释为允许有不超过 10％的增减幅度。另外，要注意进口合同中对于出口商佣金的规定，信用证金额需与之规定一致。

3. 汇票付款人和付款期限。汇票的付款人应规定为开证行或信用证指定的其他银行，而不能规定为开证申请人；否则，该汇票将被视作额外单据。汇票为即期还是远期，应严格按合同规定。

4. 运输单据。如采用海洋运输，一般应要求提供全套空白背书并由发货人背书，或凭开证行指示的已装船提单；对集装箱运输、航空运输、铁路运输、邮包运输，则应在采用 FCA、CIP、CPT 贸易术语的条件下方可受理，同时必须注明提交相应的运输单据。

5. 其他单据。对产地证、品质、重量检验证书、化验证明书等的签发机构、形式、内容及证明事项等应作明确规定。

6. 分批装运和转运。进口合同如规定不允许分批装运和转运的，应在信用证中注明“不准分批装运”(Partial Shipment Not Allowed)、“不准转运”(Transshipment Not Allowed)。如信用证对此不作规定的，将被视为允许分批装运和转运。

7. 到期日和到期地点。信用证必须规定一个到期日和除了自由议付信用证外的一个交单地点；否则，该信用证就不能使用。

(二)信用证的修改

信用证开出后，如发现内容与开证申请书不符，或因情况发生变化或其他原因，需对信用证进行修改，应立即向开证行递交修改申请书，要求开证行办理修改信用证手续。但是，应尽量避免修改信用证，因为修改信用证不仅会发生银行费用，也会占用时间，影响合同正常履行。

信用证经修改后，开证行即不可撤销地受该修改的约束。受益人可决定其是否接受修改，而且受益人必须发出其接受或拒绝修改的书面通知(受益人一般应在接到信用证副本之日起 2 个工作日内通知银行是否需要修改)。在受益人告知通知修改的银行他接受修改之前，原信用证的条款对受益人仍具有约束力。如受益人未发出其接受或拒绝的通知而其提交的单据与原信用证的条款相符，则视为受益人已拒绝了该修改；但若提交的单据与经修改的信用证条款相符，则视为受益人已发出接受该修改的通知，从那时起，该信用证已被修改。

总之，我进口企业对信用证的开立和修改应持慎重态度。在申请开立信用证时，应做到开证申请书与合同相符，以避免不必要的修改，并避免不符条款被受益人利用而遭受损失；在修改信用证时，亦应注意修改内容的正确性，并应考虑到受益人可能拒绝修改而仍按原信用证条款履行。

二、安排运输

履行 FOB 或 FCA 交货条件的进口合同，由进口方负责安排运输。租船、订舱的时间应按照合同规定，并应在运输机构规定的时间内提交订舱单，保证及时配船。进口企业在办妥租船、订舱手续，接到运输机构的配船通知后，应按规定期限将船名及预期到港日期通知卖方，以便卖方准备装货。对 CIF 和 CFR 条件下的进口合同，系由卖方负责租船、订舱，安排装运。但我方也应及时与卖方联系，掌握卖方的备货和装运情况。

为了防止船、货脱节和出现船等货物的情况，进口方要随时了解并掌握对方备货和装船前的准备工作情况，督促对方按期装运。

三、办理保险

对于 FOB、FCA、CFR 和 CPT 条件下的进口合同，由进口企业负责向保险公司办理货物的运输保险。进口货物运输保险一般有预约保险和逐笔投保两种方式。

(一)预约保险

我国部分外贸企业和保险公司签订海运、空运和陆运货物的预约保险合同，简称“预保合同”(Open Policy)。这种保险方式手续简便，对外贸企业进口货物的投保险别、投保费率、适用的保险条款、保险费及赔偿的支付方法等都作了明确的规定。

根据预约保险合同，保险公司对有关进口货物负有自动承保的责任。对于海运货物，外贸公司接到外商的装运通知后，只需按要求填制进口货物“装货通知”，将合同号、起运口岸、船名、起运日期、航线、货物名称、数量、金额等必要内容一一列明并送保险公司，即可作为投保凭证。货物一经起运，保险公司就自动按预约保单所订的条件承保。对于空运和邮包运输的货物，也要根据预约保险合同的内容和承保范围，在收到供货商的装运通知后，立即填制“装货通知”并送交保险公司签章。

（二）逐笔投保

在没有与保险公司签订预约保险合同的情况下，对进口货物要逐笔投保。外贸企业在接到卖方的发货通知后，应当立即向保险公司办理保险手续。在一般情况下，外贸企业填制“装货通知”以代替投保单交保险公司。“装货通知”中必须注明合同号、起运地、运输工具、起运日期、目的地、估计到达日期、货物名称、数量、保险金额等内容。保险公司接受承保后，给公司签发一份正式保单。如外贸公司不及时向保险公司投保，货物在投保之前运输途中发生损失时，保险公司不负赔偿责任。

保险公司对海运货物保险的责任期限，一般是从货物在国外装运港装上轮船时起开始生效，到保险单据载明的国内目的地收货人仓库或储存处所为止。如未抵达上述仓库或储存处所，则以被保货物在卸货港卸离海轮后 60 天为止；如不能在此期限内转运，可向保险公司申请延期，延期最多为 60 天。应当注意的是，散货以及木材、化肥、粮食等一些货物，保险责任均至卸货港的仓库或场地终止，并以货物卸离海轮 60 天为限，不实行国内转运期间保险责任的扩展；少数货物如新鲜果蔬、活牲畜在卸离海轮时，保险责任即告终止。

四、审单和付汇

（一）审单程序

以信用证方式结算，为保证我方的权益，必须认真做好审单工作，而审单是银行与企业共同的责任。银行在收到国外寄来的汇票和其他单据之后，对照信用证的规定，核对是否“单单一致、单证一致”，如内容无误，由银行对国外付款。同时，进口商用人民币按照国家规定的有关外汇牌价向银行买汇赎单。如果在核对国外单据时发现国外单据单证不符，应视情况作出适当处理。具体处理措施包括停止对外付款、凭卖方或议付行出具担保付款、要求国外改正单据、付款的同时提出保留索赔权等。

审单的具体实施可以由银行单独审单，也可由银行和企业共同审单。

1. 开证行审单付款。开证行收到出口地银行转来的全套单据后，即应对照信用证条款对单据详加审核，确定单据的种类及份数是否齐全，以及相关的各项内容如货名、品质、数量、单价及金额等是否正确。审核无误后，开证行不必事先征得开证申请人的同意，就可直接对外办理付款。

2. 开证行与进口方共同审单，然后对外付款。开证银行在收到国外寄来的单据后，对单据的种类、份数、汇票、发票及索偿通知书所列的金额是否正确等内容进行审核。审核无误后，开证行即将全套单据送交进口方。进口方如果审核无误，即向开证行办理付款或承兑，开证行再根据国外议付索偿通知书的要求和信用证的有关规定，对外办理付款或承兑。

(二)处理单据不符点

买方审单发现不符点时,应根据《跟单信用证统一惯例》区别不同情况予以处理。

1. 拒付单据和货款。不符点性质非常严重,对买方利益有实质性损害,买方可以拒收单据、拒付货款。

2. 部分付款、部分拒付。不符点不十分严重,按照惯例不宜拒付全部货款,买方可以部分付款、部分拒付。

3. 检验后付款。在买方不需要转让单据的情况下,不符点属于非实质性的,买方可以通知银行,要求货到检验后付款。

4. 凭担保付款。不符点性质一般,对买方利益不会造成明显损害,买方可以在接受卖方担保或国外议付行的担保后,对外付款。

5. 开证行对外付款,但保留追索权。不符点性质尚属一般,开证行可以在对方允许开证行保留追索权的前提下对外付款;如果开证人拒付,开证行可追回已付货款。

6. 更正单据后付款。不符点属操作错误,且时间和其他条件都具备,卖方要求更改单据,买方可以考虑接受。

五、进口报关和检验检疫

关检部门合并以后,我国的海关实行进出口货物"一次申报、一次查验、一次放行"。企业原先报检和报关的内容现在在"中国国际贸易单一窗口"可以一次录入完成,海关在查验的同时,针对需要法定检验检疫的货物同时完成抽样和取样工作。

根据《中华人民共和国海关法》规定,进口货物报关期限为自运输工具申报进境之日起 14 日内,由收货人或其代理向海关报关;超过期限报关的,由海关征收滞报金。

有些法定检验检疫实施需要时间的货物,在报关之后,"入境货物检验检疫证明"尚未签发之前,相关法定检验检疫的货物不得销售或使用。有些进境动植物还需在隔离检疫场或检疫圃隔离观察一段时间后,如无恙方可放行。

进口企业还可申请海关在技术可行范围内,针对某些非法定检验的项目(如到港货物的重量、某些纺织品的色牢度等)进行检验并支付规定的检验费用,获得检验证书或报告,以保护自己的商业利益。

进口企业在该阶段需支付的成本主要包括进口关税、进口环节增值税、(针对部分种类货物)消费税、报关手续费等。

六、进口货物的验收与索赔

进口货物的收货人得到提单正本后,在实际业务中通常凭提单正本去外轮代理公司换取中文打印内容的"提货单"，然后根据提货单上载明的仓库或堆场地址、电话联系提货。

进口货物的验收一方面是商品的品名、规格、品质的验收，另一方面是商品数量的验收。如果验收结果与合同规定不符，那么随之而来的便是索赔工作。

引起进口方索赔的原因，有的是卖方交货不合格造成的，也有的是由于在装卸、搬运和运输过程中使品质、数量、包装受到损害或由于自然灾害、意外事故以及其他外来原因致使货物受损，而需向有关责任方提出索赔。

(一)向卖方索赔

向卖方索赔，即由于卖方违约，买方可以采取的补救措施。在进口业务中，由于卖方的违约行为差异，买方可以采取的救济措施也各不相同，但向卖方索赔应注意合同上规定的索赔期限。

1. 宣告合同无效

按《联合国国际货物销售合同公约》规定，如果卖方完全不交付货物，或不按合同规定交付货物，属于根本违反合同时，买方可以宣告整个合同无效，还可以向卖方提出索赔。赔偿金额应与因卖方违反合同而使买方遭受的包括利润在内的损失相等。

2. 其他补救措施

如果卖方不履行合同或不完全履行合同的结果，使买方遭受了损失，但并未剥夺买方根据合同规定有权期待得到的东西，即未构成根本违约，买方不能宣告合同无效，但可以要求赔偿。

此外，买方可以采取其他补救措施：可以规定一段合理时限的额外时间，让卖方履行其义务；如果货物不符合同，买方可以要求卖方通过修理对不符合同之处进行补救，或买方可以减低价格，减价按实际交付的货物在交货时的价值与符合的货物在当时的价值两者之间的比例计算。

(二)向承运人索赔

在进口业务中，凡到货数量少于运输单据所述数量，或由于承运人的过失造成货物残损、遗失的，应由承运人负责。承运人是指在运输合同中承担履行铁路、公路、海洋、航空、内河运输或多式联运，或取得承担上述运输履行的任何人。进口人认可根据不同运输方式的有关规定，向承运人或其代理人发出索赔通知。

向船公司索赔的期限为货物到达目的港交货后1年之内，但收货人在发现货损货差之后应当尽可能早地向承运人提出，并保留好样品、照片视频、检验证书等资料证据。

(三)向保险公司索赔

如进口货物在保险责任有效期内发生属于自然灾害、意外事故、外来原因或在运输装卸过程中发生其他事故致使货物受损，且在保险公司承保责任范围内的，不论合同是采用 FOB、CFR、FCA、CPT 贸易术语还是采用 CIF、CIP 贸易术语，都应由进口人向保险公司提出赔偿要求。在向保险公司索赔时，进口人应备妥各项必要的单证，如保险单据、运输单据、发票、检验报告、货损货差证明等，并及时发出损失通知。此外，进口人还应迅速对受损货物采取必要的合理施救、整理措施，防止损失扩大，因抢救、阻止或减少货损的措施而支付的合理费用可由保险公司负担。

按《联合国国际货物销售合同公约》规定，向保险公司提出海运货损索赔的期限为被保险货物在卸货港全部卸离海轮后 2 年内。

（四）索赔的注意事项

1. 索赔期限

索赔期限是进口索赔的重要问题。有关卖方交货的品质与合同不符或原装数量短少需向卖方索赔的，应当在合同所规定的索赔期限内提出。逾期提出索赔，卖方有权不受理。如买卖合同中未规定索赔期限，按《联合国国际货物销售合同公约》规定，买方行使索赔权最长期限是自其实际收到货物之日起不超过 2 年；而我国法律对国际货物买卖合同争议提起诉讼或者申请仲裁的期限规定为，以自当事人知道或者应当知道其权力受到侵犯之日起 4 年为限。

2. 索赔证据

对外索赔需提供足够的证据，索赔时证据不足、问题不清、责任不明或不符合同中索赔条款的，都可能遭到对方拒绝。首先，应填制索赔清单，并随附商检机构签发的检验证书、发票、装箱单及提单副本。其次，对不同的索赔对象，还要另附有关证件。向出口方索赔时，如是 FOB 或 CFR 合同，须附保险单一份；向船公司索赔时，须附由船长及港务局理货员签证的理货报告及船长签证的短缺残损证明；向保险公司索赔时，须附保险公司与买方的联合检验报告等。

练习题

一、判断改错题

1. 每一笔国际贸易的交易磋商都必须包括询盘、发盘、还盘、接受这四个环节。
2. 在国际贸易中，发盘是卖方作出的行为，询盘是买方作出的行为。
3. 发盘必须明确规定有效期，未明确规定有效期的发盘无效。

二、单项选择题

1. 所谓“单证相符”的原则，是指信用证受益人必须做到________。

(A)单据与合同相符　　(B)单证和信用证相符

(C)信用证与合同相符　　(D)信用证修改后与合同相符

2. 一份 CIF 合同下贸易货物是高脚玻璃酒杯，合同和信用证均未规定投保何种险别，卖方向银行交单时，保险单上载明只投保了平安险。在这种情况下(其余单证均和信用证相符)，________。

(A)银行应当接受单据　　(B)银行应当拒收单据

(C)买方将拒收单据　　(D)应当投保平安险加碰损破碎险

三、案例分析题

1. 我国某进出口公司向国外某客商询售某商品，不久我方接到外商发盘，有效期至 7 月 22 日。我方于 7 月 24 日用电传表示接受对方发盘，对方一直没有音信。因该商品供求关系发生变化，市价上涨，8 月 26 日对方突然来电，要求我方必须在 8 月 28 日前将货发出，否则我方将要承担违约的法律责任。请问：我方是否应该发货？为什么？

2. 我同某技术贸易公司就某项技术贸易的进口事宜与国外某客户进行洽谈，经过双方多次的函电往来，最终交易达成，但未订立正式的书面合同。根据双方的函电往来表明，对方应于 2014 年 12 月前向我方提供一项技术贸易的出口，而时至 2015 年 1 月，对方仍未向我方提供该项技术贸易。我方曾多次要求对方履行合约，对方却以未订立正式书面合同为由否认合约已达成。请问：(1)双方的交易是否已达成？为什么？(2)就此案例，我方应如何处理？

3. 买卖双方订有长期贸易协议，协议规定："卖方必须在收到买方订单后 15 天内答复；若未答复，则视为已接受订单。"11 月 1 日，卖方收到买方订购 2 000 件服装的订单，但直到 12 月 25 日卖方才通知买方不能供应 2 000 件服装。买方认为合同已经成立，要求卖方供货。请问：双方的合同是否成立？为什么？

4. 甲公司准备向乙公司出售一架飞机。甲公司在发盘电报中说："确认出售一架马德拉水陆两用飞机(各项交易条件略)，请电汇 5 000 英镑。"乙公司立即复电说："确认你方来电，我购买马德拉水陆两用飞机一架，各项交易条件按照你电报所提出条件。我已汇交你方开户银行 5 000 英镑，该款在你交货前代你方保管，请确认。自本电之日起 30 天内交货。"但甲公司未作任何答复，并将这架飞机以更高的价格卖给第三者。事后双方争论该项合同是否成立。请问：在上述情况下，该合同是否成立？为什么？

5. 意大利 A 公司于某年 5 月 5 日发复合盘，供应某地 B 公司聚乙烯和除虫菊两种原料，这两种原料在 B 公司系属甲、乙两部门经办。发盘电报先送交乙部门主办。当时除虫菊市况看好，乙部门急于成交订约，先行发电答复："你 5 日电接受。"乙部门于复电后又将A公司的发盘转交甲部门续办，甲部门认为A公司对聚乙烯要价太高，遂另电还盘。次日外商来电称："你公司来电已接受，聚乙烯合同成立，不同意还盘。"请问：此案例中，B公司甲、乙两部门业务员的做法有何不妥？从中可吸取什么教训？

6. 2008年冬，我国一家农药生产企业和越南某公司签订协议，由我方企业供应灭蚁灵原药50吨发往越南，交货期为2009年7月前，我方于2009年2月交货20吨并发货。2009年4月环保部等多部委联合发布公告，自2009年5月17日起，禁止在中华人民共和国境内生产、流通、使用、进出口包括灭蚁灵、滴滴涕等在内的四种农药。我国该农药厂获知信息较晚，知悉时已是5月下旬，遂难以交付剩下的30吨原药。请问：此案例留给众多出口企业的教训是什么？

第十八章　跨境电子商务概述

跨境电子商务是指分属不同关境的交易主体，通过电子商务平台达成交易、进行电子支付结算，并通过跨境物流送达商品以完成交易的一种国际商业活动。

跨境电子商务作为推动经济一体化、贸易全球化的技术实现手段，具有非常重要的战略意义。跨境电子商务不仅使国际贸易朝着无国界贸易的方向更进了一步，同时它也正在引起世界经济贸易的巨大变革。对企业来说，跨境电子商务构建的开放、多维、立体的多边经贸合作模式，极大地拓宽了进入国际市场的路径，大大促进了多边资源的优化配置与企业间的互利共赢；对于消费者来说，跨境电子商务使他们非常容易地获取其他国家商品的直观信息并买到价廉物美的商品。

第一节　跨境电子商务的发展现状

以我国厂商出口消费品为例，在传统的国际贸易模式下，多数标的物是较大批量的品种型号较单一的商品，由我国出口商通过接洽境外另一国（或地区）的进口商，出口大批量该货物，然后通过进口国境内流通企业多级分销。整个过程有时至少要跨越5个渠道，即国内工厂、国内贸易商、目的国进口商、目的国分销商、目的国零售商，最后到达有需求的企业或消费者。

传统的国际贸易模式进出口环节多、时间长、成本高，加之近年来国际市场总体需求减弱，随着订单量减少，部分经济不太景气的目标市场国的进口商考虑到规避风险，担心进口了大量商品后，分销速度受限，资金周转缓慢，因此也削减了传统国际贸易渠道的商品采购量。在这种形势下，跨境电商成为当前传统外贸企业转型的一个路径。

一、跨境电商的分类

我国跨境电子商务主要分为企业对企业（即 B2B）和企业对消费者（即 B2C）的贸易模式。B2B 模式下，企业运用电子商务以广告和信息发布为主，成交和通关流程基本在线下完成，本质上仍属于传统贸易，已纳入我国海关一般贸易统计。B2C 模式下

(以出口为例),我国企业直接面对境外消费者,以销售个人消费品为主,物流方面主要采用航空邮政、快递等方式,其报关主体是邮政企业或快递公司,以及跨境电子商务企业。

国际贸易包括进口业务和出口业务,同样跨境电商也包括进口跨境电商和出口跨境电商。B2C 模式下的进口跨境电商是海外卖家将商品直销给国内的买家,一般是国内消费者访问境外商家的购物网站选择商品,然后下单,由境外卖家发国际快递给国内消费者。

值得注意的是,假如是我国的进口贸易商从境外进口商品到我国,再通过电商模式卖给国内消费者,那么这种商业模式不能称为进口跨境电商,因为其仅仅只是在国内的买卖双方之间应用电子商务。

二、跨境电商的优势

跨境电商模式迅速发展,主要是因为其适应当前国际市场消费者"需求碎片化"的多品种、小批量的业态,相比传统国际贸易,能够实现较快速地发货和收到货物。在 B2B 的领域中,能够使中小进口商将大额采购分割为中小额采购、将长期采购变为短期采购,减少手中的"囤货",以分散经营风险。

电子商务网站平台也为众多境内外进出口企业提供了一个能够实时观察市场容量变化、产品更新换代趋势、消费者实际需求和使用感受的较为直观的信息窗口。

以往传统国际贸易经常是"进口商进口啥,进口国的消费者才能够用啥",而如果进口国有为数不多的消费者青睐某种特殊款式的商品,则进口商一来很难观察到这种为数不多的需求,二来即使关注到,也不可能去起草合同成批量进口这种特殊款式商品。但跨境电商就可以做到"点对点"地满足这种碎片化的需求。这种类型的商品包括特殊色彩的口红、市场上不太常见但少数孩子热衷的特殊题材的玩具、专题较冷门的书籍文献、罕见造型的钥匙圈或打火机等。

传统的消费品出口贸易依赖于进口国的代理商、批发商的销售通路铺货,但假设美国内陆地区某个州的某城市没有被我国该出口产品的营销网络覆盖到,那么即使我国的产品性价比较高,该美国中小城市的消费者很可能也还是买不到。而跨境电子商务比较有效地打破了以前受限于营销网点"铺货"的藩篱,使我国的出口企业可以直接和最终消费者交换信息并达成交易。

三、跨境电子商务的常见网站

(一)进口跨境电商网站

我国当前进口跨境电商的网站多属于 B2C 或 C2C 网站,其中,B2C 主要侧重应用于直发模式，C2C 主要侧重应用于海外代购模式。

当前我国常见的进口跨境电商网上平台主要包括京东海外购、天猫国际、洋码头、海淘网、亚马逊海外购等。

在海外历史较为悠久的跨境电商网站主要有亚马逊、eBay、Wish 等。

(二)出口跨境电商网站

在我国当前有代表性的专业性出口跨境电商网站大多是 B2B 网站，具备一定知名度和用户量的网站主要包括阿里巴巴国际、敦煌网、环球华品网、中国制造网、大龙网等。我国当前不少外贸企业还是将 B2B 网站作为企业产品的一个广告展示窗口，并聘用懂外语的专业客服人员于工作日在电脑客户端前值守，等有了业务意向，之后的发货、收付款结算仍然是走传统国际贸易的流程。

出口 B2C 跨境电商比较有代表性的网站是阿里巴巴全球速卖通等。

第二节　跨境电子商务的物流和支付

为了配合跨境电子商务的发展，相关企业也对物流的运作形式等进行了一定的创新性的改革。相比传统国际贸易的物流而言，跨境电子商务的物流所要解决的主要问题包括：一是物流成本的降低问题；二是交易达成之后的物流运送速度问题；三是繁杂品种商品的通关申报问题；四是电商平台是否支持物流包裹运出境的问题。

一、跨境电商物流成本和物流时间

一千多年以来，在传统的国际贸易框架下，中外客商出于降低物流成本考虑，针对多数商品尽量选择走水路运输来节省运费，至今这个运输上的规律仍然成立。由于贸易运输的物流费用是要转嫁给买方(以至最终消费者)来承担，所以低运费的商品可以在进口国的市场上保持价格竞争优势。不过，跨境电商发展的初始阶段，物流主要是靠从卖方到买方的国际快递包裹来完成的，这种物流形式基本满足了速度上的要求，但是成本上远超集装箱海运，甚至也超过了一般的航空托运(运输淡季)。这样造成很多跨境电商进口商品的到手价格明显超出同类商品的进口国国内市场价，显然很难使跨境电商贸易量规模化。

为了解决这个问题，在跨境电商业务量达到一定水平后，有的跨境电商企业考虑到将这种物流“分成两段化”来实现物流成本的降低，即不再全程采用国际快递来完成物流。“海加派”就是其中一种比较有代表性的新模式的业内俗称。

"海加派"是怎么回事?

海加派是"海运加派送"的简称。为了说明海加派的优势,我们先举一个传统的单件包裹走国际快递的例子。例如,100只快递包裹要发往马来西亚,每只包裹国际快递费假设是30元,那么总快递费就是3 000元。但如果转换思路,跨境电商的卖方把比较受国际市场欢迎的、销路较好的100件商品先提前半个月通过海运托运发往马来西亚的一个保税仓库(此时这些商品并未落实最终买家是谁),拼箱海运费是450元,然后在电商网站上发布产品照片,马来西亚的华人消费者下单后,位于马来西亚的仓库直接发货(派送)到消费者家里,每件商品的快递费(折合相同货币)假设为6元,于是总的运输成本大约是1 050元(450+600)。

"海加派"节省成本的主要奥秘在于,先期让海运来完成跨境的长途物流任务,而海运的对象是"打包的大货"而非零散的小货。当然,除了有"海加派"之外,还有"空加派",空加派在前期阶段将货物作为一个大包整体,通过普通航空托运的方式运抵目的地机场,随后再放进仓库。这一方式较适合鲜活易腐商品的跨境电商,但是对于含电池等危险品的货物不适合。

我们不难发现,"海加派"不仅节省了成本,还大大缩短了从消费者下单到拿到商品之间的等待时间,可谓一举两得。不过,"海加派"的实现客观上也要求该电商企业有一定规模的业务量,以及有赖于商品的热销程度。美国最大的电商平台亚马逊就经常使用类似这种模式。

二、跨境电商商品的通关

传统国际贸易为一票货物报关,经常在一个集装箱里的商品有1～4种(根据企业经验假设场景),报关单上商品的信息也就不用填报太多行内容。但是,跨境电商直购进口的商品装在同一个运输工具/设备里,商品经常是成百上千种,收货人同样也是成百上千个,如果在此仍然使用常规的报关方式,不仅通关时间上不允许,而且单件商品的申报手续成本(报关费)也会非常不经济。

我国海关对跨境电商商品通关推行便利化措施。跨境电商直购进口模式是指符合条件的电商平台与海关联网,境内消费者跨境网购后,电子订单、支付凭证、电子运单等由企业实时传输给海关,商品通过海关跨境电商专门监管场所入境,按照个人邮递物品征税。海关对跨境电子商务直购进口商品及适用"网购保税进口"进口政策的商品,按照个人自用进境物品监管,不执行有关商品首次进口许可批件、注册或备案要求。

考虑到检验检疫风险问题，我国海关规定消费者不得从海外直接网购活体动植物、水果、花卉、蔬菜、海鲜等检疫风险较高的农牧渔业产品。

跨境电商的转运服务

以我国消费者在海外网站购买商品为例。有的海外电商平台和国际快递公司合作较好，且平台网站支持多国语言文字的录入和显示，那么在这样的平台网站购物，如果消费者有需求，"Delivery Address"（收货地址）栏为可以直接填录诸如"北京市海淀区××路×号"的中国国内地址，这在业内称为海外直邮。但也有的海外电商平台只能支持其本国国内的收货地址，这时候我国的消费者就需要寻求"转运公司"的帮助了。

例如，美籍华人孔先生在洛杉矶开办了一家转运公司网站，北京一名女士在美国某电商平台上网购化妆品。她可以先在转运公司网站上注册，填入自己在北京的准确住址，然后获得一个编号（譬如是BJ35291148）。随后她在美国电商平台上留下的收货地址是孔先生的转运公司的英文地址＋MR Kong（BJ35291148）。这样一来，转运公司的职员收到化妆品包裹后，首先知道真正的收货人并不是孔先生，随后只要将BJ35291148录入系统，便可查询到这名女士在北京的住址、姓名、手机号（在职员录入的同时，这位女士通过查询该转运公司网站，也就知道了自己的包裹已经抵达转运点）。于是转运公司把她的包裹再通过快递公司托运到北京就完成了任务，当然转运服务是要收取一定费用的。

三、跨境电商的支付方式

传统的国际贸易结算方式，比如信用证、托收等，由于其结算手续复杂、周期较长，已经不能满足跨境电商背景下的日常网上支付需要。目前，较常用的跨境支付手段是，通过第三方支付平台来解决国际贸易双方的中小额资金清算问题。

借助第三方支付平台是指，通过利用境内和境外第三方支付机构，比如Payoneer（派安盈）、PayPal、Moneybookers、EBANX、Bill. com等，从而为境内电商企业的外汇收入提供人民币结算服务。一般情况下，由买方以外币的形式将货款付给第三方支付平台，后者统一去银行办理结汇业务，最后以人民币的形式付款给我国国内卖家。

有些中小贸易商直接使用国际信用卡来完成支付和收款事宜，国际信用卡收款是跨境电商平台在线支付的一种方式，亦即通过国际信用卡进行支付。到目前为止，信用卡品牌主要有Visa、Mastercard（万事达卡）、America Express（美国运通）、日本JCB、Diners Club（大来卡）这五大品牌。其中，Visa与Mastercard的使用客户较多。

类似于我国的淘宝网和支付宝结算挂钩，特定的跨境电商平台也往往倾向于和一两家特定的第三方支付平台长期合作，例如，在 eBay 网的收付款渠道主要是 PayPal，在 Wish 网的收付款渠道主要是派安盈和易联支付等。

练习题

思考题

1. 试用自己的话阐述，为什么“空加派”“海加派”等跨境电商物流操作方式能够在节省运费的同时，又缩短商品派送时间？

2. 既然跨境电商的转运增加了运费成本，为什么还会存在转运这种服务？

第十九章　经销、代理与寄售

在对外贸易活动中，每一笔进出口交易都是通过一定的贸易方式进行的。国际贸易方式有两大类：一类是单纯销售的方式，如逐笔售定、经销、代理、招标、寄售、拍卖等；另一类是销售、购买或生产与融资的结合的方式，如来料加工、来件装配、对等贸易、补偿贸易等。随着国际贸易的发展，贸易方式也在不断发生变化，国际贸易买卖的交易做法越来越多，出现了许多适应时代发展的新的贸易方式。其中经销、代理和寄售是我国外贸企业销售货物时较为常用的传统贸易方式。

第一节　经销方式

经销（Distribution）是国际贸易中常见的一种出口贸易方式，是指出口商（即供货方，Supplier）与进口商（即经销方，Distributor）之间签订经销协议，以“款、货两清”的买断形式达成的一种商品买卖。经销方式下，进口商以自有资金支付商品的货款，取得商品的所有权，在经营中以进口价格和转售价格之间的差额为经销利润，并在享有自货物进口后到将货物转售的全部差价收益的同时，承担一切经营风险。

供货人与经销人之间是一种买卖关系，但经销又与通常的单边逐笔售定不同，当事人双方除签有买卖合同外，通常还事先签有经销协议，以确定对等的权利和义务。因此，经销克服了逐笔售定的不足之处，通过协议，进出口双方确定了在一定时期内的稳定关系。这种关系是相互协作与相互制约的，在规定的期限和地区内，由于进出口双方对市场开发有共同的目标和一致的利益，可以实现平等互利、同舟共济。

一、经销的分类

根据经销商所享有的权限，可以将经销方式分为总经销（General Distribution）、一般经销（Common Distribution）、独家经销（Exclusive Sales，Exclusive Distributorship）和特约经销（Special Distribution）四种类型。其中总经销、独家经销、特约经销这三种经销方式属于特许经营的范畴，有一定的特许权转让。不同的经销方式，其区别在于，出口企业需要通过签订不同的经销协议或通过发放授权证书的方式，授予中间商对指定商品不同的经营权利，并要求中间商承担不同的经营义务。

（一）总经销

总经销是指出口供货方（只限于出口生产企业）赋予进口中间商在规定的时间和区域内（可以是全部市场，也可以是某个大区域或某个国家范围内的市场），对指定商品享有独家分销权、最低进价权和优先进货权的一种方式。而出口生产企业在此期间，在协议指定区域内则不能再向任何其他商人分销该指定商品，在该地区销售该指定商品的商人均须向总经销商进货。总经销商在享有指定商品独家分销权的同时，必须承担一定的义务，如保证一定数量的销售额、做好该区域内的商品维修服务、防伪打假、保护授权商品的知识产权、负责组织和承担一定的广告促销活动、提供一定的售后维修服务等。出口企业在选择总经销商时，要把握以下两个最基本的条件：

1. 要有良好的商业信誉和合作态度；

2. 具有强大的商品分销能力，以确保出口企业的利益不受伤害，以及保证产品在授权区域一定的市场覆盖率。

（二）一般经销

一般经销是指出口供货商对经销商不做过多挑选，不对其授予任何特权，也不强调过多的义务；只要经销商有进口积极性，能满足供货方的交易条件，及时付足货款，即可得到出口供货方提供的货物。在这种方式下，供货方与经销方之间存在的只是相对长期、稳定的买卖关系，实质上与一般的国际货物买卖并无太大区别。经销商虽享有经销权，在购货上能得到一些优惠，但没有专营权利，出口企业可以在同一地区同时指定几个经销商。

（三）独家经销

独家经销也称为“包销”，是指出口供货方（可以是生产企业，也可以是享有某种商品商标专用权的商业企业）授予某一进口经销商（如出口商品系日用品，一般限于进口国较大的零售商）在规定期限和规定地区内，享有指定商品的独家专卖权的一种方式。在经销协议所规定的时间和区域内，该指定商品除由独家经销商销售外，该区域内任何其他商人均不得销售此种商品。而独家经销商一般也要承诺一定数量的销售额、维护授权商品的知识产权、承担生产企业委托的商品促销活动和部分商品的售后服务工作等义务。

采用独家经销方式，对出口方来说有较为有利的一面。由于给予经销商独家专营的权利，就能充分调动经销商的经营积极性，促使对方专心销售约定的商品，并向用户提供必需的售后服务。这样，对出口企业来说，就能对市场销售做系统安排，处理好眼前利益与长期利益的关系。

当然，采用独家经销方式也存在着一定的风险。例如，独家经销商可能会同时经销不同企业的商品，就不能保证他能专心经营约定的商品；又如，若选择的独家经销商的经营能力较差，虽然努力却仍不能完成约定的最低限额，出口企业就会遭受损失；再如，倘若独家经销商职业道德素质不佳，凭借专营权压低价格或包而不销，就会使出口企业受到限制，导致不能向其他商人销售，从而蒙受损失。

值得注意的是，在与一些国家的经销商签订总经销或独家经销协议时，其专营内容可能会与其所在国的反垄断法律相抵触，所以应当事先针对目标市场国的法律法规进行调查研究，以免在将来造成被动局面。

总经销和独家经销的区别

总经销和独家经销有不少相似之处，但两者之间还是有区别的。总经销商相当于一个国家或一个较大区域内总的进货和分销枢纽，总经销商下还可以有批发商、零售商，但是该国家或区域内的批发商、零售商经营的这种商品的进货渠道必须是从该总经销商处进货。

独家经销是指这个区域中只有该独家经销商(可以是连锁经营企业)是销售这个产品的，从营销通路上看，独家经销商下面一般不再有批发商或零售商。

此外，出口企业在一国确定总经销商时，一般都会作排他性要求，即该总经销商不得再经营与本产品构成同类竞争关系的其他品牌产品，以保证总经销商的业务专注度；而产品的独家经销商(如某大型连锁超市)往往还会同时经营其他品牌的竞争产品。

(四)特约经销

特约经销是指出口生产企业在规定的时间和规定的区域内，同时选择若干个中间商作为本企业产品的指定销售商。其一般形式是出口企业赋予进口商指定商品销售的授权证书。此外，出口生产企业承诺向特约经销商直接供应指定商品和不向非授权企业供应指定商品。出口生产企业对特约经销商的选择和约束的依据主要在于商品的销售数量情况和商品的销售服务水平。

二、经销方式的利弊

采用经销方式，无论是对供货人还是对经销商都有一定的好处。它有利于出口供货商对长期的生产经营活动进行统筹规划，有利于避免产品由众多进口商分散经营所带来的自相竞争的弊病，有利于利用经销商的销售渠道扩大自己产品的销售，也有利于及时收回货款、减少经营中的风险。对进口经销商来说，当某种商品市场需求旺盛时，他有可能凭借与出口商之间的经销关系获得较多数量的商品，并以较高的价格出售，得到较多的经销利润。而在独家经销方式下，经销商通过出口商的授权，可以获得指定商品的专营权，由此取得市场垄断所带来的经济利益，这有助于最大限度地调动进口商经销特定商品的积极性，反过来也有助于出口商扩大销售规模。

经销方式在实际操作中也会遇到不少障碍和风险，主要包括：

1. 出口商品如具有较高技术含量、性价比高、在目标国市场非常受欢迎，则进口国的经销商会乐于和我国的出口企业签订经销合同；反之，如果出口商品受市场欢迎程度一般，同类同价位商品竞争较激烈，则进口国将较少有经销商甘愿承担风险从事该商品的经销。

2. 针对更新换代较快、市场价格长期看跌的电子产品、电脑配件等，在当今销售渠道多元化且可供选择的环境下，进口国市场上从事商业流通的商人可能不愿意担任经销商的角色；即使愿意经销，经销商主张的进价和市场价之间须有较大的差额（利润空间），每次进货量也会比较有限。

3. 除了长期总经销商以外，其他的经销商往往并不愿意在目标国市场上花费较多成本对该产品投入广告宣传，尤其是在大众化媒体上（如电视、报纸、闹市的户外广告牌等）投放广告。

4. 在一般经销和特约经销等方式中，如果出口企业拟在目标国市场降价促销，则等于损害了原先以原价进货的经销商的利益；从另一角度看，也等于是部分束缚了出口企业的营销行为。

三、关于经销商的选择

在选择经销商时，出口供货商应综合考虑经销商的销售网点数量、经营规模、地理位置、商业形象和服务水平等因素，以挑选出最有利于实现自身经营目标的经销商。一般来说，若经销商具有较强的业务能力和较好的商业信誉，出口商就可以在很大程度上避免因经销商工作不力给自己造成的损失；但如果经销商的经营能力过强，也有可能会形成对市场与价格的操纵，从而损害出口商的利益。因此，选择合适的经销商是一个比较复杂的问题，出口商必须对此作出全面、谨慎的考虑。

四、经销协议的内容

经销协议是出口供货商和进口经销商为明确经销业务下彼此之间的买卖关系、双方各自的权利与义务所签订的一种法律契约。其内容的繁简需根据交易双方当事人的不同意图而确定。在采用经销方式时，买卖双方大多只在经销协议中原则性地规定双方当事人的权利、义务和一般交易条件，在具体买卖经销货物时再订立具体的买卖合同。

由于特许经营方式(总经销、独家经销、特约经销)涉及经销商享有的对经销产品的特许经营权,因此特许经营协议的内容要比一般经销协议复杂一些。在此以特许经营协议为例,对协议条款进行重点分析。

1. 经销商品的种类。经销商品种类的多少直接关系到独家经销人的权利大小,因此,必须在特许经营协议中加以明确。特许经销的商品可以是出口供货方的一种或几种产品,也可以是出口供货方的全部产品。如果这些产品使用不同的品牌、有不同的规格,也要尽可能在协议中说明,以避免日后发生争议。另外,在特许经营协议中还应说明,如果在协议的有效期内出口供货商停止生产或经营某种经销产品,或是在经销产品的范围内开始生产或经营新品种,基于对经销商基本权益的保护,对这种变化应如何处理。

2. 经销地区的范围。特许经营的方式下,规定的经销地区的范围越大,特许经销商的权利也就越大,在特许经销协议中,必须对经销商享有授权的地区范围作出明确规定。这一区域可以是全球市场,也可以是几个国家形成的大区域市场,还可以是一个国家内的不同具体城市。确定经销地区范围时,一方面要考虑经销商品的特点、该地区市场潜力的大小;另一方面也要考虑经销商的实际能力。一旦在协议中确定了特许经销地区,出口供货商一般就不得再向该地区的其他中间商或最终用户销售指定的经销商品,以保护特许经销商的权益。另外,出口供货商一般也在特许经销协议中规定,特许经销商不得主动到非授权区域去推销商品。

3. 经销数量或金额。有些特许经营协议中规定了供货人在一定时期内对推销经销商供应商品的最低数量;但更多的是在协议中明确规定特许经销商在一定时间内,向供货人购买的最低数额。同时还要明确,一旦供货人不能保证按时供货,或者特许经销商不能按时完成经销数额时,对方可以采用的处理方法。例如,许多经销协议规定,如果特许经销商在一定时间之内不能完成最低经销数额,或出口供货商不能在一定时间之内按质、按量地提供最低数量的经销商品,受损害的一方可以提出中止特许经销关系。这主要是为了防止独家经销商垄断市场或经营不力,出现"包而不销"或"包而少销"的情形。

4. 经销期限。特许经销期限即特许经营协议的有效期,一般是从签字生效起的1年或几年。在协议中也要规定经销期限的延展办法,以及由于特许经销商或供货商的原因而中止经销期限的办法,说明在何种情况下双方可以解除特许经销协议。

5. 经销商品的作价。供货人与特许经销商在特许经销协议中,既可以为经销商品规定一个不变的价格,即在整个特许经销期限内都按照这个价格销售经销商品;也可以规定采用分批作价的方法,由双方每隔一段时间对经销商品的价格重新作出约定。由于后一种作价方法有利于减少双方在交易中承担的价格风险，所以在特许经销方式下比较常见。

6. 特许经销商的义务。在特许经营协议中，一般对特许经销商的义务作出如下规定：特许经销商要负责经销商品的广告宣传与促销、部分商品的维修服务、经销商品品牌与专利权的保护。但是在国际贸易活动中，各国为防止垄断经营，都不允许在协议中订入对特许经销商规定一些具有排他性经营的限制条款，比如在经销本企业产品的同时不得经营与本企业产品同类的竞争性商品等。多数情况下，特许经销商从事商品营销活动的费用要由其自行负担，或者在协议中约定出口商分摊营销成本的比例等，这也要在经销协议中有所约定。

除上述内容外，特许经营协议中还应规定不可抗力及仲裁条款等。

第二节 代理方式

代理是国际贸易中习惯采用的一种做法，许多业务是通过代理人进行的，如广告代理、运输代理、保险代理、贸易代理等，在此仅介绍国际货物贸易中的销售代理。

一、销售代理的概念

所谓代理（Agency），是指代理人（Agent）按照委托人（Principal）的授权，代表委托人与第三者订立合同或实施其他法律行为，而由委托人直接负责由此产生的权利和义务。因此针对销售代理的定义就是委托人（即出口商）与境外国家或地区的中间商（即代理商）签订代理协议，授予代理商在特定地区和一定期限内享有代销指定商品的权利。代理方式有利于出口企业利用代理商已有的销售渠道扩大市场。

国际贸易经销和代理总体上的区别包括：

1. 代理的双方是一种代理关系；而经销双方（出口商和经销商）则是一种买卖关系。

2. 代理是以委托人即厂商的名义销售、签订销售合同；而经销商则是以自己的名义从事销售。

3. 代理商按照出口商规定价格售卖商品，获取的是佣金收入；而经销商的收入则是商品买卖的差价金额。

4. 代理商经营品类较少，一般不经营该产品的竞争品牌产品；而经销商则往往经营多品种商品，有时还可以同时经销竞争品牌产品。

二、销售代理的种类

我国出口企业在国外指定的代理一般为商业代理。商业代理是指出口企业与代理商达成协议，规定代为推销的商品、期限和地区范围，对方负责代为推销商品的最低金额或数量以及反馈市场信息等义务。按委托人对代理人授权的大小，商业代理可分为总代理(General Agency)、独家代理(Exclusive Agency，Sole Agency)和一般代理(Agency)等。

(一)总代理

总代理有两种含义：一种是指代理商在指定区域和期限内，不仅享有独家代理的权利，还代表委托人进行全面业务活动，甚至包括不完全商业性质的活动；另一种是指具有数个分代理的总代理，这类总代理有权在指定区域内指定分代理并分享代理的佣金。

总代理人实际上相当于委托人在指定地区的全权代表。但总代理与地区代表的不同之处是：代理人的行为，就其效果直接归于委托人；而代表的行为则视为委托人的行为。对委托人来说，总代理的行为对委托人的利害关系重大，总代理多由与委托人关系非常密切的对象担任。作为总代理，应有丰富的工作经验和知识，懂得经营销售的技术，通晓驻在国的法律，对市场具有分析研究的能力。

(二)独家代理

独家代理是指在约定地区和时间内委托人给予代理商在特定地区和一定期限内享有独家推销(或代销)指定商品的专营权，同时不得再代销其他来源的同类竞争产品。有时为了扩大独家代理商的积极性，只要是在约定地区和时间内做成的交易，除双方另有约定外，无论是由代理商促成的交易，还是由委托人直接同其他商人达成的交易，独家代理商都可以获得佣金。

独家代理与独家经销的区别

独家代理与独家经销的做法，均能在一定程度上起到扩大销售渠道、减少自相竞争的作用。但两者存在以下主要区别：

1. 独家代理的委托人与代理人之间的关系是委托代理关系；而独家经销的卖方与独家经销人之间是买卖关系。

2. 独家代理人不承担市场经营风险；而独家经销人则自担风险、自负盈亏。

3. 独家代理人只负责招揽客户、介绍业务并在成交后获得佣金，合同的履行则往往由实际卖主和买主负责操作；而独家经销人自购自销，自行承担并履行购货合同规定的义务。

(三)一般代理

一般代理又称普通代理或佣金代理(Commission Agency),是指不享有专营权的代理,其他内容与独家代理相同。在同一地区、同一时期内,委托人可以选定一家或几家客户作为一般代理商,根据推销商品的实际成交金额与合同付给一般代理商佣金。委托人(出口商)如果直接与该区域其他买方联系业务并成交,则无须另给代理商佣金。一般代理由于不享有独家代理的专营权,因此通常亦不承担在一定时期内销售一定数量商品的义务。

三、销售代理方式的利弊

销售代理属于当前主要的国际贸易方式之一,其优势主要表现在:

1. 由于代理商不承担交易的盈亏风险,也无须像经销商那样垫付资金,因此承担风险较小。其获取佣金的多少主要取决于商品代销的数量,针对国际贸易中大多数市场进入壁垒较低的一般商品而言,有利于代理商发挥主观能动性和积极性参与商品在本国的营销,促进该商品的销售。

2. 由于双方有代理协议的保证,有利于双方进行长期稳定的合作。

3. 独家代理有利于避免经销模式中的经销商之间同产品自相竞争的现象,也节省了在出口市场设立分支机构的费用,降低了经营风险。

当然,代理方式也可能存在代理商开拓市场能力较弱、垄断市场以及消极“代而不理”等缺点,因此在签订代理协议前,应当对代理商的资信、经营能力等信息进行调查,慎重选择代理商。

四、代理协议的主要内容

代理协议是明确委托人和代理人之间权利与义务的法律文件。协议内容由双方当事人按照契约自由的原则,根据双方的共同意愿加以规定。它主要包括以下内容:

1. 代理的商品和地区。协议要明确规定代理商品的品名、规格以及代理权行使的地理范围。为了避免争议,最好在协议中对代理商品停止生产或有新品种产生时,原协议是否适用作出明确说明。

2. 代理数量或金额。此项数量或金额既是代理商应代销的数量或金额,也是卖方应供应的数量或金额,对双方都有同等的约束力。在协议中,一般还要规定超额代销的奖励条款和不能履约的罚金条款。

3. 代理人的权利与义务。这是代理协议的核心部分。一般应包括下述内容:①明确代理人的权利范围,以及是否享有专营权。②规定代理人在一定时期内应推销商品的最低销售额。③代理人应在代理权行使的范围内,保护委托人的合法权益。代理人在协议有效期内不可代理与委托人商品相竞争的商品，也无权代表协议地区内的其他相竞争的公司。对于在代理区域内发生的侵犯委托人的工业产权等不法行为，代理人有义务通知委托人，以便采取必要措施。另外，代理人还负有保守商业秘密的责任。④代理人应承担市场调研和广告宣传的义务。

4. 委托人的权利与义务。委托人的权利主要体现在对客户的订单有权接受，也有权拒绝，对于拒绝订单的理由，可以不作解释，代理人也不可能要求佣金。但对于代理人在授权范围内按委托人规定的条件与客户订立的合同，委托人应保证执行。委托人有义务维护代理人的合法权益，保证按协议规定的条件向代理人支付佣金。在独家代理的情况下，委托人要尽力维护独家代理人的专营权。例如，由于委托人的责任给独家代理人造成的损失，委托人应予以补偿。

5. 协议有效期及中止。按照国际市场的一般习惯做法，代理协议既可以是定期的，也可以是不定期的。定期的一般规定为1～3年，可以在协议中规定期满后续约及中止的办法。若不规定期限，双方当事人应在协议中规定，其中一方不履行协议，另一方有权中止协议。

6. 佣金的支付。佣金是代理人为委托人提供服务所获得的报酬。代理协议要规定在什么情况下代理人可以获得佣金。在独家代理的协议中常常规定，如委托人直接与代理区域内的客户签订买卖合同，独家代理人仍可获取佣金。协议中还要规定佣金率、佣金的计算基础、佣金的支付时间和方法。除上述基础内容外，关于不可抗力和仲裁等条款的规定，与经销协议和一般买卖合同的规定大致相同。

7. 宣传推广和报告商情。在代理协议中应明确规定，代理商有对代理商品进行宣传推广的义务，应承担定期或不定期向卖方提供商情报告的义务。报告的内容，通常是关于代理商的工作情况、市场供销、竞争、有关进口国的政策法令及客户的反馈等。

第三节 寄售方式

寄售是一种先出运后出售商品的委托代售的贸易方式。在国际贸易中，买方市场格局下的寄售人为了开拓商品的销路、扩大出口，有时会采用寄售的方式。

一、寄售的概念及特点

(一)寄售的概念

寄售是指寄售人(Consignor)先将货物运往寄售地，委托当地代销人(Consignee)

按照寄售协议规定的条件替寄售人进行销售，在货物出售后由代销人向寄售人结算货款的一种贸易做法。

寄售具有委托代售的性质。寄售所得货款由代销人在扣除佣金和有关费用之后，通过银行交给寄售人，寄售人同代销人之间并不是买卖关系，代销人是根据寄售人的委托照管货物并按寄售人的指示出售货物。

（二）寄售的特点

在国际贸易中，寄售是寄售人为开拓商品的销路、扩大出口而采用的一种贸易方式。它的主要特点如下：

1. 寄售是由寄售人先将货物运至目的地市场，再委托代销商向买主销售，它是凭实物进行的现货买卖；

2. 商品在目的地市场出售前，所有权属寄售人；

3. 寄售人与代销商之间是委托代售关系，代销商只能根据寄售人的指示代为处置寄售商品；

4. 代销商不承担市价涨落与销售畅滞的风险和费用，代销商代销成功后可向寄售人收取佣金作为报酬。

二、寄售方式的利弊

（一）寄售的优点

1. 为国外的买主提供了便利，有助于调动国外买方订购商品的积极性。在寄售方式下，买方可根据需要就近从当地代销人处采购，买后立即办理付款和提货手续，这样既能缩短从订约至到货的时间，又可避免垫付资金和承担货物在运输途中的费用与风险。

2. 有利于开拓市场和扩大销路。通过寄售，既便于同当地用户和销售者建立联系并发展贸易关系，以及进行广告宣传，又便于推销新商品、开辟新市场，并根据当地消费者的意愿和要求改进商品品质及包装，不断扩大销售范围。

3. 有利于随行就市和提高出售价格。采用寄售方式，可以根据国外市场的需求情况和容纳量，事先有计划地在国外市场存放一些待售的商品，以便在当地市场货源供不应求和价格上涨时，及时抓住有利时机，充分利用市场行情，抢先成交，抛售现货，卖出好价钱。

4. 有利于利用国外的销售渠道和调动国外代销人推销商品的积极性。在寄售方式下，代销人既不垫付资金，又不承担贸易风险，因此一些资金不足的客户乐意为货主推销商品，这就有利于货主利用代销人的贸易渠道来推销自己的商品。

5. 对卖方而言，寄售可以节省货物在本国的储存费用和仓储设施建设投入。

(二)寄售的缺陷

寄售的缺陷主要是针对寄售人而言，表现在以下几点：

1. 承担的贸易风险大。采用寄售方式，寄售人要承担待售货物出售前的一切风险，其中包括货物在运输和储存当中的风险、价格变动的风险、货物不能售出的风险，以及代销人因资信不佳而招致的其他损失。

2. 负担的费用多。在寄售方式下，待售货物出售前的不少费用开支，如运费、保险费、税收、代销人的报酬以及其他杂项费用，一概由寄售人先行负担。如果货物最终出售失败，这部分费用有可能变成沉没成本，因此选择用于寄售的商品多属于保质期较长、仓储成本较低、消耗较快、适应需求面较广的商品，而特殊专用性质较突出或保质期较短的商品多不适合寄售。

3. 不利于寄售人的资金周转。由于寄售方式是先出运、后成交，不仅出售前要垫付各种费用，而且一般要等货物出售后才能收回货款，这就需要经常垫付和积压大量流动资金，从而影响资金的周转。

三、寄售协议的主要内容

寄售协议规定了有关寄售的条件和具体做法，其主要内容如下：

1. 双方的基本关系。寄售人和代销人之间的关系是一种委托代理关系。货物在出售前所有权仍属寄售人。代销人应按协议规定，以代理人身份出售商品、收取货款、处理争议等，其中的风险和费用由寄售人承担。

2. 寄售商品的价格。寄售商品价格有三种规定方式：其一，规定最低售价；其二，由代销人按市场行情自行定价；其三，由代销人向寄售人报价，征得寄售人同意后确定价格，这种做法较为普遍使用。

3. 佣金条款。规定佣金的比率，通常规定佣金由代销人在货款中自行扣除。

4. 代销人的义务。包括保管货物，代办进口报关、存仓、保险等手续并及时向寄售人通报商情。代销人(如货物成功售出)应按协议规定的方式和时间将货款交付寄售人。有的寄售协议中还规定代销人应向寄售人出具银行保函或备用信用证，以保证承担寄售协议规定的义务。

5. 寄售人的义务。寄售人按协议规定时间出运货物，并偿付代销人所垫付的代办费用。

练习题

一、判断改错题

1. 货物售出前,其所有权一直属于寄售人。
2. 我国的家电生产商和境外代理商之间关于货物的关系是买卖关系。

二、思考题

为什么代理协议中往往需要规定代理人在一定时期内应推销商品的最低销售额?

第二十章　招标、投标与拍卖

招投标与拍卖方式也都属于国际货物贸易方式。招投标与拍卖的共同特征是，它们大多需借助媒体发布与具体招投标、拍卖有关的信息，且有多个需求方或供应方共同在相对集中的时间内参与。

第一节　招标与投标

国际上许多大额交易采用招标与投标形式，一般重要的工程承包项目更是通过招标方式来进行的。有些国家通过法律规定，凡属主要商品进口或对外发包的工程必须采用国际招标方式。譬如为了维护国家和进口企业的利益，我国对于部分机电产品或价值在一定金额以上的进口贸易，规定必须采取国际招投标方式进行。

从目前国际贸易实务发展趋势来看，招标与投标这一方式用于国际承包工程业务的情况更为普遍；在货物买卖方面，主要用于大宗商品采购、价值较大的成套设备的采购等(本书中主要介绍货物买卖中的招标与投标)。

一、招标与投标的含义

招标是指不经过一般贸易磋商程序，仅由一方按照规定条件，公开征求应征人递盘竞争，最后由招标人在规定时间、地点，发出招标公告或招标单，提出准备买进商品的品种、数量和有关买卖条件，邀请卖方投标的行为。

投标是指投标人应招标人的邀请，根据招标公告或招标单的规定条件，在规定投标的时间内向招标人递盘的行为。由此可见，招标与投标并不是两种贸易方式，而是一笔交易的两个方面。

招标与投标同进出口贸易的一般做法不同，采用这种方式，双方当事人不必经过交易磋商，也不存在讨价还价的余地，而是由各投标人应邀同时采取一次递价的办法；而投标人能否中标，主要取决于投标时的递价(以及交货或完成工程所需时间长短等因素)是否有竞争力。因此，采用这种方式，投标人之间的竞争十分激烈，而招标人(采购方)则处于较主动地位，招标人通常能够以较合理的价格得到其所需的合格商品或劳务。

二、招标的方式

目前国际上采用的招标方式归纳起来有三大类、四种方式。

（一）国际竞争性招标

国际竞争性招标（International Competitive Bidding，ICB）是指招标人邀请几个乃至几十个投标人参加投标，通过多数投标人竞争，选择其中对招标人最有利的投标人达成交易，它属于竞卖的方式。国际竞争性招标有两种做法。

1. 公开招标（Open Bidding）。这是一种无限竞争性招标（Unlimited Competitive Bidding）。采用这种做法时，招标人要在国内外主要报纸和杂志上刊登招标广告，凡对该项招标内容有兴趣的人有均等机会购买招标资料进行投标。政府采购物资或利用国际金融组织贷款采购物资，大部分采用竞争性的公开招标办法。

2. 选择性招标（Selected Bidding）。又称邀请招标，它属于有限竞争性招标（Limited Competitive Bidding）。采用这种做法时，招标人不刊登招标广告，而是根据自己具体的业务关系和情报资料由招标人对客商进行邀请，在对其进行资格预审后，再由投标人进行投标。

（二）谈判招标

谈判招标（Negotiated Bidding）又称选择性招标，它是一种非公开的、非竞争性的招标。这种招标由招标人直接物色几家客商进行合同谈判，谈判成功，即交易达成，但这不属于严格意义上的招标方式。

（三）两段招标

两段招标（Two Stage Bidding）是无限竞争招标与有限竞争招标的综合方式。采用此类方式时，前期采用公开招标，后期采用选择性招标，招标分两段进行。

三、招投标业务基本程序

国际公开招标程序通常包括招标前的准备工作、投标、开标、中标。

（一）招标前的准备工作

一项招标能否成功，在很大程度上取决于招标前的准备工作是否充分。招标前的准备工作有很多，包括发布招标公告、资格预审、编制招标文件等。

1. 发布招标公告。凡采用选择性招标或谈判招标方式时，一般先发出招标通知。如采用公开招标或两段招标时，则应在国内报纸或权威性杂志上刊登招标广告。招标通知与招标广告的内容基本相同，一般是指招标项目的内容、要求条件和投标须知等。发送招标通知和刊登招标广告都必须及时。

2. 资格预审。所谓资格预审，包括由招标人对投标人的基本情况、财务状况、供应与生产能力、经营作风及信誉进行全面预先审查。资格预审是预先确定投标人的资格条件，确保其在各方面有投标能力的关键工作。投标人经预审合格后，才能取得投标的资格。目前国际上招标人进行资格预审采用的方式有很多，一般采用分发资格预审调查表的方法，招标人对投标人所提供的材料进行分项评分后再进行总的评估。

3. 编制招标文件。在物资采购的招标中，招标文件中主要列明招标商品的各种交易条件，与一般买卖合同的条件类似。唯独价格条件由投标人投标时递价。招标单还须列明投标人须知，例如列明投标人资格、投标日期、开标日期、寄送投标单的方法等。此外，为防止投标人在中标后不与招标人签约，招标单中还包含要求投标人缴纳投标保证金及履约保证金的条款。

（二）投标

1. 投标前的准备工作。投标人参加投标之前也必须做许多准备工作，包括编制投标资格审查表、分析招标文件、寻找投标担保单位等。其中，分析研究招标文件是一个核心问题。投标人要对招标文件中的招标条件、技术标准、合同格式等认真分析，做到量力而行、尽力而为。由于投标人的递价是一个实盘，在投标有效期内不得撤标，所以投标人对价格、交货期以及招标人所在国的税收、法律等均需要认真研究。

2. 编制投标文件和提供保证函。投标人经过慎重研究标书后，一旦决定参加投标，就要根据招标文件的要求编制和填报投标文件。投标人通常被要求提供投标保证金或投标保证函。投标保证金，可以缴纳现金，也可以由投标人通过银行向招标人出具银行保函或备用信用证；保证金的金额是以投标金额的百分比计算的。如开标后，投标人未中标，招标人应将保证金退回给投标人；如投标人在开标后中标，却不与招标人签约，保证金则被招标人没收。

3. 递送投标文件。投标文件须在投标截止日期之前送达招标人，逾期送达是无效的。递送投标文件一般应密封后挂号邮寄，或派专人送达。在法律意义上，投标人发出的标书属于不可撤销的发盘。

（三）开标、评标、决标

1. 开标。所谓开标，是指在指定时间和地点将全部投标人寄来的投标书中所列的标价予以公开唱标，使全体投标人了解最高标价以及最低标价。开标时间和地点通常在招标文件中予以规定。开标有公开开标和不公开开标两种方式。公开开标要当众拆开所有密封投标单，宣读内容。投标人可派代表监督开标，开标后，投标人不得更改投标内容。不公开开标则是由招标人自行选定中标人，投标人不能派出代表参加开标。在此情况下，投标人能否中标，除了取决于投标递价外，还取决于招标人与投标人之间的政治、经济关系及其他因素。例如，有些国家举行的招标，带有执行一定地区进口配额的性质，在这种情况下，投标人能否中标，就不完全取决于投标时的递价。但总的来说，国际招标大多数是采用公开开标的方式来进行的。

2. 评标、决标。开标后，有的可以当场决定由谁中标，有的还要由招标人组织人员进行评标，参加评标的人员原则上要坚持评标工作的准确性、公开性和保密性。评标后就应当决标，以确定中标人。

(四)中标签约

中标即为得标，中标者必须与招标人签约。为了确保中标人签约后履约，招标人仍需要求中标人缴纳履约保证金或保证函。按照国际招标惯例，如招标人在评标过程中认为不能选定中标人时，可以宣布招标失败而拒绝全部投标，这种行为称为拒绝投标。一般出现下列情况之一者，可以拒绝全部投标：

1. 最低标价大大超过国际市场的价格水平；
2. 所有投标书内容与招标要求不符；
3. 在国际竞争性招标时，投标人太少(流标)。

第二节 拍 卖

拍卖(Auction)是国际贸易中较为古老的一种方式，属于公开竞买的实物现货交易。它是一种由拍卖行定期组织的、集中在一定时间和地点买卖某种特定商品的交易。具体来说，是由专营拍卖业务的拍卖行接受货主的委托，在一定的地点和时间，按照一定的章程和规则，通过公开竞购或“密封出价”的办法，把货物逐件或逐批卖给出价最高者。

国际贸易中通过拍卖进行交易的商品一般包括：一些品质、规格不易标准化的商品，如皮毛、烟草、茶叶、香料、木材等；某些易腐坏、不能长期保存的商品，如水果、蔬菜、花卉、观赏鱼等；某些贵重商品或习惯上采用拍卖方式的商品，如贵金属、首饰、古董及其他艺术品等，其拍卖所形成的价格对这些商品的市场行情会产生一定影响。

拍卖的一大优势是能够以较高的效率达成市场交易，着重体现在，卖方可以比较迅速地卖出货物、回笼资金。

一、拍卖的分类

(一)按拍卖行为的实现载体分类

1. 现实拍卖

传统拍卖的成本较高，需要较长的准备时间，拍卖成本包括租用场地费用、聘请拍卖师等工作人员费用、媒体广告费等，而且拍卖具体货物的时间受限，场外人员难以参与竞拍。优势是，在会前要对拍品进行比较严格的审查，拍卖之前竞拍者可以近距离实地观察拍卖标的。

2. 网上拍卖

网上拍卖是21世纪兴起的一种新的拍卖形式。网上拍卖中，大多数拍卖网站仅仅是向买卖双方提供一个商品交易载体，是一个虚拟的网络空间，买卖双方则自己完成网上拍卖过程中的所有事情，这就有效地减少了拍卖的运作成本。通过网上拍卖，可以完全打破时间和空间的限制。但其缺点之一是，交易标的的真实性以及外观、品质、细节等信息需要有较为权威的第三方机构作保。

(二)按拍卖的形式分类

1. 增价拍卖

增价拍卖又称买方叫价拍卖，也称“英式拍卖”，这是最常用的一种拍卖方式。拍卖时，由拍卖人(Auctioneer)提出一批货物，宣布预定的最低价格作为起拍价，然后由竞买者(Bidder)相继叫价、竞相加价，有时规定每次加价的金额额度，直到拍卖人认为无人再出更高的价格时，则用击槌动作表示竞买结束，将这批商品卖给最后出价最高的人。

2. 减价拍卖

减价拍卖又称荷兰式拍卖(Dutch Auction)，这种方法是先由拍卖人喊出最高价格，然后逐渐减低叫价，直到有某一竞买者认为价格已经低到可以接受的程度，并表示买进为止。减价拍卖成交迅速，经常用于拍卖鲜活商品和水果、蔬菜等。这种拍卖方式的一大优点是，卖出成功率非常高，流拍率很低。但要注意防止与会的竞拍者串通合谋不举牌，最后拍品以不公平的极低价格被卖给某竞拍者的现象。

以上两种方法都是在预定时间和地点(或网站)按照先后批次公开叫价，现场成交。

3. 密封递价拍卖

密封递价(Sealed Bids，Closed Bids)拍卖又称招标式拍卖。采用这种方法时，先由拍卖人公布每批商品的具体真实情况和拍卖条件等，然后由各买方在规定时间内将自己的出价密封递交拍卖人，以供拍卖人进行审查比较，决定将该货物卖给哪一个竞买者。这种方法不是公开竞买，拍卖人有时要考虑除价格以外的其他因素。有些国家的政府或海关在处理库存物资或没收货物时，往往会采用这种拍卖方法。

二、拍卖的基本程序

(一)准备阶段

在准备阶段，参加拍卖的货主先要把货物运到拍卖地点，存入指定的仓库，然后委托拍卖行进行挑选、分类、分级，并按货物的种类和品级分成若干批次。拍卖行在此期间还要负责编印拍卖目录，所有经过挑选分批待售的货物都要载入目录，并提供给打算参加拍卖会的买方作为指南。

报名参加的竞买人此时应当交付保证金，具体包括竞买保证金和成交保证金：

竞买保证金是指竞买人为办理竞买手续并出席拍卖会而缴纳的保证金。它要求竞买人应当按照与拍卖人双方的约定，按时参加或委托其代理人参加拍卖活动，如果违约缺席，委托人或拍卖人有权没收其竞买保证金。

成交保证金是指买受人为签署成交确认书后按时足额支付拍卖标的价款而缴纳的保证金。它要求买受人应当及时履行支付义务受领拍卖标的，否则委托人或拍卖人有权没收其成交保证金，即拍卖保证金总额中的另一部分。

（二）查看货物

由于拍卖是看货成交的现货交易，买主必须事先对拍卖品进行查看。买主既可查看拍卖人提供的样品，也可去仓库现场看整批货物，并在其中抽取一定数量的样品，对其进行分析或者试用。

（三）正式拍卖

正式拍卖是指在规定的时间和地点，按照一定的拍卖规则和章程进行。拍卖多采用由低到高的增价拍卖方式，按照拍卖业务的惯例，在拍卖人的木槌落下之前，买方可以撤回其出价；同样货主在货物出售前，也可撤回要拍卖的货物。如果竞买者喊出的最高价仍低于货主所拟定的最低可接受价，货主无法接受，他可以要求拍卖人不敲木槌，将货物撤下来，这属于有保留的拍卖方式。如货主事先通知拍卖人采用无保留方式出售，则由拍卖人来选定最高出价者。当拍卖人认为无人再出高价时，就以击锤来表示接受买主的喊价，拍卖人击锤后，就表示竞买停止，交易达成。

（四）付款和提货

拍卖成交后，拍卖人会向买主发送一份成交通知书供买主核对，在买主确认并签字后，成交通知书就成为拍卖合同的书面依据，然后由买主开具购货确认书，并按规定付款。拍卖商品的货款通常都以现汇支付。在成交时，买方即须支付货款金额的一定百分比，其余的也须尽快支付。货款付清后，货物的所有权随之转移，买方凭拍卖行开出的提货单（Delivery Order）到指定的仓库提货。提货也必须在规定的期限内进行。在仓库交货前，拍卖人控制着货物，其有义务妥善保管货物。拍卖方作为卖方的代理人，他享有要求货款的留置权，即在买方付清货款之前，他有权拒绝交货，除非拍卖条件中允许买方在提货后的一定期限内付清货款。

此外，由于拍卖行为交易的达成提供了服务，因此拍卖行要收取一定的报酬，通常称作佣金（Commission）或经纪费（Brokerage）。

练习题

一、判断改错题

1. 相比传统拍卖而言,针对特定商品的网上拍卖的时间可以延长到数天甚至数周,而且大大节省了场地费用。

2. 日常群众所熟悉的叫价逐渐抬高的拍卖属于荷兰式拍卖。

二、单项选择题

1. 投标人发出的标书属于一种________。

(A)不可撤销的发盘　(B)发盘的邀请

(C)可撤销的发盘　(D)对招标的接受

2. 招标在法律上属于一种________。

(A)邀请发盘　(B)发盘　(C)还盘　(D)接受

3. 招标方式属于一种________形式,对________较为有利。

(A)竞买;卖方　(B)竞买;买方　(C)竞卖;卖方　(D)竞卖;买方

第二十一章　其他国际贸易方式

第一节　加工贸易

加工贸易是以加工为特征的再出口业务，适应经济全球化对生产要素在全球范围内合理配置的要求。它是一种以商品为载体，由国外提供原材料、零部件，生产出的成品再销往国外的“两头在外”的劳务贸易，属于服务贸易的范畴。

引进加工贸易有助于发展中国家或地区实现本国劳动力的相对充分就业，并提升本国的工业水平和培育本国的产业链。例如从 20 世纪 60 年代开始，亚洲的韩国、新加坡、中国台湾和中国香港先后三次承接以美国、日本为主的发达国家的产业转移，成功使其自身产业结构优化升级过渡，从而步入或接近发达经济体的行列。自 1978 年广东承接第一份来料加工贸易合同至今，我国加工贸易的发展已经有 40 多年的历史。加工贸易从无到有、从小到大，推动了我国对外贸易的发展，为我国的经济增长、劳动就业和进出口贸易的发展作出了重要贡献。自 20 世纪 90 年代中期以来，加工贸易在很长一段时间占据我国总体对外贸易额的“半壁江山”。

一、加工贸易的概念和形式

（一）加工贸易的概念

加工贸易是以加工为特征的进出口贸易，是来料加工、来样加工和来件装配业务的总称。它是指经营企业进口全部或者部分原辅材料、零部件、元器件、包装物料（以下简称料件），经加工或装配后，将制成品复出口的经营活动，包括进料加工、来料加工和出料加工等。

（二）加工贸易的形式

加工贸易的形式多种多样，常见的加工贸易形式有以下几种：

1. 进料加工

进料加工又称以进养出，是指用外汇购入国外的原材料、辅料，利用本国的技术、设备和劳动力加工成成品后，再销往国外市场。在这种业务中，经营的企业以买主的身份与外商签订购买原材料的合同，又以卖主的身份与外商签订成品的出口合同。两份合同体现为两笔交易，它们都是以所有权转移为特征的货物买卖。进料加工贸易中应注意，所加工的成品要在国际市场上有销路，否则就难以通过进料加工获利。从这一点看，进料加工要承担价格风险和销售风险。

2. 来料加工

来料加工是指加工一方由国外另一方提供原料、辅料和包装材料，按照双方商定的质量、规格、款式加工为成品，交给对方，加工方仅收取加工费。有的是全部由对方来料；有的是一部分由对方来料，剩余部分由加工方采用本国的原料、辅料。此外，有时对方只提出样式、规格等要求，而由加工方使用当地的原料、辅料进行加工。这些做法统称为“来料加工”。

来料加工与进料加工有明显的不同之处：在进料加工业务中，原料进口和成品出口是两笔不同的交易，均发生了所有权的转移，而且原料供应者和成品购买者之间没有必然联系；在来料加工业务中，原料运进和成品运出均未发生所有权的转移，它们均属于同一笔交易。

3. 出料加工

出料加工是指我国境内企业将原料或半成品运到境外进行技术加工后复运进境（但我国海关规定，如系完全改变原出口货物物理形态的出境加工，则属于一般出口范畴）。

二、加工贸易的特点

从我国加工贸易经营企业的税费负担来看，加工贸易的一大特点是，针对大部分允许进行加工贸易的料件（排除影响社会公共安全、影响我国自然环境的加工产业）的进口，我国海关均给予保税待遇，即暂免缴纳关税、增值税和消费税，通常免于提交进口许可证件。

从加工贸易企业的角色来看，我国境内的加工贸易企业可以分为加工贸易经营企业和加工贸易加工企业。其中，经营企业是指负责对外签订加工贸易进出口合同的各类进出口企业和外商投资企业，以及经批准获得来料加工经营许可的对外加工装配服务公司；经营企业在加工贸易中需要承担经营风险。加工企业是指拥有一定的设备和技术力量，在加工贸易中对料件或半成品进行加工，实现成品转化的企业。

如果经营企业对外承揽了加工合同后，本身没有设备和技术力量，那么就要委托另外一家或数家加工企业来对料件实行加工；如果经营企业本身就是一家制造型企业，那么很可能这家企业本身既是经营企业，又是加工企业。

从企业接受海关监管的角度来看，海关通过设立电子化手册或电子账册的形式来对企业进口料件和出口成品进行数量和品种方面的监管。具体而言，如果进口 m 个料件，经正常加工折算应出口 n 个成品，在非正常情况下出口的成品数量若小于 n 个，那么海关将针对成品差额所折算的料件数量进行补征税款（有时还牵涉许可证）处理。在加工贸易监管过程中，电子化手册或电子账册是一种报关进出口记录载体兼保税进口凭证。

第二节　对销贸易

对销贸易（Counter Trade）是在买卖双方各有预期获利的前提下，规定一方的进口产品可以部分或全部以相对应的出口产品来偿付价款。在对销贸易方式下，一方从国外进口货物并不是支付现汇，而是用相对的出口产品来支付，对于外汇管制较严的国家之间的企业贸易较为适合。

对销贸易有多种形式，如易货贸易、补偿贸易、互购贸易、抵消贸易等。外贸实际业务中比较常见的是易货贸易和补偿贸易。

一、易货贸易

狭义的易货贸易（Barter Trade）是纯粹的以货物换货物形式，不使用货币支付。易货贸易可以追溯到很久以前，不仅民间交易广泛采用易货贸易形式，而且跨国商人之间的贸易也多采用易货贸易形式。其原因如下：一是古代国与国之间（除贵金属货币外）缺乏公认的国际货币；二是当时的物流操作中，多为卖方或买方商人自己完成运输任务，抵达目的地后回程不宜空载返回。

20 世纪中叶以前的国际物流发达程度有限，国与国之间有些种类物资的价格差较大，这样买卖双方易货所针对的数量比价可商议幅度（如一吨锡矿砂换多少自行车等）和易货品种选择的空间余地也比较大，双方较易达成交易。

当代，国际贸易货物的国内外价差缩小，工业产品也琳琅满目，由于经常出现贸易双方无法提供正好是对方所需要的商品的情况，所以往往不容易找到合适的易货对象。当代的易货贸易中，交易双方往往具有长期固定化合作的特点，例如，我国某些企业和俄罗斯的公司有长期协议，用我国新疆的新棉花换取俄罗斯的废钢、废铜、新水泵等金属资源和设备。

（一）易货贸易的结算方式

易货贸易通过货款支付清算方式，达到货物交换的目的。在货款支付结算上，既可笔笔平衡，也可定期结算、综合平衡；既可付现，也可记账。在时间上，既可进出口同时进行，也可有先有后。总之，易货贸易的做法日益灵活多样，主要有以下两种不同做法：

1. 记账易货方式。即一方用一种出口货物交换对方的另一种进口货物，双方都将货值记账，相互抵冲，货款逐笔平衡，无须使用现汇支付，或者在一定时期内平衡，如有余额或逆差，则以货物冲抵或支付现汇。采用这种方式时，进出口可以同时进行，也可以先后进行，但一般来说，时间间隔都不长。

2. 对开信用证方式。即进口和出口同时成交，金额大致相等，双方都采用信用证方式支付货款，即双方都开立以对方为受益人的信用证。由于分别结算，开证时间有先有后，为了保证对方履行购买的义务，应在信用证中规定一方开出的信用证要在收到对方开出的相等金额的信用证时才生效。有时，也可以采用保留押金的方式，具体做法是，先开出的信用证先生效，但是结汇后，银行把款扣下，留作该受益人开回头证时的押金。

（二）易货贸易的合同具体操作

贸易双方只签订一个进出口合同。在合同中，既要订明出口货物的细节，又要订明进口货物的细节。在传统交易中只涉及进口人与出口人两个当事人，每一方既是自己出口货物的出口人，又是对方出口货物的进口人，没有第三者的介入。而在双边清算协定的交易中，双方为了减少交易风险，在银行融资方式下，会委托第三方（贸易公司）负责销售或处理所换物品。

双方交换的货物、时间均须明确地载明在合同上。各自交付货物的时间可以是同时，也可以有先有后、分别交付。双方交换的货物，可以是单项货物的彼此交换，也可以是多种货物的综合易货或所谓一揽子易货。交换的基本原则是，双方交换货物必须是基本等值的。

二、补偿贸易

补偿贸易（Compensation Trade）是从 20 世纪 60 年代末 70 年代初逐渐发展起来的一种新的贸易方式。它是一种通过商品交易起到利用外资作用的贸易方式。补偿贸易是指在信贷基础上进口设备，不用现汇支付，而用向对方回销产品或劳务的方式取得价款，并用以分期偿还进口设备的价款和利息。贸易双方是买卖关系，由于进口方偿还价款本息是采用补偿方法，故称补偿贸易。按照我国有关部门的规定，如果利用国外信贷购置设备进行生产，然后以回销产品或劳务所得价款分期偿还，也属补偿贸易。

（一）补偿贸易的特点

1. 贸易与信贷相结合。购进机器设备的一方是在对方提供贷款的基础上购进所需要的货物。

2. 贸易与生产相联系。补偿贸易双方是互相关心、互相联系的，出口方往往关心工程项目的进展和产品生产情况，进口方则关心购进机器设备生产的产品在出口国家和其他市场的销售情况。

3. 设备进口与产品出口相联系。补偿贸易多数情况下是利用其设备制造出来的产品进行偿还，一般不动用外汇。

4. 补偿贸易双方是买卖关系。设备进口方不仅要承担支付货款的义务，而且要承担付息的责任，对机器设备或其他原材料具有所有权和使用权；设备出口方向设备进口方承诺回购其直接产品或其他产品，以保证设备进口方具备偿付进口设备的资金实力。

（二）补偿贸易的基本形式

1. 产品返销，又称回购贸易，或简称返销。在补偿贸易中，用进口的设备或其他相关物资生产的产品，通称为直接产品。用直接产品支付的，称为“产品返销”。产品返销一般适用于设备和技术贸易，在国际上有人称之为“工业补偿”；在我国一般称之为“直接补偿”。

2. 商品换购，统称互购。首次进口的一方用于支付进口货款的商品，不是由进口设备直接生产出来的产品，而是双方商定的其他商品，即间接产品。故在发达国家，有人称之为“商业性补偿贸易”。由于这种补偿贸易用间接产品偿还，在我国一般称之为“间接补偿贸易”。

3. 多边补偿，又称转手补偿。这种形式的补偿贸易形式比较复杂，也不太常用，是由进口方和出口方以外的第三国替代首次进口的一方承担或提供补偿产品的义务。

（三）补偿贸易的优势

对设备进口方来讲，补偿贸易的优势体现在：第一，补偿贸易是一种较好的利用外资的形式；第二，可以引进先进的技术和设备，发展和提高本国的生产能力，加快企业的技术改造，使产品不断更新及多样化，增强出口产品的竞争力；第三，通过补偿贸易，在扩大出口的同时，还能为本国工业制成品争取到一个较稳定的销售市场和销售渠道。

对设备出口方来讲，补偿贸易的优势体现在：第一，有利于突破进口方支付能力不足的困境，扩大固定资产出口；第二，在当前市场竞争日益激烈的条件下，通过承诺回购义务加强自己的竞争地位，争取贸易伙伴；第三，在回购中得到较稳定的原材料来源，或从转售产品中获得利润等。

三、其他对销贸易形式

对销贸易除了存在以上两种主要形式以外，还存在其他一些形式。这些对销贸易形式往往过程比较复杂，在一般的企业之间不常使用。

（一）互购贸易

互购贸易（Counter Purchase），又称互惠贸易（Reciprocal）和平行贸易（Parallel Trade），是指出口方向进口方承担购买相当于其出口货值一定比例的产品。即双方签订两份既独立又有联系的合同：一份约定先由进口方用现汇购买对方的货物；另一份则约定出口方承诺在一定期限内购买对方的货物。

（二）转手贸易

转手贸易（Switch Trade），又称三角贸易，一般是由国与国之间政府层面操作的，多为记账贸易下拥有顺差的一方，用该顺差以高于市场价的价格从第三者（通常为某一西方企业）购进本来需用自由外汇才能换得的其所需的设备或其他产品，由该第三者用该顺差从记账贸易下的逆差国家购买约定的货物，在其他市场转售，最后取得硬通货。介入转手贸易的企业一般是政府控股的国有大型企业或大型跨国公司。

练习题

案例分析题

我国某公司和外商洽谈一笔补偿贸易，外商提出可以信贷方式向我方提供一套设备，并表示愿意为我方代销产品。请问：根据补偿贸易的要求，你认为这些条件我方能接受吗？为什么？

参考文献

1. 姚大伟、马朝阳:《国际贸易实务》(第 2 版),上海交通大学出版社 2015 年版。

2. 王正华、杨杰等:《国际贸易实务操作教程》(第 2 版),中国经济出版社 2011 年版。

3. 刘珉、张宗英等:《国际贸易实务实训与练习》,对外经济贸易大学出版社 2009 年版。

4. 王涛生、吴建功等:《新编国际贸易实务》,科学出版社 2014 年版。

5. 李贺、李纲、季彬等:《外贸单证实务——应用、技能、案例、实训》(第 3 版),上海财经大学出版社 2019 年版。

6. 张炳达:《国际贸易实务》(第 4 版),立信会计出版社 2015 年版。

7. 王耀宏:《进口贸易十日通》,中国海关出版社 2019 年版。

8. 温伟雄:《外贸全流程攻略——进出口经理跟单手记》(第 2 版),中国海关出版社 2017 年版。

9. 殷明、章强:《集装箱码头组织与管理》,上海交通大学出版社 2015 年版。

10. 黎孝先、王健:《国际贸易实务》,对外经济贸易大学出版社 2016 年版。

11. 吴百福、徐小薇、聂清:《进出口贸易实务教程》,格致出版社 2015 年版。

12. 姚大伟、朱惠茹:《国际货运代理实务》,高等教育出版社 2017 年版。

13. 雍萍:“改变世界的箱子”,《产城》,2018 年第 9 期。

14. 毛志鹏、田学东:“中欧班列:打开铁路运邮国际之门”,《邮来友往》,2018 年第 6 期。

15. 吴昊航、张若婵:“我国出口信用保险发展状况分析”,《企业文化》,2016 年第 5 期。

16. 李凌:“浅谈国际贸易术语中保险利益的转移”,《山西青年》,2017 年第 15 期。

17. 罗谷松:“跨境电子商务出口海外仓的商业价值分析”,《中国商论》,2017 年第 27 期。